裁判事務手続講座［第23巻］

書式
人事訴訟の実務
――訴え提起から執行までの書式と理論

東京家裁人事訴訟研究会 編

発行 民事法研究会

はしがき

　本書は、人事訴訟事件の訴状を中心とする基本書式をできる限り平易かつ広範に紹介することを目的とするものである。したがって、紙幅の大半を私たちが実際に経験し、または入手できた書式に基づいて平易化したものの紹介に費やし、解説は、能力および時間の限界から、これを最小限にとどめた。

　本書で紹介している書式やその解説については、通説・判例に準拠することを基本方針とし、例示した請求の趣旨等については、できる限り、民事執行、戸籍および登記等の実務の現場において通用するものであることを念頭にしているが、それでもなお、一般的な通用性はもとより今後の東京家庭裁判所家事第6部の運用を約束するものではない。また、昨年（平成24年）までに紹介されてきた東京家庭裁判所家事第6部の運用とも必ずしも整合するものではなく、特に運用面については、日々の実務を通じて、さらに見直しが重ねられていくべきものであるから、これからも東京家庭裁判所家事第6部の構成メンバーの異動等による新たな視点から批判的に検討され続けなければならないであろう。

　本書が、これまでの諸先輩による成果の屋上に屋を重ねるだけにとどまることなく、これから人事訴訟事件に取り組もうとしている方々にとって少しでも有益なものとなることを期待してやまない。

　本書の執筆に惜しみない協力をしていただいた東京家庭裁判所家事第6部の同僚の方々、特に、人事訴訟事件処理改善委員会の書記官メンバーである藤田佳子、植松美智恵、守山淳、松本英孝、石田愛の各氏に対し、ここに心からの感謝を申し上げる。

　　平成25年1月

　　　　　　　　　　　　　　　　　　　　　　　森　　邦明

　　　　　　　　　　　　　　　　　　　　　　　神野　泰一

　　　　　　　　　　　　　　　　　　　　　　　梶山　太郎

●参考文献●

　本書の執筆にあたって、特に多く参照し、示唆を受けた文献のうち、一般の方々にとって入手または参照が容易な文献は、以下のとおりである。

・青山道夫＝有地亨編『新版注釈民法(21)親族(1)──親族総則・婚姻の成立・効果（725条〜762条）』（有斐閣）
・島津一郎＝阿部徹編『新版注釈民法(22)親族(2)──離婚（763条〜771条）』（有斐閣）
・中川善之助＝米倉明編『新版注釈民法(23)親族(3)──親子(1)（772条〜791条）』（有斐閣）
・中川善之助＝山畠正男編『新版注釈民法(24)親族(4)──親子(2)養子（792条〜817条の11）』（有斐閣）
・島津一郎＝松川正毅編『〈基本法コンメンタール〉親族〔第五版〕』（日本評論社）
・松本博之『人事訴訟法〔第3版〕』（弘文堂）
・秋武憲一＝岡健太郎編著『離婚調停・離婚訴訟』（青林書院）
・小野瀬厚＝岡健太郎編著『一問一答　新しい人事訴訟制度』（商事法務）
・二田伸一郎＝小磯治『書式　家事事件の実務〔全訂八版〕』（民事法研究会）
・東京地裁保全研究会編『書式民事保全の実務〔全訂五版〕』（民事法研究会）
・梶村太市ほか『人事訴訟書式体系』（青林書院）
・木村三男監修『全訂　渉外戸籍のための各国法律と要件(上)(中)(下)』（日本加除出版）
・司法研修所編『渉外家事・人事訴訟事件の審理に関する研究』（法曹会）

●凡　例●

〔法　令〕
・人訴法　　　人事訴訟法（平成15年法律第109号）
・人訴規則　　人事訴訟規則（平成15年最高裁判所規則第24号）
・民訴法　　　民事訴訟法（平成8年法律第109号）
・民保法　　　民事保全法（平成元年法律第91号）

〔判例集〕
・民集　　　　最高裁判所民事判例集
・裁判集民事　最高裁判所裁判集民事
・家月　　　　家庭裁判所月報
・判タ　　　　判例タイムズ

目　次

第1部　人事訴訟手続の概要
——本書掲載書式の道標として——

- Ⅰ　人事訴訟 …………………………………………………………… 2
  - 1　人事訴訟の対象事件 ……………………………………… 2
  - 2　関連請求の併合および訴えの追加等 ………………… 3
  - 3　附帯処分等 ………………………………………………… 4
- Ⅱ　管轄等 ………………………………………………………………… 5
  - 1　管轄裁判所 …………………………………………………… 5
  - 2　自庁処理と移送 …………………………………………… 5
- Ⅲ　当事者 ………………………………………………………………… 6
  - 1　被告適格（人訴法12条） ………………………………… 6
  - 2　人事訴訟における訴訟能力等 ………………………… 7
  - 3　利害関係人の訴訟参加 …………………………………… 7
- Ⅳ　審理の特徴 ………………………………………………………… 8
  - 1　処分権主義、弁論主義の適用制限等 ………………… 8
  - 2　参与員（人訴法9条～11条） ………………………… 9
  - 3　事実の調査 ………………………………………………… 9
- Ⅴ　判決の特徴 ………………………………………………………… 9
  - 1　判決の対世的効力等 ……………………………………… 9
  - 2　利害関係人に対する訴訟係属の通知（人訴法28条） …… 10
- Ⅳ　保全処分（人訴法30条） ……………………………………… 10
- Ⅶ　履行の確保 ………………………………………………………… 11
  - 1　履行の勧告（人訴法38条） ……………………………… 11

3

2　履行命令（人訴法39条）……………………………………………… 11

第2部　人事訴訟類型・関連手続と書式

第1章　婚姻関係事件

第1節　婚姻無効の訴え……………………………………………… 14

　1　意義および性質………………………………………………………… 14
　2　要件事実………………………………………………………………… 14
　3　婚姻意思………………………………………………………………… 14
　4　当事者等………………………………………………………………… 15
　　(1)　原告適格…………………………………………………………… 15
　　(2)　被告適格…………………………………………………………… 15
　〈表1-1〉　原告適格・被告適格…………………………………………… 15
　　(3)　原告または被告が訴訟係属中に死亡した場合………………… 16
　5　利害関係人の補助参加………………………………………………… 16
　6　訴状作成のポイント…………………………………………………… 16
　【書式1-1】　訴状(1)——被告から婚姻届を無断で提出された事案 … 17
　【書式1-2】　訴状(2)——相手方配偶者が死亡したため検察官を被
　　　　　　　告とする事案 ……………………………………………… 20
　【書式1-3】　訴状(3)——死者の親族が原告となって婚姻無効の確
　　　　　　　認請求をする事案 ………………………………………… 23
　【書式1-4】　答弁書(1)——【書式1-1】に対する答弁書例①………… 26

【書式1-5】　答弁書(2)──【書式1-1】に対する答弁書例②
　　　　　　　（追認の抗弁）……………………………………　28

第2節　婚姻取消しの訴え …………………………………………　30

1　意義および性質…………………………………………………　30
2　要件事実…………………………………………………………　30
3　取消事由…………………………………………………………　30
　(1)　公益的観点から取消事由とされているもの………………　30
　(2)　私益的観点から取消事由とされているもの………………　31
4　当事者等…………………………………………………………　31
　(1)　原告適格……………………………………………………　31
　(2)　被告適格……………………………………………………　31
〈表1-2〉　原告適格・被告適格 ……………………………………　32
　(3)　原告または被告が訴訟係属中に死亡した場合……………　32
5　当事者間に未成年の子がいる場合……………………………　33
6　損害賠償請求……………………………………………………　33
7　附帯処分…………………………………………………………　33
8　婚姻取消しの効力………………………………………………　33
9　訴状作成のポイント……………………………………………　34
【書式1-6】　訴状(1)──詐欺の事案 ………………………………　35
【書式1-7】　訴状(2)──原告と被告Aとの間の協議離婚が無効と
　　　　　　　なったため、重婚状態となり、原告が被告Aおよび
　　　　　　　その再婚相手である被告Bに対して婚姻取消しを求
　　　　　　　めた事案 ……………………………………………　38
【書式1-8】　答弁書──【書式1-6】に対する答弁書例…………　41

第3節　離婚の訴え……………………………………………… 43

 1 意義および性質………………………………………………… 43
 2 要件事実………………………………………………………… 43
 3 離婚事由………………………………………………………… 43
  (1) 配偶者に不貞な行為があったとき（民法770条1項1号）…… 43
  (2) 悪意の遺棄（民法770条1項2号）………………………… 43
  (3) 3年以上の生死不明（民法770条1項3号）……………… 43
  (4) 強度の精神病にかかり、回復の見込みがないとき
   （民法770条1項4号）……………………………………… 43
  (5) その他婚姻を維持し難い重大な事由があるとき
   （民法770条1項5号）……………………………………… 43
 4 有責配偶者からの離婚請求…………………………………… 44
 5 当事者等………………………………………………………… 44
  (1) 原告適格・被告適格………………………………………… 44
 〈表1-3〉　原告適格・被告適格……………………………… 45
  (2) 原告または被告が訴訟係属中に死亡した場合……………… 45
 6 親権者の指定…………………………………………………… 45
 7 損害賠償請求…………………………………………………… 45
 8 附帯処分………………………………………………………… 46
 9 訴状作成のポイント…………………………………………… 46
 【書式1-9】　訴状(1)——不貞を原因とする事案（民法770条1項
   1号・5号を離婚事由とする事案）……………………… 47
 【書式1-10】　訴状(2)——悪意の遺棄を原因とする事案（民法770
   条1項2号・5号を離婚事由とする事案）……………… 50
 【書式1-11】　訴状(3)——3年以上生死不明を原因とする事案
   法770条1項3号・5号を離婚事由とする事案）………… 53

【書式1-12】 訴状(4)——強度の精神病を原因とする事案（民法770条1項4号・5号を離婚事由とする事案）で、成年後見人が当事者となる場合……………… 55

【書式1-13】 訴状(5)——婚姻を継続し難い重大な事由がある事案（民法770条1項5号を離婚事由とする事案）で、離婚、親権、養育費、慰謝料、財産分与、年金分割を求めている場合……………… 58

【書式1-14】 訴状(6)——離婚を求めるとともに連れ子養子について離縁を求める事案……………… 64

【書式1-15】 答弁書(1)——【書式1-9】に対する答弁書例 ………… 67

【書式1-16】 答弁書(2)——有責配偶者の抗弁……………… 69

【書式1-17】 訴状(7)——不貞相手に対して損害賠償請求をする事案……………… 71

第4節　附帯処分等……………… 74

Ⅰ　概　要……………… 74
1　附帯処分等の意義……………… 74
2　附帯処分の性質……………… 74
3　その他……………… 75

Ⅱ　子の監護に関する処分等……………… 75
1　親権者の指定……………… 75
(1)　意義および性質……………… 75
(2)　申立て……………… 76
(3)　審理および裁判……………… 76
(4)　申立書作成のポイント……………… 77
2　養育費請求……………… 77
(1)　意義および性質……………… 77

		(2)	申立て………………………………………………………	78
		(3)	審理および裁判…………………………………………	78
		(4)	申立書作成のポイント…………………………………	79
	3	子の引渡し請求…………………………………………………		79
		(1)	意義および性質…………………………………………	79
		(2)	申立て……………………………………………………	80
		(3)	審理および裁判…………………………………………	80
		(4)	申立書作成のポイント…………………………………	80
	4	面会交流…………………………………………………………		81
		(1)	意義および性質…………………………………………	81
		(2)	申立て……………………………………………………	81

【書式1-18】 親権者指定申立書——子2人の事案………………… 82
【書式1-19】 養育費請求申立書(1)——子2人で同額を請求する
　　　　　　 事案………………………………………………… 84
【書式1-20】 養育費請求申立書(2)——子2人で異なる額を請求す
　　　　　　 る事案（予備的申立て）………………………… 86
【書式1-21】 親権者指定・養育費請求申立書——子1人の事案…… 88
【書式1-22】 子の引渡し請求申立書…………………………………… 90

Ⅲ　財産分与……………………………………………………………… 92
　1　意義および性質………………………………………………… 92
　2　申立て…………………………………………………………… 92
　　(1)　申立書……………………………………………………… 92
　　(2)　申立ての趣旨……………………………………………… 92
　　(3)　申立ての理由……………………………………………… 94
　　(4)　添付書類…………………………………………………… 95
　　(5)　申立費用…………………………………………………… 95
　　(6)　予備的申立て……………………………………………… 95

8

3　審理および裁判……………………………………………… 95
　　4　申立書作成のポイント……………………………………… 97
　　【書式1-23】　財産分与申立書(1)——金銭の支払いを請求する事
　　　　　　　　案①……………………………………………… 98
　　【書式1-24】　財産分与申立書(2)——金銭の支払いを請求する事
　　　　　　　　案②（予備的申立て）…………………………… 100
　　【書式1-25】　財産分与申立書(3)——不動産の持分移転登記手続
　　　　　　　　を請求する事案………………………………… 102
Ⅳ　年金分割…………………………………………………………… 105
　1　意義および性質…………………………………………………… 105
　2　申立て…………………………………………………………… 105
　　(1)　申立書………………………………………………………… 105
　　(2)　申立ての趣旨および理由…………………………………… 105
　　(3)　添付書類……………………………………………………… 106
　　(4)　申立費用……………………………………………………… 106
　3　審理および裁判………………………………………………… 106
　　【書式1-26】　年金分割申立書……………………………………… 107

第5節　協議上の離婚の無効の訴え……………………………… 108

　1　意義および性質………………………………………………… 108
　2　要件事実………………………………………………………… 108
　3　離婚意思………………………………………………………… 108
　4　当事者等………………………………………………………… 108
　　(1)　原告適格……………………………………………………… 108
　　(2)　被告適格……………………………………………………… 108
　　〈表1-4〉　原告適格・被告適格………………………………… 109
　　(3)　原告または被告が訴訟係属中に死亡した場合…………… 109

5　利害関係人の補助参加……………………………………… 110
　　　6　訴状作成のポイント………………………………………… 110
　　【書式1-27】　訴状──被告から離婚届を無断で提出された事案…… 111
　　【書式1-28】　答弁書──【書式1-27】に対する答弁書例………… 113

第6節　協議上の離婚取消しの訴え …………………… 115

　　　1　意義および性質……………………………………………… 115
　　　2　要件事実……………………………………………………… 115
　　　3　取消事由（民法764条・747条）………………………… 115
　　　4　当事者等……………………………………………………… 115
　　　（1）原告適格………………………………………………… 115
　　　（2）被告適格………………………………………………… 115
　　〈表1-5〉　原告適格・被告適格 ………………………………… 116
　　　（3）原告または被告が訴訟係属中に死亡した場合……… 116
　　　5　利害関係人の補助参加……………………………………… 116
　　　6　訴状作成のポイント………………………………………… 116
　　【書式1-29】　訴状──強迫の事案………………………………… 118
　　【書式1-30】　答弁書──【書式1-29】に対する答弁書例………… 120

第7節　婚姻関係の存否の確認の訴え …………………… 122

　　　1　意義および性質……………………………………………… 122
　　　2　要件事実……………………………………………………… 122
　　　（1）婚姻関係存在確認の訴えの場合……………………… 122
　　　（2）婚姻関係不存在確認の訴えの場合…………………… 122
　　　3　当事者等……………………………………………………… 122
　　　（1）原告適格………………………………………………… 122
　　　（2）被告適格………………………………………………… 123

〈表1-6〉 原告適格・被告適格 ……………………………………	123
(3) 原告または被告が訴訟係属中に死亡した場合…………………	123
4 利害関係人の補助参加…………………………………………	124
5 訴状作成のポイント……………………………………………	124
【書式1-31】 訴状(1)──婚姻関係存在確認請求…………………	125
【書式1-32】 答弁書(1)──【書式1-31】に対する答弁書例………	127
【書式1-33】 訴状(2)──婚姻関係不存在確認請求………………	129
【書式1-34】 答弁書(2)──【書式1-33】に対する答弁書例………	131

第2章　親子関係事件

第1節　嫡出認否の訴え …………………………………… 133

1 意義および性質…………………………………………………	133
2 要件事実…………………………………………………………	133
3 嫡出推定…………………………………………………………	133
4 夫が嫡出子であることを承認した場合………………………	133
5 出訴期間…………………………………………………………	134
6 当事者……………………………………………………………	134
(1) 原告適格……………………………………………………	134
(2) 被告適格……………………………………………………	134
〈表2-1〉 原告適格・被告適格 ……………………………………	134
(3) 原告または被告が訴訟係属中に死亡した場合…………………	135
7 訴状作成のポイント……………………………………………	135
【書式2-1】 訴　状 ………………………………………………	136
【書式2-2】 答弁書──【書式2-1】に対する答弁書例…………	138

11

第2節　認知の訴え ……………………………………………… 140

1　意義および性質 …………………………………………… 140
2　要件事実 …………………………………………………… 140
3　他の男性との間で嫡出推定がされる場合 ……………… 140
4　出訴期間 …………………………………………………… 140
5　当事者 ……………………………………………………… 141
　(1)　原告適格 ……………………………………………… 141
　(2)　被告適格 ……………………………………………… 141
〈表2-2〉　原告適格・被告適格 …………………………… 141
　(3)　原告または被告が訴訟係属中に死亡した場合 …… 142
6　利害関係人の補助参加 …………………………………… 142
7　第三者の権利との関係 …………………………………… 142
8　訴状作成のポイント ……………………………………… 142
【書式2-3】　訴状(1)──通常の事案 …………………… 143
【書式2-4】　訴状(2)──死後認知の事案 ……………… 145
【書式2-5】　答弁書──【書式2-3】に対する答弁書例 … 148

第3節　認知無効の訴え ………………………………………… 150

1　意義および性質 …………………………………………… 150
2　要件事実 …………………………………………………… 150
3　認知無効原因 ……………………………………………… 150
4　当事者 ……………………………………………………… 150
　(1)　原告適格 ……………………………………………… 150
　(2)　被告適格 ……………………………………………… 151
〈表2-3〉　原告適格・被告適格 …………………………… 151
　(3)　原告または被告が訴訟係属中に死亡した場合 …… 151

5	利害関係人の補助参加	152
6	訴状作成のポイント	152

【書式2-6】 訴　状 … 153
【書式2-7】 答弁書——【書式2-6】に対する答弁書例 … 155

第4節　認知取消しの訴え … 157

1 意義および性質 … 157
2 要件事実 … 157
3 認知取消事由 … 157
4 当事者 … 157
　(1) 原告適格 … 157
　(2) 被告適格 … 158
〈表2-4〉 原告適格・被告適格 … 158
　(3) 原告または被告が訴訟係属中に死亡した場合 … 159
5 利害関係人の補助参加 … 159
6 訴状作成のポイント … 159

【書式2-8】 訴　状 … 160
【書式2-9】 答弁書——【書式2-8】に対する答弁書例 … 162

第5節　父親を定める訴え … 164

1 意義および性質 … 164
2 要件事実 … 164
3 嫡出推定 … 164
4 当事者 … 165
　(1) 原告適格 … 165
　(2) 被告適格 … 165
〈表2-5〉 原告適格・被告適格 … 165

13

(3)　原告または被告が訴訟係属中に死亡した場合……………166
　5　利害関係人の補助参加………………………………………166
　6　訴状作成のポイント…………………………………………166
【書式2-10】　訴状(1)——子から前夫および後夫に対して請求する
　　　　　　　事案……………………………………………………167
【書式2-11】　訴状(2)——後夫から前夫に対して請求する事案………170
【書式2-12】　答弁書——【書式2-10】に対する答弁書例……………172

第6節　実親子関係の存否確認の訴え……………………174

　1　意義および性質………………………………………………174
　2　要件事実………………………………………………………174
　　(1)　親子関係存在確認の訴えの要件事実……………………174
　　(2)　親子関係不存在確認の訴えの要件事実…………………174
　3　嫡出推定………………………………………………………174
　4　当事者…………………………………………………………175
　　(1)　原告適格…………………………………………………175
　　(2)　被告適格…………………………………………………175
　〈表2-6〉　原告適格・被告適格………………………………………176
　　(3)　原告または被告が訴訟係属中に死亡した場合……………176
　5　利害関係人の補助参加………………………………………176
　6　訴状作成のポイント…………………………………………177
【書式2-13】　訴状(1)——親子関係不存在確認①（出生届未了の
　　　　　　　事案）…………………………………………………178
【書式2-14】　訴状(2)——親子関係の不存在確認②（相手方が死
　　　　　　　亡したため検察官を被告とする事案）………………180
【書式2-15】　訴状(3)——親子関係不存在確認③（第三者が原告
　　　　　　　の事案）………………………………………………183

【書式2-16】	答弁書(1)──【書式2-15】に対する答弁書例…………	186
【書式2-17】	訴状(4)──親子関係存在確認…………………………	188
【書式2-18】	答弁書(2)──【書式2-17】に対する答弁書例…………	191

第3章　養子縁組関係事件

第1節　養子縁組の無効の訴え ………………………………… 193

1　意義および性質……………………………………………… 193
2　要件事実……………………………………………………… 193
3　縁組意思……………………………………………………… 193
4　15歳未満の未成年者を養子とする場合…………………… 193
5　当事者等……………………………………………………… 194
　(1)　原告適格………………………………………………… 194
　(2)　被告適格………………………………………………… 194
〈表3-1〉　原告適格・被告適格 ……………………………… 194
　(3)　原告または被告が訴訟係属中に死亡した場合……… 195
6　利害関係人の補助参加……………………………………… 195
7　訴状作成のポイント………………………………………… 196

【書式3-1】　訴状(1)──被告から養子縁組届を無断で提出された
　　　　　　事案 …………………………………………………… 197
【書式3-2】　訴状(2)──死者の親族が原告となって養子縁組無効
　　　　　　の確認請求をする事案 ……………………………… 200
【書式3-3】　訴状(3)──一方配偶者の代諾がない事案 ………… 203
【書式3-4】　答弁書──【書式3-2】に対する答弁書例………… 206

第2節　養子縁組の取消しの訴え……………………………… 208

- 1　意義および性質………………………………………………… 208
- 2　要件事実………………………………………………………… 208
- 3　取消原因………………………………………………………… 208
  - (1)　養親が未成年者である場合（民法804条）…………………… 208
  - (2)　養子が尊属または年長者である場合（民法805条）………… 208
  - (3)　家庭裁判所の許可なく後見人と被後見人との間で養子縁組がなされた場合（民法806条）……………………………… 208
  - (4)　配偶者の同意がない場合（民法806条の2第1項）………… 209
  - (5)　配偶者が詐欺または強迫により同意した場合（民法806条の2第2項）……………………………………………………… 209
  - (6)　監護権者の同意がない場合（民法806条の3第1項）……… 209
  - (7)　監護者が詐欺または強迫により同意した場合（民法806条の2第2項）……………………………………………………… 210
  - (8)　家庭裁判所の許可なく未成年者を養子とした場合（民法807条）………………………………………………………… 210
  - (9)　養子縁組が詐欺または強迫によってなされた場合（民法808条・747条）………………………………………………… 210
- 4　当事者等………………………………………………………… 210
  - (1)　原告適格・被告適格………………………………………… 210
  - 〈表3-2〉　原告適格・被告適格………………………………… 211
  - (2)　原告または被告が訴訟係属中に死亡した場合……………… 212
- 5　利害関係人の補助参加………………………………………… 212
- 6　訴状作成のポイント…………………………………………… 212
- 【書式3-5】　訴状——配偶者の同意のない縁組の事案………… 213
- 【書式3-6】　答弁書——【書式3-5】に対する答弁書例………… 215

第3節	離縁の訴え…………………………………………… 217

- 1 意義および性質………………………………………… 217
- 2 要件事実………………………………………………… 217
- 3 離縁事由………………………………………………… 217
  - (1) 悪意の遺棄（民法814条1項1号）…………………… 217
  - (2) 3年以上の生死不明（民法814条1項2号）………… 217
  - (3) その他縁組を継続し難い重大な事由があるとき
    （民法814条1項3号）…………………………………… 217
- 4 特別養子縁組の場合…………………………………… 217
- 5 有責当事者からの離縁請求…………………………… 218
- 6 当事者…………………………………………………… 218
  - (1) 原告適格・被告適格…………………………………… 218
  - 〈表3-3〉 原告適格・被告適格 ………………………… 220
  - (2) 原告または被告が訴訟係属中に死亡した場合……… 220
- 7 損害賠償請求…………………………………………… 220
- 8 訴状作成のポイント…………………………………… 221
- 【書式3-7】 訴状(1)──悪意の遺棄を原因とする事案（民法814条1項1号・3号を離縁事由とする事案）……………… 222
- 【書式3-8】 訴状(2)──3年以上生死不明を原因とする事案（民法814条1項2号・3号を離縁事由とする事案）………… 224
- 【書式3-9】 訴状(3)──縁組を継続し難い重大な事由がある事案（民法814条1項3号を離縁事由とする事案）で離縁および慰謝料を求めている事案 …………………… 226
- 【書式3-10】 答弁書──【書式3-9】に対する答弁書例 ……… 229

17

第4節　協議上の離縁の無効の訴え……………………………… 231

- 1　意義および性質…………………………………………………… 231
- 2　要件事実 ………………………………………………………… 231
- 3　離縁意思…………………………………………………………… 231
- 4　当事者等…………………………………………………………… 231
  - (1)　原告適格…………………………………………………… 231
  - (2)　被告適格…………………………………………………… 232
- 〈表3-4〉　原告適格・被告適格 ……………………………………… 232
  - (3)　原告または被告が訴訟係属中に死亡した場合……………… 233
- 5　利害関係人の補助参加…………………………………………… 233
- 6　訴状作成のポイント……………………………………………… 234
- 【書式3-11】　訴状――被告から離縁届を無断で提出された事案…… 235
- 【書式3-12】　答弁書――【書式3-11】に対する答弁書例………… 238

第5節　協議上の離縁取消しの訴え ……………………………… 240

- 1　意義および性質…………………………………………………… 240
- 2　要件事実 ………………………………………………………… 240
- 3　取消事由（民法812条・747条）………………………………… 240
- 4　当事者等…………………………………………………………… 240
  - (1)　原告適格…………………………………………………… 240
  - (2)　被告適格…………………………………………………… 240
- 〈表3-5〉　原告適格・被告適格 ……………………………………… 241
  - (3)　原告または被告が訴訟係属中に死亡した場合……………… 241
- 5　利害関係人の補助参加…………………………………………… 241
- 6　訴状作成のポイント……………………………………………… 242
- 【書式3-13】　訴状――詐欺の事案………………………………… 243

【書式3-14】 答弁書——【書式3-13】に対する答弁書例…………246

第6節 養親子関係の存否の確認の訴え …………248

1 意義および性質……………………………………………248
2 要件事実……………………………………………………248
　(1) 養親子関係存在確認の訴えの場合………………………248
　(2) 養親子関係不存在確認の訴えの場合……………………248
3 当事者等……………………………………………………248
　(1) 原告適格……………………………………………………248
　(2) 被告適格……………………………………………………249
　〈表3-6〉 原告適格・被告適格………………………………249
　(3) 原告または被告が訴訟係属中に死亡した場合…………250
4 利害関係人の補助参加……………………………………250
5 訴状作成のポイント………………………………………251
【書式3-15】 訴状(1)——養親子関係存在確認………………252
【書式3-16】 答弁書(1)——【書式3-15】に対する答弁書例…254
【書式3-17】 訴状(2)——養親子関係不存在確認……………256
【書式3-18】 答弁書(2)——【書式3-17】に対する答弁書例…258

第4章　請求の併合・反訴・訴えの変更

第1節 請求の併合 …………260

1 請求の併合の可否…………………………………………260
2 手　続………………………………………………………261
3 上申書作成のポイント……………………………………261
【書式4-1】 上申書——請求の併合 …………………………262

| 第2節 | 反　訴 | 263 |

　　1　反訴の要件　263
　　2　手　続　263
　　3　貼用印紙額　263
　　4　予備的反訴　263
　　5　反訴状作成のポイント　264
　　【書式4-2】　反訴状(1)──離婚、親権者指定、養育費、慰謝料、
　　　　　　　　財産分与を求めている事案　265
　　【書式4-3】　反訴状(2)──損害賠償を求めている事案　270
　　【書式4-4】　反訴状(3)──慰謝料、財産分与を求めている事案
　　　　　　　　（予備的反訴）　273

| 第3節 | 訴えの変更 | 276 |

　　1　訴えの変更の要件　276
　　2　手　続　276
　　3　貼用印紙額　276
　　4　その他実情等　276
　　5　申立書作成のポイント　277
　　【書式4-5】　申立書──訴えの変更　278

第5章　渉外人事訴訟事件

| 第1節 | 渉外人事訴訟事件の概要 | 280 |

　　1　渉外人事訴訟事件とは　280
　　2　国際裁判管轄　280

3　準拠法 …………………………………………………… 280
　　4　手続法 …………………………………………………… 280

第2節　婚姻関係事件 ……………………………………………… 281

　1　国際裁判管轄 ………………………………………………… 281
　2　準拠法 ………………………………………………………… 282
　　(1)　婚姻無効、婚姻取消しの訴え ……………………………… 282
　　(2)　離婚、離婚無効、離婚取消しの訴え …………………… 283
【書式5-1】　訴状(1)──婚姻無効確認請求①（外国人の被告が所
　　　　　　在不明の事案）……………………………………… 286
【書式5-2】　訴状(2)──婚姻無効確認請求②（当事者が日本人と
　　　　　　外国人の場合）……………………………………… 289
【書式5-3】　訴状(3)──婚姻取消請求（当事者が日本人と外国人
　　　　　　の場合）………………………………………………… 292
【書式5-4】　訴状(4)──離婚請求（外国人の被告が所在不明の事
　　　　　　案）……………………………………………………… 295
【書式5-5】　訴状(5)──離婚等請求①（当事者が日本人と外国人
　　　　　　の場合で、離婚、慰謝料を求める事案）……………… 298
【書式5-6】　訴状(6)──離婚等請求②（当事者が日本人と外国人
　　　　　　の場合で、離婚、親権者指定、養育費の支払いを求
　　　　　　める事案）……………………………………………… 301
【書式5-7】　訴状(7)──離婚等請求③（当事者が日本人と外国人
　　　　　　の場合で、離婚、財産分与を求める事案）…………… 304
【書式5-8】　訴状(8)──離婚等請求④（当事者が韓国人同士の事
　　　　　　案）……………………………………………………… 307
【書式5-9】　訴状(9)──離婚等請求事件⑤（当事者が中国人同士
　　　　　　の場合）………………………………………………… 311

【書式5-10】　訴状(10)——離婚無効確認請求（当事者が日本人と外国人の事案）……………………………………………… 316

第3節　親子関係事件 ……………………………………………… 319

1　国際裁判管轄 ……………………………………………………… 319
2　準拠法 ……………………………………………………………… 319
　(1)　嫡出否認の訴え ……………………………………………… 319
　(2)　認知、認知無効、認知取消しの訴え ……………………… 319
　(3)　父を定める訴え ……………………………………………… 321
　(4)　実親子関係存否確認の訴え ………………………………… 321

【書式5-11】　訴状(1)——嫡出否認請求①（日本人と韓国人夫婦の事案）……………………………………………………… 322

【書式5-12】　訴状(2)——嫡出否認請求②（韓国人夫婦の事案）…… 325

【書式5-13】　訴状(3)——認知請求事件①（外国人の子と日本人父の事案）………………………………………………… 328

【書式5-14】　訴状(4)——認知請求②（日本人の子と外国人父の事案）……………………………………………………… 330

【書式5-15】　訴状(5)——認知請求③（韓国人の子と韓国人父の事案）……………………………………………………… 332

【書式5-16】　訴状(6)——親子関係不存在確認請求①（日本人母の出産した子が韓国人父を被告として親子関係不存在確認を請求する事案）………………………………… 334

【書式5-17】　訴状(7)——親子関係不存在確認請求②（韓国人父母と子の事案）………………………………………… 337

第4節　養子縁組関係事件 ………………………………………… 340

1　国際裁判管轄 ……………………………………………………… 340

2　準拠法……………………………………………………………… 340
　（1）養子縁組無効、養子縁組取消しの訴え…………………………… 340
【書式5-18】　訴状(1)――養子縁組無効確認請求①（当事者が日本
　　　　　　　人と外国人の場合で、被告が所在不明の事案）………… 342
【書式5-19】　訴状(2)――養子縁組無効確認請求②（当事者が日本
　　　　　　　人と外国人の事案）………………………………………… 345
　（2）離縁、離縁無効、離縁取消しの訴え……………………………… 348
【書式5-20】　訴状(1)――離縁請求①（当事者が日本人と外国人の
　　　　　　　場合で、被告が所在不明の事案）………………………… 349
【書式5-21】　訴状(2)――離縁請求②（日本人養父と外国人養子の
　　　　　　　事案）………………………………………………………… 352

第6章　その他関連手続

第1節　訴訟上の救助 …………………………………………… 355

【書式6-1】　訴訟救助申立書(1)――無収入の事案 ………………… 356
【書式6-2】　訴訟救助申立書(2)――生活保護を受けている事案 …… 357
【書式6-3】　訴訟救助申立書(3)――収入があるが、生活に著しい
　　　　　　支障を生じる事案 ……………………………………… 358

第2節　送達に関する書式 ……………………………………… 359

【書式6-4】　送達場所届出書 ………………………………………… 359
【書式6-5】　就業場所送達の上申書 ………………………………… 360
【書式6-6】　書留郵便に付する上申書 ……………………………… 361
【書式6-7】　所在調査報告書 ………………………………………… 362
【書式6-8】　再送達の上申書 ………………………………………… 364

23

| 【書式6-9】 | 公示送達の申立書 | 365 |

第3節 証拠に関する書式 …… 366

【書式6-10】	鑑定嘱託申出書——DNA鑑定	366
【書式6-11】	鑑定申出書(1)——筆跡鑑定	367
【書式6-12】	鑑定申出書(2)——不動産鑑定	368
【書式6-13】	調査嘱託申出書	369
【書式6-14】	証拠申出書	370
【書式6-15】	証拠説明書	371

第7章 保全処分等

第1節 保全処分 …… 372

1　概　要 …… 372
2　仮差押命令の申立て …… 372
　(1)　被保全権利 …… 372
　(2)　差押えの対象 …… 373
3　仮処分の申立て …… 374
　(1)　被保全権利の種類 …… 374
　(2)　被保全権利の主張・疎明 …… 374
　(3)　その他 …… 374
4　保全の必要性の疎明 …… 375

【書式7-1】　不動産仮差押命令申立書(1)——被保全権利：財産分与請求権、差押物件：土地および建物 …… 376

24

【書式7-2】 不動産仮差押命令申立書(2)——被保全権利：慰謝料請求権、差押物件：マンションの1室およびその底地所有権（持分）……………………………………… 379

【書式7-3】 債権仮差押命令申立書(1)——被保全権利：財産分与請求権、差押債権：預金債権 ………………… 383

【書式7-4】 債権仮差押命令申立書(2)——被保全権利：財産分与請求権および慰謝料請求権、差押債権：給与債権および退職金債権 ……………………………………… 383

【書式7-5】 不動産仮処分命令申立書 ………………………… 392

【書式7-6】 担保取消申立書(1)——債権者による金銭供託の場合 … 396

【書式7-7】 担保取消申立書(2)——第三者による支払保証委託契約の場合 …………………………………………… 397

【書式7-8】 供託原因消滅証明申請書 ………………………… 398

【書式7-9】 取下書（不動産仮差押命令申立事件についてのもの）… 399

【書式7-10】 保全異議申立書（財産分与請求権に基づく債権仮差押命令に対するもの）………………………… 400

第2節 履行確保 …………………………………………………… 403

【書式7-11】 間接強制申立書 ………………………………… 403

【書式7-12】 履行勧告申出書 ………………………………… 405

【書式7-13】 履行命令申立書 ………………………………… 407

第3部 参考資料

Ⅰ 陳述書記載例 ……………………………………………… 410

〔資料1-1〕 陳述書記載例(1)——通常の陳述書・原告
（【書式1-13】の事案）……………………………………… 411
〔資料1-2〕 陳述書記載例(2)——通常の陳述書・被告
（【書式1-13】の事案）……………………………………… 414
〔資料1-3〕 子の陳述書記載例(人事訴訟法32条４項の陳述の聴取)… 416
〔資料1-4〕 子の監護に関する陳述書記載項目等 …………………… 417
〔資料1-5〕 親権者指定のための陳述書記載例（子の監護に関する
陳述書）………………………………………………………… 418
Ⅱ 家庭裁判所調査官による事実の調査等で利用している
パンフレット等………………………………………………………… 424
〔資料2-1〕 お子さんに対する調査について ………………………… 424
〔資料2-2〕 親権者とは？ ……………………………………………… 425
〔資料2-3〕 保育園・幼稚園での調査へのご協力のお願い ………… 426
Ⅲ 養育費・婚姻費用算定表………………………………………………… 427

第 1 部

人事訴訟手続の概要
──本書掲載書式の道標として──

第1部　人事訴訟手続の概要

I　人事訴訟

1　人事訴訟の対象事件

　人事訴訟法（平成15年法律第109号。平成16年4月1日施行）は、人事訴訟に関する手続について、民事訴訟法（平成8年法律第109号）の特例等を定めるもので（人訴法1条）、その対象となる「人事訴訟」は以下のとおりである（同法2条）。なお、以下の各項で掲記した法条は、訴えの実体的根拠および認容判決確定後の戸籍の訂正等に関係する必須基本法条であり、法条を掲記していない項の訴えは、直接の実体的根拠法条を有しない訴えである。そして、直接の実体的根拠法条を有しない訴えは、他の直接の実体的根拠法条を有する訴えとの関係において、補充的に位置づけられることについては大方の一致がみられるものの、訴えの利益、当事者、要件事実等については、必ずしも明らかではないものが多い。

　① 婚姻関係の訴え
　　㋐ 婚姻の無効の訴え（民法（明治29年法律第89号）742条、戸籍法（昭和22年法律第224号）116条）
　　㋑ 婚姻の取消しの訴え（民法743条〜749条、戸籍法75条・63条）
　　㋒ 離婚の訴え（民法770条、戸籍法77条・63条）
　　㋓ 協議上の離婚の無効の訴え（民法764条・739条、戸籍法116条）
　　㋔ 協議上の離婚の取消しの訴え（民法764条・747条、戸籍法77条・63条）
　　㋕ 婚姻関係の存否の確認の訴え（戸籍法116条）
　② 実親子関係の訴え
　　㋐ 嫡出否認の訴え（民法774条〜778条、戸籍法53条・116条）
　　㋑ 認知の訴え（民法787条、戸籍法63条）
　　㋒ 認知の無効の訴え（民法786条、戸籍法116条）
　　㋓ 認知の取消しの訴え（民法785条・786条、戸籍法116条）
　　㋔ 父を定めることを目的とする訴え（民法773条、戸籍法54条・116条）
　　㋕ 実親子関係の存否の確認の訴え（戸籍法116条）

③　養子縁組関係の訴え
　㋐　養子縁組の無効の訴え（民法802条、戸籍法116条）
　㋑　養子縁組の取消しの訴え（民法803条～808条、戸籍法69条・63条）
　㋒　離縁の訴え（民法814条、戸籍法73条・63条）
　㋓　協議上の離縁の無効の訴え（民法812条・739条、戸籍法116条）
　㋔　協議上の離縁の取消しの訴え（民法812条・747条、戸籍法73条・63条）
　㋕　養親子関係の存否の確認の訴え（戸籍法116条）

2　関連請求の併合および訴えの追加等

　上記1に列挙した人事に関する訴えは家庭裁判所の管轄に専属するが（人訴法4条、裁判所法（昭和22年法律第59号）31条の3第1項2号・24条1号）、人事訴訟法は、さらに、人事訴訟に係る請求とその請求原因事実によって生じた損害（民法709条・710条）の賠償に関する請求とを一つの訴えですること（請求の併合）を許容するとともに、すでに人事訴訟が係属した後に、当該家庭裁判所に対して、上記損害に関する請求を目的とする訴えを提起することをも許容している（人訴法17条）。したがって、たとえば、夫婦の一方は、他方に対し不貞行為を理由に離婚を求める訴えを提起する際に、同時にあわせて、他方の不貞行為によって離婚のやむなきに至ったことについての慰謝料の支払いを求める損害賠償請求をすることができるし（同条1項）、いったん離婚のみを請求する訴えを提起した後に、当該家庭裁判所に対し、同様の損害賠償を請求する訴えを提起することもでき（同条2項）、さらに、こうした損害賠償を請求する訴えが他の地方裁判所に提起されていたような場合であっても、その地方裁判所は、当事者の申立てがあれば、当該訴訟を先に離婚訴訟が係属している家庭裁判所に移送することができ（同法8条1項）、移送を受けた家庭裁判所は、先行する離婚請求事件と移送された損害賠償請求事件について口頭弁論を併合して審理しなければならない（同条2項）。

　また、夫婦の一方は、他方に対し、不貞行為を理由に離婚を求める訴えを提起する際に、あわせて、不貞行為の相手方に対しても損害賠償請求をすることもできる（民訴法38条、人訴法17条）。

　なお、関連併合等が許容されるのは、人事訴訟に係る請求と当該請求の原

因である事実によって生じた損害（民法709条・710条）の賠償に関する請求に限られるので、たとえば、離婚に伴って、夫婦の一方が、他方に対し、離婚請求のほか、家屋の所有権に基づいて、同家屋からの退去を求めるといった請求をあわせて求めたり、夫婦間の過去における貸金等の返還をあわせて求めたりすることはできないことに注意を要する。これらの訴えは、いずれも、通常の民事訴訟として管轄地方裁判所（または簡易裁判所）に提起されるべきものであるし、そうした訴えが提起された地方裁判所（または簡易裁判所）から家庭裁判所に事件が移送されることはない。

3　附帯処分等

人事訴訟法は、上記1および2のほか、さらに、婚姻の取消しまたは離婚の訴えに係る請求を認容する判決においては、本来は訴訟対象事項ではない事項についても同時解決を図る規定をおいている（人訴法32条）。その内容は、以下のとおりであり、未成年者の親権者の指定（同条3項）を除く処分を「附帯処分」といい（同条1項）、附帯処分については、当事者の申立てがあることを要する（未成年者の親権者の指定については、民法819条2項および749条により、当事者の申立てを要しない）。なお、人事訴訟法は、いわゆる時機に遅れた攻撃防御方法に関する民事訴訟法の制限規定（民訴法157条・157条の2）の適用を排除し（人訴法19条1項）、さらに、訴えの変更および反訴の提起については、第1審または控訴審の口頭弁論の終結に至るまでできることとして（人訴法18条）、当事者に随時の攻撃防御を保障しているため、人事訴訟手続の停滞や遅延をいかにして防止するか、換言すれば、上記のような人事訴訟法の規定を前提としつつ、いかにして審理の効率的かつ迅速な運営を実現するかが実務上の大きな問題となっている。離婚を求める当事者としても、附帯請求については、関連する事項の一挙同時解決の必要性を十分に検討したうえで取捨選択することが望ましい。

①　子の監護者の指定その他子の監護に関する処分（民法771条・749条・766条1項）

②　財産の分与に関する処分（民法771条・749条・768条）

③　年金分割に関する処分としての、標準報酬等の按分割合に関する処分

(厚生年金保険法（昭和29年法律第115号）78条の2第2項、国家公務員共済組合法（昭和33年法律第128号）93条の5第2項、私立学校教職員共済法（昭和28年法律第245号）25条、地方公務員等共済組合法（昭和37年法律第152号）105条2項）

II 管轄等

1 管轄裁判所

人事に関する訴えは、当該訴えに係る身分関係の当事者（原告であると被告であるとを問わない）が普通裁判籍を有する地またはその死亡の時にこれを有した地を管轄する家庭裁判所の管轄に専属する（人訴法4条1項）。

そして、人の普通裁判籍は以下の順で定まる（民訴法4条2項）。

① 住所（民法22条）
② 日本国内に住所がないときまたは住所が知れないときは、居所
③ 日本国内に居所がないときまたは居所が知れないときは、最後の住所

以上で管轄裁判所が定まらないときは、東京家庭裁判所の管轄となる（人訴法4条2項、人訴規則2条）。

数人からのまたは数人に対する一の人事に関する訴えで数個の身分関係の形成または存否の確認を目的とする数個の請求をする場合には、人事訴訟法4条の規定にかかわらず、同条の規定により一の請求について管轄権を有する家庭裁判所にその訴えを提起することができる。ただし、民事訴訟法38条前段に定める場合（訴訟の目的である権利義務が数人について共通のとき、または同一の事実上および法律上の原因に基づくとき）に限られる（人訴法5条）。

2 自庁処理と移送

家庭裁判所は、人事訴訟の全部または一部がその管轄に属しないと認める場合においても、すでに申し立てられた調停に係る事件がその家庭裁判所に係属していたときであって、調停の経過、当事者の意見その他の事情を考慮

して特に必要があると認めるときは、申立てによりまたは職権で、当該人事訴訟の全部または一部について自ら審理および裁判をすることができる（人訴法6条）。

　家庭裁判所は、人事訴訟がその管轄に属する場合においても、当事者および尋問を受けるべき証人の住所その他の事情を考慮して、訴訟の著しい遅滞を避け、または当事者間の衡平を図るため必要があると認めるときは、申立てによりまたは職権で、当該人事訴訟の全部または一部を他の管轄裁判所に移送することができる（人訴法7条）。

　家庭裁判所に係属する人事訴訟に係る請求の原因である事実によって生じた損害の賠償に関する請求に係る訴訟の係属する第1審裁判所は、相当と認めるときは、申立てにより、当該訴訟をその家庭裁判所に移送することができる。この場合においては、その移送を受けた家庭裁判所は、当該損害の賠償に関する請求に係る訴訟について自ら審理および裁判をすることができる。移送を受けた家庭裁判所は、人事訴訟に係る事件およびその移送に係る損害の賠償に関する請求に係る事件について口頭弁論の併合を命じなければならない（人訴法8条）。

Ⅲ　当事者

1　被告適格（人訴法12条）

　人事に関する訴えであって当該訴えに係る身分関係の当事者の一方が提起するものにおいては、特別の定めがある場合を除き、他の一方を被告とする。

　人事に関する訴えであって当該訴えに係る身分関係の当事者以外の者が提起するものにおいては、特別の定めがある場合を除き、当該身分関係の当事者の双方を被告とし、その一方が死亡した後は、他の一方を被告とする。

　上記により当該訴えの被告とすべき者が死亡し、被告とすべき者がないときは、検察官を被告とする。

2　人事訴訟における訴訟能力等

　人事訴訟の訴訟手続における訴訟行為については、未成年者の法律行為に関する民法5条1項・2項、成年被後見人の法律行為に関する同法9条、保佐人の同意を要する行為等に関する同法13条・17条や民事訴訟法31条・32条1項・2項の規定は適用されない（人訴法13条1項）。
　訴訟行為につき行為能力の制限を受けた者が人訴法13条1項の訴訟行為をしようとする場合において、必要があると認めるときは、裁判長は、申立てにより、弁護士を訴訟代理人に選任することができる（同条2項）。そして、訴訟行為につき行為能力の制限を受けた者が上記の申立てをしない場合においても、裁判長は、弁護士を訴訟代理人に選任すべき旨を命じ、または職権で弁護士を訴訟代理人に選任することができる（同条3項）。
　人事に関する訴えの原告または被告となるべき者が成年被後見人であるときは、その成年後見人は、成年被後見人のために訴え、または訴えられることができる。ただし、その成年後見人が当該訴えに係る訴訟の相手方となるときは、成年後見監督人が、成年被後見人のために訴え、または訴えられることができる（人訴法14条1項・2項）。

3　利害関係人の訴訟参加

　検察官を被告とする人事訴訟において、訴訟の結果により相続権を害される利害関係人を当該人事訴訟に参加させることが必要であると認めるときは、裁判所は、被告を補助させるため、決定で、その利害関係人を当該人事訴訟に参加させることができる（人訴法15条1項）が、裁判所は、その決定をするにあたっては、あらかじめ、当事者および利害関係人の意見を聴かなければならない（同条2項）。

Ⅳ 審理の特徴

1 処分権主義、弁論主義の適用制限等

　人事訴訟の訴訟手続においては、民事訴訟法の規定中裁判所において当事者が自白した事実に関する部分は適用されず（人訴法19条1項）、人事訴訟における訴訟の目的については、請求の放棄、認諾および訴訟上の和解に関する民事訴訟法の規定は適用されない（同条2項）が、離婚の訴えおよび離縁の訴えに係るものについては、以下のような例外が認められている（人訴法37条・44条）。

① 離婚の訴えに係る訴訟における和解（これにより離婚がされるものに限る）並びに請求の放棄および認諾については、民事訴訟法266条（同条2項中の請求の認諾に関する部分を除く）および267条の規定が適用される。ただし、請求の認諾については、附帯処分についての裁判または親権者の指定についての裁判をすることを要しない場合に限る。また、離婚の訴えに係る訴訟においては、民事訴訟法264条の書面和解や265条の規定による和解をすることはできない。

② 上記①と同様に、離縁の訴えに係る訴訟における和解（これにより離縁がされるものに限る）、請求の放棄および認諾も認められている。

　また、人事訴訟においては、裁判所は、当事者が主張しない事実をしん酌し、かつ、職権で証拠調べをすることができる。この場合においては、裁判所は、その事実および証拠調べの結果について当事者の意見を聴かなければならない（人訴法20条）。また、裁判所は、当事者本人を尋問する場合には、その当事者に対し、期日に出頭することを命ずることができ（同法21条1項）、出頭を命じられた当事者が正当な理由なく出頭しない場合については過料や勾引についての民事訴訟法の規定が準用される（同条2項）。

2 参与員（人訴法9条〜11条）

　家庭裁判所は、必要があると認めるときは、参与員を審理または和解の試みに立ち会わせて事件につきその意見を聴くことができ、参与員の員数は各事件について一人以上とする。

　参与員は、毎年あらかじめ家庭裁判所の選任した者の中から、事件ごとに家庭裁判所が指定する。

3 事実の調査

　裁判所は、離婚の訴え等の附帯処分についての裁判または親権者の指定についての裁判をするにあたっては、事実の調査をすることができ（人訴法33条1項）、裁判所が審問期日を開いて当事者の陳述を聴くことにより事実の調査をするときは、他の当事者は、原則として、当該期日に立ち会うことができる（同条4項）。なお、事実の調査の手続は、公開しない（同条5項）。

　裁判所は、家庭裁判所調査官に事実の調査をさせることができ（人訴法34条1項）、家庭裁判所調査官は、事実の調査の結果を書面または口頭で裁判所に報告する（同条3項）。

　なお、訴訟記録中の事実の調査に係る部分は、当事者または利害関係人において閲覧・謄写等を求めることができるが、裁判所の許可を要する（人訴法35条）。

V　判決の特徴

1 判決の対世的効力等

　人事訴訟の確定判決は、第三者に対してもその効力を有する（人訴法24条1項）。ただし、重婚（民法732条）を理由とする婚姻取消訴訟における請求棄却判決については、前配偶者との関係では、その者が参加したときに限り、効力が生じる（人訴法24条2項）。

判決が確定した場合、戸籍の訂正等についての届出は、原告が申請することを要するが（戸籍法116条1項）、それはいわゆる「報告的届出」であるから、戸籍の届出または訂正を必要とする事項について人事訴訟の判決が確定したときは、裁判所書記官は、遅滞なく、当該人事訴訟に係る身分関係の当事者の本籍地の戸籍事務を管掌する者に対し、その旨を通知しなければならない（人訴規則17条）。

人事訴訟の判決（訴えを不適法として却下した判決を除く）が確定した後は、原告は、当該人事訴訟において請求または請求の原因を変更することにより主張することができた事実に基づいて同一の身分関係についての人事に関する訴えを提起することができないし（人訴法25条1項）、被告は、当該人事訴訟において反訴を提起することにより主張することができた事実に基づいて同一の身分関係についての人事に関する訴えを提起することができない（同条2項）。

2　利害関係人に対する訴訟係属の通知（人訴法28条）

裁判所は、人事に関する訴えが提起された場合における利害関係人であって、父が死亡した後に認知の訴えが提起された場合におけるその子その他の相当と認められるものとして最高裁判所規則で定めるものに対し、訴訟が係属したことを通知する。ただし、訴訟記録上その利害関係人の氏名および住所または居所が判明している場合に限る。

Ⅵ　保全処分（人訴法30条）

人事訴訟を本案とする保全命令事件は、本案の管轄裁判所または仮に差し押さえるべき物もしくは係争物の所在地を管轄する家庭裁判所が管轄する。

人事訴訟に係る請求と当該請求の原因である事実によって生じた損害の賠償に関する請求とを一の訴えですることができる場合には、当該損害の賠償に関する請求に係る保全命令の申立ては、仮に差し押さえるべき物または係争物の所在地を管轄する家庭裁判所にもすることができる。

Ⅶ　履行の確保

1　履行の勧告（人訴法38条）

　離婚訴訟等の附帯処分で定められた養育費の支払い等の義務については、当該裁判をした家庭裁判所（上訴裁判所が当該裁判をした場合にあっては、第1審裁判所である家庭裁判所）は、権利者の申出があるときは、その義務の履行状況を調査し、義務者に対し、その義務の履行を勧告することができる。この場合、家庭裁判所は、家庭裁判所調査官に調査および勧告をさせることができる。なお、婚姻の取消しまたは離婚の訴えに係る訴訟における和解で定められたものの履行についても同様である。

2　履行命令（人訴法39条）

　裁判で定められた養育費等の金銭の支払いその他の財産上の給付を目的とする義務の履行を怠った者がある場合において、相当と認めるときは、当該裁判をした家庭裁判所は、権利者の申立てにより、義務者に対し、相当の期限を定めてその義務の履行をすべきことを命ずることができる。この場合において、家庭裁判所は、義務の履行を命ずるには、義務者の陳述を聴かなければならない。なお、婚姻の取消しまたは離婚の訴えに係る訴訟における和解で定められたものの履行についても同様である。
　義務の履行を命じられた者が正当な理由なくその命令に従わないときは、その義務の履行を命じた家庭裁判所は、決定で、10万円以下の過料に処することができる。この決定に対しては、即時抗告をすることができる。

第2部

人事訴訟類型・関連手続と書式

第1章　婚姻関係事件

第1節　婚姻無効の訴え

1　意義および性質

　婚姻無効の訴えとは、婚姻届が提出されたため、戸籍上は婚姻した夫婦とされているものの、人違いその他の事由によって当事者の一方または双方が婚姻する意思がなかった等として、婚姻が無効であることの確認を求める訴えである。

　法的性質は、確認訴訟説が通説・判例である。

2　要件事実

① 　婚姻届がされていること
② 　婚姻届出時に婚姻当事者の一方または双方に婚姻意思がなかったこと

3　婚姻意思

　婚姻意思とは、「婚姻当事者間に真に社会観念上夫婦であると認められる関係の設定を欲する効果意思」をいう（最判昭和44・10・31民集23巻10号1894頁）。したがって、婚姻届を提出する意思（形式的意思）はあっても、真に夫婦としての関係を設定する意思（実質的意思）がない場合（たとえば、在留資格を得るためだけの偽装結婚等）は、婚姻意思があるとはいえず、婚姻は無効である。

　婚姻意思は、婚姻届出時に必要というのが通説である。

　成年被後見人であっても単独で婚姻することができるが（民法738条）、意思能力がないときは婚姻は無効である。

4 当事者等

(1) 原告適格
① 婚姻当事者の一方（夫または妻）（人訴法12条1項）
② 利害関係を有する第三者（当該婚姻が存在した場合重婚となってしまう一方当事者の配偶者や、婚姻の効力により相続権を害されることとなる親族等）（同条2項）

(2) 被告適格
① 婚姻当事者の他方（妻または夫）（人訴法12条1項）
② 検察官（相手方となる配偶者がすでに死亡している場合）（同条3項）
③ 婚姻当事者の双方（第三者が原告となる場合）（同条2項。ただし、婚姻当事者の一方が死亡している場合は、生存しているもう一方の当事者のみを被告とすれば足りる（同項）。婚姻当事者の双方が死亡している場合は検察官を被告とする（同条3項））。

〈表1-1〉原告適格・被告適格

原　告	被　告	備　考	人訴法の条文
夫(妻)	妻(夫)	通常の場合	12条1項
夫(妻)	検察官	相手方配偶者が死亡している場合	12条3項
第三者	夫および妻	婚姻当事者がいずれも生存している場合	12条2項
第三者	夫(または妻)	一方配偶者が死亡している場合	12条2項
第三者	検察官	婚姻当事者がいずれも死亡している場合	12条3項

※　婚姻当事者が成年被後見人の場合は、成年後見人が原告または被告となる（人訴法14条1項本文）。
※　婚姻当事者の一方が成年被後見人で、その成年後見人が相手方である場合には、成年後見監督人が原告または被告となり、当該成年被後見人を相手方として訴訟を追行する（同条2項）。

(3) 原告または被告が訴訟係属中に死亡した場合
　㋐　原告が死亡した場合

　訴訟は当然に終了し、原告の相続人等は訴訟手続を受継しない（人訴法27条1項）。

　㋑　被告が死亡した場合

　被告が婚姻当事者の一方のみの場合は、検察官が受継する（同法26条2項）。

　㋒　被告が婚姻当事者双方の場合（第三者が原告の場合）において、婚姻当事者の一人が死亡した場合

　もう一方の婚姻当事者のみが被告となって訴訟が追行される（人訴法26条1項）。

　㋓　被告が婚姻当事者双方の場合（第三者が原告の場合）において、婚姻当事者の双方が死亡した場合

　検察官が受継する（人訴法26条2項）。

5　利害関係人の補助参加

　訴訟の結果について利害関係を有する第三者は、訴訟に補助参加することができる（民訴法42条）。

　夫婦の双方または一方が死亡した後に婚姻無効の訴えが提起された場合には、裁判所は、婚姻無効により嫡出でない子となる者またはその代襲者に対して訴訟係属の通知をする（人訴法28条、人訴規則16条・別表1項）。

　また、検察官を被告とする場合には、裁判所は、被告を補助させるため、決定により利害関係人を訴訟に参加させることができる（人訴法15条）。

6　訴状作成のポイント

　当事者の一方または双方に婚姻意思がなかったとする事情（人違い、意思能力なし、婚姻届の偽造、偽装結婚等）を具体的に記載する必要がある。

第1節　婚姻無効の訴え

【書式1-1】　訴状(1)──被告から婚姻届を無断で提出された事案

訴　　　状

平成○年○月○日

東京家庭裁判所　御中

　　　　　原告訴訟代理人弁護士　　　　東　京　太　郎　㊞

　　本籍　東京都○○区○○町○丁目○番地
　　　　　〒000-0000　東京都○○区○○町○丁目○番○号
　　　　　原　　　　告　　　　甲　野　一　郎

　　　　　〒000-0000　東京都○○区○○町○丁目○番○号○○ビル○○号
　　　　　　　　　　　　　　　　　　　　　　　　（送達場所）
　　　　　　　　　　　電　話　00-0000-0000
　　　　　　　　　　　ＦＡＸ　00-0000-0000
　　　　　原告訴訟代理人弁護士　　　　東　京　太　郎
　　本籍　東京都○○区○○町○丁目○番地
　　住所　〒000-0000　東京都○○区○○町○丁目○番○号
　　　　　被　　　　告　　　　甲　野　花　子

婚姻無効確認請求事件
　　訴訟物の価額　　　160万円
　　貼用印紙額　　　　1万3000円

第1　請求の趣旨
　1　平成○年○月○日東京都○○区長に対する届出によってなされた原告
　　と被告との婚姻は無効であることを確認する。
　2　訴訟費用は被告の負担とする。
　　との判決を求める。

第2　請求の原因
　1　当事者
　　　原告は，昭和○年○月○日生まれの男性であり，被告は昭和○年○月
　　○日生まれの女性である（甲1）。

17

第1章　婚姻関係事件

2　戸籍上の記載

　原告と被告については，平成○年○月○日東京都○○区長に対する届出によって，戸籍上は婚姻した夫婦として記載されている（甲1，2）。

　しかしながら，上記婚姻届は，以下のとおり，被告が婚姻届を偽造し，原告に無断で提出したものであって，無効である。

3　被告による婚姻届の偽造等

(1)　原告と被告は，平成○年○月ころ，友人の結婚披露宴において知り合い，程なく交際を始めた。しかしながら，原告は，被告が些細なことで感情的になることや，クレジットカードでブランド物を多数購入するなど，浪費癖があることから，次第に被告に対する愛情を失うようになった。

(2)　このため，原告は，平成○年○月○日，被告に対し，別れ話を切り出したところ，被告は，「3年も付き合っているのに今さら別れるなんてあり得ない。両親や同僚にも近々原告と結婚する予定であると伝えている。このまま別れるんだったら周りから嘘つき呼ばわりされてしまう。せめて結婚の話が進んでいたことを両親たちにも証明したいので，婚姻届にサインして欲しい。」と言って婚姻届に署名押印するよう迫ってきた。

　これに対し，原告は，婚姻届に署名したら大変なことになると思い，被告の要求を断固拒絶したが，被告は，原告の名義を冒用して婚姻届を偽造し，同年○月○日，○○区長に対して婚姻届を提出した（甲2，3）。

4　以上によれば，本件婚姻届は，被告が偽造して原告に無断で提出したものであり，原告には婚姻意思がなかったのであるから，原被告間の婚姻は無効である。

　よって，原告は，民法742条1号，人事訴訟法2条1号により，原被告間の婚姻が無効であることの確認を求める。

証　拠　方　法

甲第1号証　　戸籍謄本
甲第2号証　　婚姻届記載事項証明書
甲第3号証　　陳述書
証拠説明書

第1節　婚姻無効の訴え

　　　　　　　　添　付　書　類

戸籍謄本
調停不成立証明書
訴訟委任状

　　　　　　　　附　属　書　類

訴状（副本）　　　　　　1通
甲第1ないし3号証（写し）　各1通
証拠説明書（副本）　　　1通

第1章　婚姻関係事件

【書式1-2】　訴状(2)──相手方配偶者が死亡したため検察官を被告とする事案

訴　　　状

平成○年○月○日

東京家庭裁判所　御中

　　　　原告訴訟代理人弁護士　　　東　京　太　郎　㊞

　　本籍　東京都○○区○○町○丁目○番地
　　住所　〒000-0000　東京都○○区○○町○丁目○番○号
　　　　原　　　告　　甲　野　一　郎

　　　　〒000-0000　東京都○○区○○町○丁目○番○号○○ビル○○号
　　　　　　　　　　　　　　　　　　　　　　　　　（送達場所）
　　　　　　　　　　　電　話　00-0000-0000
　　　　　　　　　　　ＦＡＸ　00-0000-0000
　　　　原告訴訟代理人弁護士　　　東　京　太　郎

　　住所　〒000-0000　東京都千代田区霞が関1丁目1番1号
　　　　被　　　告　　東京地方検察庁検事正
　　　　　　　　　　　山　本　次　郎

婚姻無効確認請求事件
　訴訟物の価額　　160万円
　貼用印紙額　　　1万3000円

第1　請求の趣旨
　1　平成○年○月○日東京都○○区長に対する届出によってなされた原告と甲野花子（本籍　東京都○○区○○町○丁目○番地，最後の住所　東京都○○区○○町○丁目○番○号，平成○年○月○日死亡）との婚姻は無効であることを確認する。
　2　訴訟費用は国庫の負担とする。
　　　との判決を求める。

第2　請求の原因

1　当事者等
　　原告は，昭和〇年〇月〇日生まれの男性であり，甲野花子（以下「花子」という。）は昭和〇年〇月〇日生まれの女性であった（甲1）。
2　戸籍上の記載
　　原告と花子については，平成〇年〇月〇日東京都〇〇区長に対する届出によって，戸籍上は婚姻した夫婦として記載されている（甲1，2）。
　　しかしながら，上記婚姻届は，以下のとおり，花子が婚姻届を偽造し，原告に無断で提出したものであって，無効である。
3　花子による婚姻届の偽造等
⑴　原告と花子は，平成〇年〇月ころ，友人の結婚披露宴において知り合い，程なく交際を始めた。しかしながら，原告は，花子が些細なことで感情的になることや，クレジットカードでブランド物を多数購入するなど，浪費癖があることから，次第に花子に対する愛情を失うようになった（甲3）。
⑵　このため，原告は，平成〇年〇月〇日，花子に対し，別れ話を切り出したところ，花子は，「3年も付き合っているのに今さら別れるなんてあり得ない。両親や同僚にも近々原告と結婚する予定であると伝えている。このまま別れるんだったら周りから嘘つき呼ばわりされてしまう。せめて結婚の話が進んでいたことを両親たちにも証明したいので，婚姻届にサインして欲しい。」と言って婚姻届に署名押印するよう迫ってきた。
　　これに対し，原告は，婚姻届に署名したら大変なことになると思い，花子の要求を断固拒絶したが，花子は，原告の名義を冒用して婚姻届を偽造し，同年〇月〇日，〇〇区長に対して婚姻届を提出した（甲2，3）。
　　以上によれば，本件婚姻届は，花子が偽造して原告に無断で提出したものであり，原告には婚姻意思がなかったのであるから，原告と花子との間の婚姻は無効である。
4　花子の死亡
　　ところが，花子は，本件婚姻届出後，行方不明となり，平成〇年〇月〇日，愛知県内で死亡したことが確認された（甲4）。
5　よって，原告は，民法742条1号，人事訴訟法2条1号，12条3項により，検察官に対し，原告と花子との間の婚姻が無効であることの確認を求める。

第1章　婚姻関係事件

証　拠　方　法

甲第１号証　　戸籍謄本
甲第２号証　　婚姻届記載事項証明書
甲第３号証　　陳述書
甲第４号証　　除籍謄本
証拠説明書

添　付　書　類

戸籍謄本
訴訟委任状

附　属　書　類

訴状（副本）	1通
甲第1ないし4号証（写し）	各1通
証拠説明書（副本）	1通

【書式1-3】 訴状(3)──死者の親族が原告となって婚姻無効の確認請求をする事案

訴　　　　状

平成○年○月○日

東京家庭裁判所　御中

　　　　　原告訴訟代理人弁護士　　　東　　京　　太　　郎　㊞

　　本籍　東京都○○区○○町○丁目○番地
　　住所　〒000-0000　東京都○○区○○町○丁目○番○号
　　　　　原　　　　告　　　甲　野　三　郎

　　　　　〒000-0000　東京都○○区○○町○丁目○番○号○○ビル○○号
　　　　　　　　　　　　　　　　　　　　　　　　（送達場所）
　　　　　　　　　　　電　話　00-0000-0000
　　　　　　　　　　　ＦＡＸ　00-0000-0000
　　　　　原告訴訟代理人弁護士　　　東　　京　　太　　郎

　　本籍　東京都○○区○○町○丁目○番地
　　住所　〒000-0000　東京都○○区○○町○丁目○番○号
　　　　　被　　　　告　　　甲　野　花　子

婚姻無効確認請求事件
　訴訟物の価額　160万円
　貼用印紙額　　1万3000円

第1　請求の趣旨
　1　平成○年○月○日東京都○○区長に対する届出によってなされた甲野一郎（本籍　東京都○○区○○町○丁目○番地，最後の住所　東京都○○区○○町○丁目○番○号，平成○年○月○日死亡）と被告との婚姻は無効であることを確認する。
　2　訴訟費用は被告の負担とする。
　　との判決を求める。

第2　請求の原因

第1章　婚姻関係事件

1　当事者等
 (1)　甲野一郎（以下「一郎」という。）は，昭和〇年〇月〇日生まれの男性であり，被告は昭和〇年〇月〇日生まれの女性である（甲1）。
 (2)　原告は，一郎とその前妻である甲野冬子（昭和〇年〇月〇日死亡。以下「冬子」という。）の長男である（甲2）。
2　戸籍上の記載
　　一郎と被告については，平成〇年〇月〇日東京都〇〇区長に対する届出によって，戸籍上は婚姻した夫婦として記載されている（甲1，3）。
　　しかしながら，上記婚姻届は，以下のとおり，被告が，認知症のため意思無能力状態だった一郎に，意味も分からないまま書かせたものであり，無効である。
3　一郎の意思無能力
　　一郎は，冬子が昭和〇年〇月〇日に死亡した後，住所地で一人暮らしをしていたが，平成〇年〇月ころから認知症となり，平成〇年〇月ころからヘルパーとして被告に来てもらうようになった。そして，一郎は，介護認定等のため継続的に医師の診断を受けており，平成〇年〇月〇日に実施された長谷川式簡易知能スケールは30点満点中6点で，認知症の程度は重度の状態だった（甲4）。
　　このため，一郎は，平成〇年〇月〇日，老人ホーム〇〇苑に入所したが，一郎に多額の預金があることを知っていた被告は，一郎に会いに〇〇苑を訪れ，重度の認知症のため意思能力のない一郎を言葉巧みに操り，婚姻届に署名押印させ，同月〇日，婚姻届を提出した（甲1，3，5）。
4　このように，本件婚姻届は，意思無能力状態の一郎が意味も分からずに作成したものであるから，一郎と被告間の婚姻は無効である。
5　一郎の死亡等
　　一郎は，本件婚姻届がなされた2か月後である平成〇年〇月〇日，死亡した（甲1，6）。
　　原告は，一郎の相続人であるところ，被告が一郎の配偶者のままであれば，相続において重大な不利益を被る。
6　よって，一郎の長男である原告は，民法742条1号，人事訴訟法2条1号，12条2項により，一郎と被告間の婚姻が無効であることの確認を求める。

証　拠　方　法

甲第1,2号証　　戸籍謄本
甲第3号証　　　婚姻届記載事項証明書
甲第4号証　　　診療録
甲第5号証　　　陳述書
甲第6号証　　　除籍謄本
証拠説明書

添　付　書　類

戸籍謄本
除籍謄本
調停不成立証明書
訴訟委任状

附　属　書　類

訴状（副本）　　　　　　　1通
甲第1ないし6号証（写し）　各1通
証拠説明書（副本）　　　　1通

第1章　婚姻関係事件

【書式1-4】　答弁書(1)――【書式1-1】に対する答弁書例①

東京家庭裁判所家事第6部○係　平成○年（家ホ）第○○号　婚姻無効確認請求事件

原　告　　甲　野　一　郎
被　告　　甲　野　花　子

答　弁　書

平成○年○月○日

東京家庭裁判所家事第6部○係　御中

　　　　　被告訴訟代理人弁護士　　　関　　東　　次　　郎　㊞

〒000-0000　東京都○○区○○町○丁目○番○号○○ビル3階
（送達場所）
電　話　00-0000-0000
ＦＡＸ　00-0000-0000
被告訴訟代理人弁護士　　　関　　東　　次　　郎

第1　請求の趣旨に対する答弁
　1　原告の請求を棄却する。
　2　訴訟費用は原告の負担とする。
　　との判決を求める。

第2　請求の原因に対する認否
　1　請求原因1の事実は認める。
　2　請求原因2の事実のうち，平成○年○月○日東京都○○区長に対する届出によって，原告と被告が，戸籍上，婚姻した夫婦として記載されていることは認め，その余は否認する。
　3　請求原因3(1)の事実のうち，原告と被告が，平成○年○月ころ，友人の結婚披露宴において知り合い，程なく交際を始めたことは認めるが，その余は否認する。
　　　同(2)の事実のうち，被告が婚姻届用紙に原告名を署名して押印し，同年○月○日，○○区長に対して婚姻届を提出したことは認め，その余は否認する。

第3　被告の主張
　　原告と被告は，平成○年○月○日から交際を始め，同年○月ころから同棲するようになった。そして，原告は，平成○年○月ころ，被告に対してプロポーズし，被告もこれを受け入れた。そして，原告と被告は，二人が交際を始めた記念日である○月○日に入籍しようと約束していたところ，原告は，約束の当日，急に出張が入ってしまい，一緒に区役所に行くことができなくなってしまった。このため，被告は，原告に電話をして，どうしようかと尋ねたところ，原告は，「○月○日は僕たちにとって大切な記念日だから，この日に入籍したい。僕の代わりに署名押印して，婚姻届を出しておいて欲しい」と言った。
　　このため，被告は，婚姻届に原告名を署名して押印し，婚姻届を提出した。
　　婚姻届を提出したことは，原告にも連絡したが，原告は，とても喜んでいた。
　　そして，原告と被告は，その後も同居生活を続けたが，平成○年○月ころ，原告が他の女性と旅行に行ったことが発覚し，原告と被告は口論になった。そうしたところ，原告は，急に，被告が勝手に婚姻届を提出したのだから，結婚は無効だと言い出し，本件訴訟が提起された。
　　このように，本件婚姻届は，原告の意思に基づくものであるから，有効である。
　　したがって，原告の請求は速やかに棄却されるべきである。

証　拠　方　法

乙第1号証　　　陳述書
証拠説明書

添　付　書　類

訴訟委任状
（答弁書副本，書証写し及び証拠説明書副本は原告代理人に直送済み）

第1章　婚姻関係事件

【書式1-5】　答弁書(2)——【書式1-1】に対する答弁書例②（追認の抗弁）

> 東京家庭裁判所家事6部○係　平成○年（家ホ）第○○号　婚姻無効確認請求事件
>
> 原　告　　甲　野　一　郎
> 被　告　　甲　野　花　子
>
> 　　　　　　　　　　　答　弁　書
>
> 　　　　　　　　　　　　　　　　　　　　　　平成○年○月○日
>
> 東京家庭裁判所家事第6部○係　御中
> 　　　　　　被告訴訟代理人弁護士　　　　関　東　次　郎　㊞
>
> 　　　〒000-0000　東京都○○区○○町○丁目○番○号○○ビル○○号
> 　　　　　　　　　　　　　　　　　　　　　　　　　（送達場所）
> 　　　　　　　　　　　　　電　話　00-0000-0000
> 　　　　　　　　　　　　　ＦＡＸ　00-0000-0000
> 　　　　　　被告訴訟代理人弁護士　　　　関　東　次　郎
>
> 第1　請求の趣旨に対する答弁
> 　1　原告の請求を棄却する。
> 　2　訴訟費用は原告の負担とする。
> 　　との判決を求める。
>
> 第2　請求の原因に対する認否
> 　1　請求原因1の事実は認める。
> 　2　請求原因2の事実は認めるが，原被告間の婚姻が無効であることは争う。
> 　3　請求原因3の事実のうち，原告と被告が平成○年○月ころ友人の結婚披露宴において知り合い，程なく交際を始めたこと，原告が，平成○年○月○日，被告に対して別れ話を切り出したこと，被告が結婚の話が進んでいたことを両親たちにも証明したいので，婚姻届にサインして欲しいと頼んだこと，原告が被告の頼みを断ったこと，被告が婚姻届に原告名を署名して押印し，同年○月○日，○○区長に対して婚姻届を提出したことは認め，その余は否認する。
> 第3　被告の主張（追認の抗弁）

確かに，本件婚姻届は被告が原告の名義を冒用して作成し原告に無断で提出したものである。しかしながら，原告と被告は，平成〇年〇月ころから結婚を前提として同棲生活を始め，平成〇年〇月〇日に原告が被告に別れ話を切り出した際，一時的に険悪になったものの，1週間後には仲直りし，同棲生活を続けた。そして，被告は，同月〇日ころ，原告に対して勝手に婚姻届を提出してしまったことを正直に告白したところ，原告は，「あのときは悪かった，結婚するならお前しかいないのでこのままでいいよ」と言ってくれ，これを追認した（乙1）。
　ところが，原告は，その後，被告と些細なことで喧嘩をした際，前言を翻し，被告が勝手に婚姻届をしたのであるから婚姻は無効であると言い出した。
　しかしながら，上記のように原告は婚姻について追認したのであるから，原被告間の婚姻は有効である。

証　拠　方　法

乙第1号証　　　陳述書
証拠説明書

添　付　書　類

訴訟委任状
（答弁書副本，書証写し及び証拠説明書副本は原告代理人に直送済み）

第1章　婚姻関係事件

第2節　婚姻取消しの訴え

1　意義および性質

　婚姻取消しの訴えとは、民法744条から747条の規定により、婚姻の取消しを求める訴えである。
　法的性質は、形成訴訟である。

2　要件事実

① 　当事者が婚姻したこと
② 　民法744条から747条所定の婚姻取消事由があること
③ 　法定の期間内に取消請求をしたこと

3　取消事由

(1)　公益的観点から取消事由とされているもの

(ア)　婚姻不適年齢者の婚姻（民法744条・731条）

　婚姻適齢は、男性が18歳以上、女性が16歳以上であり、これに満たない場合は婚姻取消事由となる。
　ただし、不適齢者が適齢に達したときは婚姻の取消しを請求できない（民法745条1項）。もっとも、不適齢であった者は、適齢に達した後、なお3ヵ月間は取消しを請求することができる（同条2項）。

(イ)　重婚の場合（民法744条・732条）

(ウ)　再婚禁止期間中の婚姻の場合（民法744条・733条）

　女性は、原則として前婚の解消または取消しの日から6ヵ月を経過した後でなければ再婚ができず（民法733条）、これを満たさない場合は婚姻取消事由となる。
　ただし、前婚の解消もしくは取消しの日から6ヵ月を経過し、または女性が再婚後に懐胎したときは、取消しを請求することができない（民法746条）。

(エ)　近親者間等の婚姻の場合（民法744条・734条～736条）

①直系血族または三親等内の傍系血族間（民法734条）、②直系姻族間（同法735条）、③養子もしくはその配偶者または養子の直系卑属もしくはその配偶者と養親またはその直系尊属間（同法736条）では婚姻ができず、婚姻取消事由となる。

これらの場合は、民法817条の9により実方との親族関係が終了した場合や、同法728条の離婚等により姻族関係が終了した場合または同法729条の離縁により親族関係が終了した場合であっても婚姻することができないとされているので注意を要する（同法734条～736条）。

(2) 私益的観点から取消事由とされているもの

詐欺または強迫による婚姻の場合は、私益的観点からその婚姻の取消しを請求することができる（民法747条1項）。

ただし、当事者が詐欺を発見し、もしくは強迫を免れた後3カ月を経過したとき、または追認をしたときは婚姻の取消しを請求することができない（民法747条2項）。

4 当事者等

(1) 原告適格

(ア) 婚姻不適齢（民法731条）、近親者間等の婚姻（同法734条ないし736条）を取消事由とする場合（同法744条1項本文）

①婚姻の当事者、②その親族、③検察官（ただし、検察官は、当事者の一方が死亡した後は取消しを請求できない（民法744条1項ただし書））に原告適格が認められる。

(イ) 重婚（民法732条）、再婚禁止期間（同法733条）を取消事由とする場合

上記(ア)①②③に加え、④当事者の配偶者、⑤当事者の前配偶者にも原告適格が認められる（民法744条2項）。

(ウ) 詐欺または強迫を取消事由とする場合

詐欺または強迫によって婚姻した者のみに原告適格が認められる（民法747条1項）。

(2) 被告適格

① 婚姻の他方当事者（婚姻の一方当事者が原告の場合）（人訴法12条1項）

第1章　婚姻関係事件

② 検察官（婚姻の一方当事者が原告で、他方当事者が死亡している場合）（同条3項）
③ 婚姻当事者双方（第三者（婚姻当事者以外の者で、各取消原因ごとに原告適格を認められた者。以下同じ）が原告の場合）（同条2項）
④ 生存する他方当事者（第三者が原告の場合で、婚姻当事者の一方が死亡している場合）（同項）
⑤ 検察官（第三者が原告の場合で、婚姻当事者の双方が死亡している場合）（同条3項）

〈表1-2〉原告適格・被告適格

原　告	被　告	備　考	人訴法の条文
夫(妻)	妻(夫)	通常の場合	12条1項
夫(妻)	検察官	相手方配偶者が死亡している場合	12条3項
第三者	夫および妻	婚姻当事者がいずれも生存している場合	12条2項
第三者	夫(または妻)	一方配偶者が死亡している場合	12条2項
第三者	検察官	婚姻当事者がいずれも死亡している場合	12条3項

※　婚姻当事者が成年被後見人の場合は、成年後見人が原告または被告となる（人訴法14条1項本文）。
※　婚姻当事者の一方が成年被後見人で、その成年後見人が相手方である場合には、成年後見監督人が原告または被告となり、当該成年後見人を相手方として訴訟を追行する（同条2項）。

(3)　原告または被告が訴訟係属中に死亡した場合
　㈦　原告が死亡した場合
訴訟は当然に終了し、原告の相続人等は訴訟手続を受継しない（人訴法27条1項）。
　㈲　被告が死亡した場合
被告が婚姻当事者の一方のみの場合は、検察官が受継する（人訴法26条2項）。
　㈪　被告が婚姻当事者双方の場合において、婚姻当事者の一人が死亡した

場合

もう一方の婚姻当事者のみが被告となって訴訟が追行される（人訴法26条1項）。

　㈡　被告が婚姻当事者双方の場合において、婚姻当事者の双方が死亡した場合

検察官が受継する（人訴法26条22項）。

5　当事者間に未成年の子がいる場合

取消しの対象となった婚姻によって出生した未成年の子がいる場合は、裁判所は、婚姻の取消しと同時に、当該未成年者について親権者を指定しなければならない（人訴法32条3項、民法749条・819条2項）。

6　損害賠償請求

損害賠償請求は、通常は民事訴訟で解決されるべきものであるが、人事訴訟においては、当該請求の原因である事実によって生じた損害に限り、人事訴訟に係る請求とあわせて（人訴法17条1項）、または、当該人事訴訟が係属する家庭裁判所に対して訴えを提起することができる（同条2項）。

7　附帯処分

婚姻取消訴訟では、婚姻取消しのほかに、①子の監護に関する処分（監護者の指定、養育費、面会交流）、②財産分与、③年金分割についてもあわせて申し立てることができる（人訴法32条1項）。

8　婚姻取消しの効力

判決確定時を基準として、将来に向かってのみ婚姻取消しの効力が生じる（民法748条1項）。

ただし、財産関係については、一定の限度で遡及効がある。すなわち、婚姻の当事者が婚姻によって財産を得たときは、①当該婚姻当事者が婚姻時に取消原因があることを知らなかった場合には現存利益を（民法748条2項）、②知っていた場合は婚姻によって得た利益のすべてを返還しなければなら

ず、②の場合において相手方が善意であったときは、これに対して損害賠償する責任を負う（同条3項）。

9 訴状作成のポイント

婚姻取消事由（婚姻不適齢、重婚、詐欺、強迫等）を具体的に記載する必要がある。

とりわけ、詐欺または強迫の場合は、その具体的内容を記載するとともに、詐欺を発見したり、強迫を免れた時期についても明確にする必要がある（民法747条2項参照）。

第2節　婚姻取消しの訴え

【書式1-6】　訴状(1)——詐欺の事案

訴　　状

平成○年○月○日

東京家庭裁判所　御中

　　　　原告訴訟代理人弁護士　　　東　京　太　郎　㊞

　　本籍　東京都○○区○○町○丁目○番地
　　住所　〒000-0000　東京都○○区○○町○丁目○番○号
　　　　　原　　　　告　　　甲　野　一　郎

　　　　　〒000-0000　東京都○○区○○町○丁目○番○号○○ビル○号
　　　　　　　　　　　　　　　　　　　　　　　　　（送達場所）
　　　　　　　　　　電　話　00-0000-0000
　　　　　　　　　　ＦＡＸ　00-0000-0000
　　　　原告訴訟代理人弁護士　　　東　京　太　郎

　　本籍　東京都○○区○○町○丁目○番地
　　住所　〒000-0000　東京都○○区○○町○丁目○番○号
　　　　　被　　　　告　　　甲　野　花　子

婚姻取消請求事件
　　訴訟物の価額　　160万円
　　貼用印紙額　　　1万3000円

第1　請求の趣旨
　1　平成○年○月○日東京都○○区長に対する届出によってなされた原告と被告との婚姻を取り消す。
　2　訴訟費用は被告の負担とする。
　　との判決を求める。

第2　請求の原因
　1　当事者
　　原告は、昭和○年○月○日生まれの男性であり、被告は昭和○年○月

35

○日生まれの女性である（甲１）。
2 婚　姻
　原告と被告は，平成○年○月○日，婚姻の届出をした夫婦である（甲１）。
　しかしながら，本件婚姻は，以下のとおり，被告が原告を欺罔して成立したものである。
3 被告による欺罔行為（甲２）
(1) 原告と被告は，平成○年○月ころ，友人の結婚披露宴において知り合い，程なく肉体関係を持つようになった。
　被告は，交際を始めてから１年ほど経ったころから，原告に対して結婚を求めてきたが，原告は，被告の性格がきつかったことや，遊び好きで夜遅く帰ってくることが多かったことから，被告と結婚することに躊躇を感じていた。
(2) そうした中，被告は，平成○年○月ころ，原告に対し，妊娠した旨告げ，お腹の子とともに３人で幸せな家庭を築きたいと熱っぽく語り，原告に結婚を求めてきた。原告としては，被告との結婚になお躊躇があったが，被告が妊娠したことや被告の熱意に押され，責任を取ろうと考え，同月○日，被告とともに婚姻届を提出した。
　ところが，実際は，被告が妊娠したというのは嘘であり，被告は，原告に結婚を迫るため，原告を騙したことが判明した。原告がこの事実を知ったのは，同年○月○日に被告が被告の姉宛に送ったメールを偶然見たからである。メールには，「お姉ちゃん。やっぱり妊娠したって言うのが一番だね。○○ちゃん（原告のこと），一発でＯＫしたよ。嘘を言ったのはちょっと罪悪感もあるけど，結婚して○○ちゃんを幸せにしてあげれば埋め合わせできるよね。」などと記載されていた（甲３）。このことを知った原告は，大変なショックを受け，被告を問い詰めたところ，被告は妊娠したというのは嘘だったことを認めた。
4 詐欺について知った後３か月以内での調停申立て
　このため，原告は，メールを見てから３か月以内の日である平成○年○月○日，被告を相手方として，婚姻取消しの調停を申し立てたが（東京家庭裁判所平成○年（家イ）第○○号），平成○年○月○日，被告が詐欺について争ったため不成立となった（甲４）。
5 よって，原告は，被告に対し，民法747条及び人事訴訟法２条１号に基づき，婚姻の取消しを求める。

第２節　婚姻取消しの訴え

　　　　　　　　　証　拠　方　法
甲第１号証　　　戸籍謄本
甲第２号証　　　陳述書
甲第３号証　　　メール
甲第４号証　　　調停不成立証明書
証拠説明書

　　　　　　　　　添　付　書　類
戸籍謄本
調停不成立証明書
訴訟委任状

　　　　　　　　　附　属　書　類
訴状（副本）　　　　　　　１通
甲第１ないし４号証（写し）　各１通
証拠説明書（副本）　　　　１通

第1章　婚姻関係事件

【書式1-7】　訴状(2)──原告と被告Ａとの間の協議離婚が無効となったため、重婚状態となり、原告が被告Ａおよびその再婚相手である被告Ｂに対して婚姻取消しを求めた事案

訴　　　状

平成○年○月○日

東京家庭裁判所　御中

　　　　原告訴訟代理人弁護士　　　東　京　太　郎　㊞

　　本籍　東京都○○区○○町○丁目○番地
　　住所　〒000-0000　東京都○○区○○町○丁目○番○号
　　　　　原　　　　告　　　甲　野　花　子

　　　　　〒000-0000　東京都○○区○○町○丁目○番○号○○ビル○号
　　　　　　　　　　　　　　　　　　　　　　　　　　（送達場所）
　　　　　　　　　　　　電　話　00-0000-0000
　　　　　　　　　　　　ＦＡＸ　00-0000-0000
　　　　原告訴訟代理人弁護士　　　東　京　太　郎

　　本籍　東京都○○区○○町○丁目○番地
　　住所　〒000-0000　東京都○○区○○町○丁目○番○号
　　　　　被　　　　告　　　甲　野　一　郎

　　本籍　東京都○○区○○町○丁目○番地
　　住所　〒000-0000　東京都○○区○○町○丁目○番○号
　　　　　被　　　　告　　　甲　野　秋　子

婚姻取消請求事件
　　訴訟物の価額　　160万円
　　貼用印紙額　　　1万3000円

第1　請求の趣旨
　1　平成○年○月○日東京都○○区長に対する届出によってなされた被告

甲野一郎と被告甲野秋子との婚姻を取り消す。
 2 訴訟費用は被告らの負担とする。
  との判決を求める。

第2 請求の原因
 1 当事者
  (1) 原告は，昭和○年○月○日生まれの女性，被告甲野一郎（以下「被告一郎」という。）は昭和○年○月○日生まれの男性であり，二人は，平成○年○月○日，婚姻した夫婦である（甲1，2）。
  (2) 被告甲野秋子（以下「被告秋子」という。）は，昭和○年○月○日生まれの女性であり，平成○年○月○日，被告一郎と婚姻した（甲3）。
 2 原告と被告一郎との協議離婚の無効等
   被告一郎は，原告と婚姻中でありながら，平成○年ころから被告秋子と密かに交際するようになり，平成○年○月○日，原告の名義を冒用して，原告に無断で離婚届を提出し，同年○月○日，被告秋子と婚姻届を提出した（甲3）。
   このため，原告は，被告一郎を相手取って協議離婚無効確認の訴えを提起したところ（東京家裁平成○年（家ホ）第○○号），平成○年○月○日，原告と被告一郎との協議離婚は無効である旨の判決がなされ，同判決は確定した（甲4）。
 3 以上によれば，原告と被告一郎は現在も婚姻関係にあるところ，上記のとおり，被告らも戸籍上夫婦であるため，現在被告一郎は重婚状態にある。
   よって，原告は，被告らに対し，民法732条，744条，人事訴訟法2条1号，12条2項に基づき，婚姻の取消しを求める。

証 拠 方 法

甲第1号証　　戸籍謄本
甲第2号証　　除籍謄本
甲第3号証　　戸籍謄本
甲第4号証　　判決謄本
証拠説明書

添 付 書 類

第1章　婚姻関係事件

```
戸籍謄本
調停不成立証明書
訴訟委任状

              附　属　書　類
訴状（副本）              2通
甲第1ないし4号証（写し）   各2通
証拠説明書（副本）          2通
```

第2節　婚姻取消しの訴え

【書式1-8】　答弁書──【書式1-6】に対する答弁書例

東京家庭裁判所家事6部○係　平成○年（家ホ）第○○号　婚姻取消請求事件
原　告　　甲野一郎
被　告　　甲野花子

答　弁　書

平成○年○月○日

東京家庭裁判所家事第6部○係　御中

　　　　被告訴訟代理人弁護士　　　関　東　次　郎　㊞

　　　〒000-0000　東京都○○区○○町○丁目○番○号○○ビル3階
　　　　　　　　　　　　　　　　　　　　　　　（送達場所）
　　　　　　　　　　電　話　00-0000-0000
　　　　　　　　　　ＦＡＸ　00-0000-0000
　　　　被告訴訟代理人弁護士　　　関　東　次　郎

第1　請求の趣旨に対する答弁
　1　原告の請求を棄却する。
　2　訴訟費用は原告の負担とする。
　　との判決を求める。

第2　請求の原因に対する認否
　1　請求原因1の事実は認める。
　2　請求原因2の事実のうち，原告と被告が平成○年○月○日に婚姻の届出をした夫婦であることは認めるが，被告が原告を欺罔したことは否認する。
　3　請求原因3の事実のうち，原告と被告が平成○年○月ころ友人の結婚披露宴において知り合い，程なく肉体関係を持つようになったこと，被告が交際を始めてから1年ほど経ったころから原告に対して結婚を求めるようになったこと，被告が平成○年○月ころ原告に対して妊娠した旨告げ，お腹の子のためにも結婚したい旨語ったこと，原告と被告が同月○日に婚姻届を提出したこと，被告が姉宛にメールを送ったことは認め，その余は否認する。
　4　請求原因4の事実のうち，原告が被告を相手方として，婚姻取消しの

41

調停を申し立て，同調停が不成立となったことは認めるが，その余は否認する。

第3　被告の主張
　　　被告は本当に妊娠しており，原告を騙したことはない。
　　　被告が姉宛に送ったメールの中で，「嘘を言ったのはちょっと罪悪感もあるけど」と記載したのは，被告が妊娠した件ではなく，結婚したら専業主婦になると言ったことである。被告は，原告に対し，結婚したら家庭を守るため専業主婦になる旨語ったが，当時は，まだ仕事にも未練があり，仕事を辞める踏ん切りが付いていなかったため，専業主婦になると宣言したことが嘘になると思い罪悪感を感じたものである（乙1）。
　　　被告が妊娠したことは，産婦人科の診断書からも明らかである（乙2）。
　　　したがって，被告は原告を騙していないのであるから，原告の請求は速やかに棄却されるべきである。

証　拠　方　法

乙第1号証　　　陳述書
乙第2号証　　　診断書
証拠説明書

添　付　書　類

訴訟委任状
（答弁書副本，書証写し及び証拠説明書副本は原告代理人に直送済み）

第3節　離婚の訴え

1　意義および性質

　離婚の訴えとは、婚姻の一方当事者が他方当事者に対し、民法770条1項各号所定の離婚事由があると主張して離婚することを求める訴えである。
　法的性質は、形成訴訟である。

2　要件事実

(1)　当事者が婚姻していること
(2)　民法770条1項所定の離婚事由があること

3　離婚事由

(1)　配偶者に不貞な行為があったとき（民法770条1項1号）

　不貞行為とは、自由な意思に基づいて、配偶者以外の異性と性的関係をもつことをいう（なお、同性との間で性的関係をもった場合は民法770条1項1号には該当しないが、同項5号の離婚事由には該当しうる）。
　強姦の被害にあった場合は不貞行為にはあたらない。
　一方、風俗店等に赴いて異性と性的関係をもつことは不貞行為にあたる。

(2)　悪意の遺棄（民法770条1項2号）

　悪意の遺棄とは、正当な事由がないのに、民法752条所定の同居・協力・扶助の義務を履行しないことをいう。

(3)　3年以上の生死不明（民法770条1項3号）

(4)　強度の精神病にかかり、回復の見込がないとき（民法770条1項4号）

　ただし、この場合には、当該配偶者の今後の療養・生活等についての具体的方途が講じられていないと、民法770条2項により、離婚請求が棄却されることがある（最判昭和33・7・25民集12巻12号1823頁、最判昭和45・11・24民集24巻12号1943頁）。

(5)　その他婚姻を継続し難い重大な事由があるとき（民法770条1項5

号）

具体的には、長期間の別居、不貞、暴力、不労、浪費、過度の飲酒、性的不能、著しい性格の不一致等のため、婚姻関係が破綻している場合があげられる。

4　有責配偶者からの離婚請求

有責配偶者からの離婚請求であっても、①夫婦の別居が夫婦の年齢および同居期間との対比において相当の長期間に及び、②夫婦間に未成熟の子が存在しない場合には、③相手方配偶者が離婚により精神的・社会的・経済的に極めて苛酷な状況に置かれる等、離婚請求を容認することが著しく社会正義に反するといえるような特段の事情の認められない限り、有責配偶者からの請求であるとの一事をもって許されないとすることはできない（最判昭和62・9・2民集41巻6号1423頁）。

5　当事者等

(1)　原告適格・被告適格

(ア)　通常の場合

夫婦の一方（夫または妻）が原告、もう一方（妻または夫）が被告となる（民法770条1項）。

(イ)　当事者の一方が成年被後見人である場合

当事者の一方の成年後見人が、成年被後見人のために、訴え、または訴えられることができる（人訴法14条1項本文）。

ただし、その成年後見人が当該訴訟の相手方となる場合には、成年後見監督人が、成年被後見人のために訴え、または訴えられることができる（人訴法14条1項ただし書・2項）。

この場合の成年後見人または成年後見監督人の法的地位については争いがあり、①当事者はあくまで成年被後見人であり、成年後見人または成年後見監督人は成年被後見人の法定代理人として訴訟を担当するという説（法定代理人説）もある。しかし、②身分行為は代理に親しまない等の観点から、成年後見人または成年後見監督人自身が職務上の当事者となるとする説（法定訴訟担当説）に立つ学説・裁判例も多く、東京家庭裁判所家事第6部もこの

説に立っている。この場合は、成年後見人または成年後見監督人自身が原告（または被告）となる。

〈表1-3〉 原告適格・被告適格

原　告	被　告	備　考	条　文
夫(または妻)	妻(または夫)	通常の場合	民法770条1項

※　婚姻当事者が成年被後見人の場合は、成年後見人が原告または被告となる（人訴法14条1項本文）。
※　婚姻当事者の一方が成年被後見人で、その成年後見人が相手方である場合には、成年後見監督人が原告または被告となり、当該成年被後見人を相手方として訴訟を追行する（同条2項）。

⑵　**原告または被告が訴訟係属中に死亡した場合**

　離婚訴訟は当事者間の身分関係を確定する訴訟であるから、当事者の一方が死亡した場合は当然に婚姻関係が終了する。

　したがって、訴訟係属中に一方当事者が死亡した場合は、当該訴訟は当然に終了し、原告または被告の相続人等は訴訟手続を受継しない（人訴法27条1項・2項）。

6　親権者の指定

　離婚の際、当事者間に未成年の子がいる場合には、父母のいずれか一方を親権者として定めなければならない（民法819条2項、人訴法32条3項）。

7　損害賠償請求

　損害賠償請求は、通常は民事訴訟で解決されるべきものであるが、人事訴訟においては、当該請求の原因である事実によって生じた損害に限り、人事訴訟に係る請求とあわせて（人訴法17条1項）、または、当該人事訴訟が係属する家庭裁判所に対して訴えを提起することができる（同条2項）。

　損害賠償請求は、①離婚に伴う慰謝料請求の場合と、②不貞や暴力等の個々の不法行為そのものに対する慰謝料請求をする場合とがあるが、実務上は、

第1章　婚姻関係事件

①のほうが圧倒的に多い。

　遅延損害金の起算日は、上記①の場合は判決確定の日から、②の場合は不法行為の日からとなる。

8　附帯処分

　離婚訴訟では、離婚請求のほかに、①子の監護に関する処分（監護者の指定、養育費、面会交流）、②財産分与、③年金分割についてもあわせて申し立てることができる（人訴法32条1項。下記第4節参照）。

9　訴状作成のポイント

　民法770条1項各号の離婚事由を具体的に記載する必要がある。とりわけ、同項5号（婚姻を継続し難い重大な事由）を離婚原因とする場合、婚姻時から訴え提起時までの婚姻史を延々と記載するのは相当でなく、婚姻関係の破綻に直結する重大な事由を、極力年月日を特定して具体的に記載するのが相当である。

　また、別居期間の長短は、婚姻関係破綻の有無を判断するうえでの重要なメルクマールとなるほか、財産分与の基準時も、通常は別居時が基準とされていることから、別居の年月日および別居の理由についても具体的に記載する必要がある。

　親権者の指定については、子供が出生してから現在までの監護状況や、双方の親権者適格性等について、具体的事由をあげて記載するのが望ましい。

　財産分与については、基準時における双方の財産を一覧表にまとめるとともに、特有財産があるのであれば、その理由についても具体的に記載するのが相当である。

第3節　離婚の訴え

【書式1-9】　訴状(1)——不貞を原因とする事案（民法770条1項1号・5号を離婚事由とする事案）

訴　　状

平成○年○月○日

東京家庭裁判所　御中

　　　　　原告訴訟代理人弁護士　　　東　京　太　郎　㊞

　本籍　東京都○○区○○町○丁目○番地
　住所　〒000-0000　東京都○○区○○町○丁目○番○号
　　　　原　　　告　　甲　野　花　子

　　　　〒000-0000　東京都○○区○○町○丁目○番○号○○ビル○○号
　　　　　　　　　　　　　　　　　　　　　　　（送達場所）
　　　　　　　　　電　話　00-0000-0000
　　　　　　　　　ＦＡＸ　00-0000-0000
　　　　原告訴訟代理人弁護士　　　東　京　太　郎

　本籍　東京都○○区○○町○丁目○番地
　住所　〒000-0000　東京都○○区○○町○丁目○番○号
　　　　被　　　告　　甲　野　一　郎

離婚等請求事件
　訴訟物の価額　　300万円
　貼用印紙額　　　2万円

第1　請求の趣旨
　1　原告と被告とを離婚する。
　2　被告は，原告に対し，300万円及びこれに対する本判決確定の日から支払済みまで年5分の割合による金員を支払え。
　3　訴訟費用は被告の負担とする。
　　との判決を求める。

第2　請求の原因

47

第1章　婚姻関係事件

1　当事者
　　原告は，昭和○年○月○日生まれの女性，被告は昭和○年○月○日生まれの男性であり，二人は平成○年○月○日に婚姻した夫婦である（甲1）。なお，原告と被告との間には子供はいない。
2　被告の不貞
　　被告は，平成○年○月ころから，帰宅が遅くなり，時折外泊するようになった。このため，原告は不審に思い，同月○日，被告の携帯電話を確認したところ，若い女性（後になって乙野秋子であることが判明した。）と性交する様子が動画に収められていた。そして，原告が被告を問い詰めたところ，乙野と複数回肉体関係を持ったことを認めた（甲2，3）。
3　別　居
　　このため，原告は，被告に対する不信感が募り，同月○日に実家に戻り，以後被告とは別居している（甲2）。
4　離婚原因
　　以上のとおり，原告と被告との婚姻関係は，被告の不貞のため破綻しており，民法770条1項1号，5号所定の離婚事由が存在する。
5　慰謝料
　　また，原告は，被告が不貞したことにより離婚を余儀なくされ，精神的に多大な苦痛を被った。
　　これを金銭に換算すると，慰謝料は300万円が相当である。
6　よって，原告は，民法770条1項1号，5号に基づき，被告との離婚を求めるとともに，同法709条，710条に基づき，離婚に伴う慰謝料として，300万円及びこれに対する本判決確定の日から支払済みまで民法所定の年5分の割合による遅延損害金の支払を求める。

証　拠　方　法

甲第1号証　　戸籍謄本
甲第2号証　　陳述書
甲第3号証　　携帯画像の写真
証拠説明書

添　付　書　類

戸籍謄本
調停不成立証明書

訴訟委任状

　　　　　　　　　　附　属　書　類
訴状（副本）　　　　　　　1通
甲第1ないし3号証（写し）　各1通
証拠説明書（副本）　　　　1通

第1章　婚姻関係事件

【書式1-10】　訴状(2)——悪意の遺棄を原因とする事案（民法770条1項2号・5号を離婚事由とする事案）

　　　　　　　　　　　訴　　　　状

　　　　　　　　　　　　　　　　　　　　　平成○年○月○日

東京家庭裁判所　御中

　　　　　　原告訴訟代理人弁護士　　東　京　太　郎　㊞

　　　本籍　東京都○○区○○町○丁目○番地
　　　住所　〒000-0000　東京都○○区○○町○丁目○番○号
　　　　　　原　　　　　告　　甲　野　花　子

　　　　　　〒000-0000　東京都○○区○○町○丁目○番○号○○ビル○○号
　　　　　　　　　　　　　　　　　　　　　　　　（送達場所）
　　　　　　　　　　　　電　話　00-0000-0000
　　　　　　　　　　　ＦＡＸ　00-0000-0000
　　　　　　原告訴訟代理人弁護士　　東　京　太　郎

　　　本籍　東京都○○区○○町○丁目○番地
　　　住所　〒000-0000　東京都○○区○○町○丁目○番○号
　　　　　　被　　　　　告　　甲　野　一　郎

離婚等請求事件
　　訴訟物の価額　　160万円
　　貼用印紙額　　　1万3000円

第1　請求の趣旨
　1　原告と被告とを離婚する。
　2　原告と被告との間の長男健太郎（平成○年○月○日生）の親権者を原告と定める。
　3　訴訟費用は被告の負担とする。
　　との判決を求める。

第2　請求の原因

50

1　当事者等
 (1)　原告は，昭和○年○月○日生まれの女性であり，被告は昭和○年○月○日生まれの男性である（甲1）。
 (2)　原告と被告は，平成○年○月○日，婚姻し，両者の間には長男健太郎（平成○年○月○日生）がいる（甲1）。
2　悪意の遺棄
　　被告は，平成○年○月ころから外泊することが多くなり，平成○年○月からは全く家に帰ってこなくなった。そして，被告は，原告が再三にわたって電話やメールで家に帰るよう伝えても一向に戻って来ず，同月から現在までの3年3か月もの間，婚姻費用も全く支払わない（甲2）。
　　このように，被告が，長期間にわたり，正当な理由もなく同居・協力・扶養義務を果たしていないことは，悪意の遺棄に当たるとともに，婚姻を継続し難い重大な事由に該当する。
3　長男の親権
　　原告は，長男が出生して以来今日まで一貫して長男の監護養育に当たっている上，その監護養育内容も問題なく，長男は健全に成長している（甲2）。
　　一方，被告は，上記のとおり，長男を残したまま自宅にも戻らず，養育費の支払すらしておらず，親権者適格がないことは明らかである。
　　以上によれば，長男の親権者は原告と定めるのが相当である。
4　よって，原告は，民法770条1項2号，5号に基づき被告との離婚を求めるとともに，同法819条2項に基づき，長男の親権者を原告と定めることを求める。

証　拠　方　法

甲第1号証　　戸籍謄本
甲第2号証　　陳述書
証拠説明書

添　付　書　類

戸籍謄本
調停不成立証明書
訴訟委任状

第1章　婚姻関係事件

```
　　　　　　　　　　　附　属　書　類
訴状（副本）　　　　　　1通
甲第1，2号証（写し）　各1通
証拠説明書（副本）　　　1通
```

第3節　離婚の訴え

【書式1-11】　訴状(3)──３年以上生死不明を原因とする事案（民法770条１項３号・５号を離婚事由とする事案）

訴　　　状

平成○年○月○日

東京家庭裁判所　御中

　　　　　原告訴訟代理人弁護士　　　東　京　太　郎　㊞

　　　本籍　東京都○○区○○町○丁目○番地
　　　住所　〒000-0000　東京都○○区○○町○丁目○番○号
　　　　　　原　　　告　　　甲　野　花　子

　　　　　〒000-0000　東京都○○区○○町○丁目○番○号○○ビル○○号
　　　　　　　　　　　　　　　　　　　　　　　　（送達場所）
　　　　　　　　　　　電　話　00-0000-0000
　　　　　　　　　　　ＦＡＸ　00-0000-0000
　　　　　原告訴訟代理人弁護士　　　東　京　太　郎

　　　本　籍　東京都○○区○○町○丁目○番地
　　　住居所　不明（最後の住所　東京都○○区○○町○丁目○番○号）
　　　　　　　被　　　告　　　甲　野　一　郎

離婚請求事件
　訴訟物の価額　　　160万円
　貼用印紙額　　　１万3000円

第１　請求の趣旨
　１　原告と被告とを離婚する。
　２　訴訟費用は被告の負担とする。
　　との判決を求める。

第２　請求の原因
　１　当事者
　　　原告は，昭和○年○月○日生まれの女性であり，被告は昭和○年○月

53

○日生まれの男性である（甲1）。
 2 被告の3年以上の生死不明
　　被告は，平成○年○月○日，海釣りに行くと言って出かけた後，行方不明となり，警察の協力も得て懸命に捜索したものの，今日に至るまで4年以上にわたり生死不明の状態である（甲2，3）。
 3 以上によれば，本件は，民法770条1項3号の「配偶者の生死が3年以上明らかでないとき」に該当するとともに，同項5号の「婚姻を継続し難い重大な事由があるとき」にも該当するので，原告は，上記各号に基づき，被告との離婚を求める。

証　拠　方　法

甲第1号証　　戸籍謄本
甲第2号証　　捜索届出証明書
甲第3号証　　陳述書
証拠説明書

添　付　書　類

戸籍謄本
訴訟委任状

附　属　書　類

訴状（副本）　　　　　　　1通
甲第1ないし3号証（写し）　各1通
証拠説明書（副本）　　　　1通

第3節　離婚の訴え

【書式1-12】　訴状(4)——強度の精神病を原因とする事案（民法770条1項4号・5号を離婚事由とする事案）で、成年後見人が当事者となる場合

訴　　　状

平成○年○月○日

東京家庭裁判所　御中

　　　　　原告訴訟代理人弁護士　　　東　京　太　郎　㊞

　本籍　東京都○○区○○町○丁目○番地
　住所　〒000-0000　東京都○○区○○町○丁目○番○号
　　　　　原　　　告　　　甲　野　花　子

　　　　〒000-0000　東京都○○区○○町○丁目○番○号○○ビル○○号
　　　　　　　　　　　　　　　　　　　　　　　（送達場所）
　　　　　　　　　電　話　00-0000-0000
　　　　　　　　　ＦＡＸ　00-0000-0000
　　　　　原告訴訟代理人弁護士　　　東　京　太　郎

　本籍　東京都○○区○○町○丁目○番地
　住所　〒000-0000　東京都○○区○○町○丁目○番○号
　　　　　被　　　告　　　甲野一郎成年後見人
　　　　　　　　　　　　　　甲　野　誠　一　郎

離婚等請求事件
　訴訟物の価額　　160万円
　貼用印紙額　　　1万4200円

第1　請求の趣旨
　1　原告と成年被後見人甲野一郎（本籍　東京都○○区○○町○番地，住所　東京都○○区○○町○丁目○番○号）とを離婚する。
　2　成年被後見人甲野一郎は，原告に対し，400万円を支払え。
　3　訴訟費用は被告の負担とする。
　　との判決を求める。

55

第2　請求の原因
 1　当事者等
  (1)　原告は，昭和○年○月○日生まれの女性であり，成年被後見人甲野一郎（以下「一郎」という。）は昭和○年○月○日生まれの男性である（甲1）。
  (2)　原告と一郎は，平成○年○月○日，婚姻した（甲1）。
  (3)　一郎は，平成○年○月ころから統合失調症を患うようになり，同年○月○日から精神病院である○○病院に入院している。
  (4)　一郎については，平成○年○月○日，後見開始の審判がなされ，一郎の父親である被告が成年後見人に選任された（甲2）。
 2　一郎の精神疾患の程度
   医師の診断によれば，一郎の精神疾患の程度は重度であり，もはや回復の見込もないとのことであり，現在は全く意思疎通もできない状態である（甲3）。
 3　今後の監護態勢
   上記のとおり，一郎については，被告が成年後見人に選任されているところ，被告は，昭和○年○月○日生まれの55歳の男性であり，株式会社○○の常務取締役を務めている。被告は，安定した収入を得ている上，相当程度の不動産や預貯金も有しており，今後は一郎の療養看護を引き受けてくれる旨述べている。原告は，一郎との離婚について，事前に被告を含む一郎側の親族とも相談したが，被告らは，原告に対し，これまで一郎のことを大事にしてくれてありがとう，これからは被告が一郎の面倒を見るから安心して欲しいと言ってくれた（甲4，5）。
 4　財産分与について
   原告と一郎の財産としては，原告名義の預金が1000万円，一郎名義の預金が1800万円ある（甲6，7）。また，一郎については，経済力のある被告が一郎の療養看護を引き受けてくれることになっている。
   以上によれば，一郎は，原告に対し，財産分与として，夫婦共有財産の半額である1400万円から原告名義分の1000万円を控除した400万円を分与するのが相当である。
 5　以上によれば，本件については，民法770条1項4号所定の離婚事由があるというべきであり，また，一郎の状態に鑑みれば，同項5号所定の婚姻を継続し難い重大な事由もあるので，原告は，上記各号に基づき，一郎との離婚を求めるとともに，同法768条に基づき，財産分与として，

400万円を分与することを求める。

証　拠　方　法

甲第1号証　　　戸籍謄本
甲第2号証　　　後見開始決定謄本
甲第3号証　　　診断書
甲第4,5号証　　陳述書
甲第6,7号証　　預金通帳
証拠説明書

添　付　書　類

戸籍謄本
訴訟委任状

附　属　書　類

訴状（副本）　　　　　　1通
甲第1ないし7号証（写し）　各1通
証拠説明書（副本）　　　1通

第 1 章　婚姻関係事件

【書式1-13】　訴状(5)——婚姻を継続し難い重大な事由がある事案（民法770条 1 項 5 号を離婚事由とする事案）で、離婚、親権、養育費、慰謝料、財産分与、年金分割を求めている場合

訴　　　　状

平成○年○月○日

東京家庭裁判所　御中

　　　　　原告訴訟代理人弁護士　　　　東　京　太　郎　㊞

　　本籍　東京都○○区○○町○丁目○番地
　　住所　〒000-0000　東京都○○区○○町○丁目○番○号
　　　　　原　　　告　　甲　野　花　子

　　　　　〒000-0000　東京都○○区○○町○丁目○番○号○○ビル○○号
　　　　　　　　　　　　　　　　　　　　　　　　　　（送達場所）
　　　　　　　　　　　　電　話　00-0000-0000
　　　　　　　　　　　　ＦＡＸ　00-0000-0000
　　　　　原告訴訟代理人弁護士　　　　東　京　太　郎

　　本籍　東京都○○区○○町○丁目○番地
　　住所　〒000-0000　東京都○○区○○町○丁目○番○号
　　　　　被　　　告　　甲　野　一　郎

離婚等請求事件
　　訴訟物の価額　　　300万円
　　貼用印紙額　　　　2万4800円

第 1　請求の趣旨
　1　原告と被告とを離婚する。
　2　原告と被告との間の長女春子（平成○年○月○日生）及び二女夏子（平成○年○月○日生）の親権者をいずれも原告と定める。
　3　被告は，原告に対し，本判決確定の日から，前項の未成年者らがそれぞれ満20歳に達する日の属する月までの間，毎月末日限り，一人につき

58

月額○万円ずつを支払え。
 4　被告は，原告に対し，300万円及びこれに対する本判決確定の日から支払済みまで年5分の割合による金員を支払え。
 5　被告は，原告に対し，1040万円及びこれに対する本判決確定の日の翌日から支払済みまで年5分の割合による金員を支払え。
 6　原告と被告との間の別紙記載の情報に係る年金分割についての請求すべき按分割合を0.5と定める。
 7　訴訟費用は被告の負担とする。
 との判決を求める。

第2　請求の原因
 1　当事者
　(1)　原告は，昭和○年○月○日生まれの女性であり，被告は昭和○年○月○日生まれの男性である（甲1）。
　(2)　原告と被告は，平成○年○月○日に婚姻し，両者の間には，長女春子（平成○年○月○日生）と二女夏子（平成○年○月○日生）がいる（甲1）。
 2　被告による暴力
　被告は，些細なことで激高する性格で，結婚当初から原告に対して度々暴力を振るっていた。別居前1年間に限っても，被告は，原告に対して以下のような暴力を振るった。
　(1)　平成○年○月○日
　　原告は，長女がピアノに興味を持っていることから，長女にピアノを習わせたいと言ったところ，被告は，月謝も高いしピアノの教師になるわけでもないので必要ないと言って頑なに拒否した。そして，そのことを巡って口論になった際，被告は，原告の顔面を手拳で2回殴打した。その結果，原告は，前歯を折られたほか，加療2週間の顔面打撲の傷害を負った（甲2，3）。
　(2)　同年○月○日
　　被告は，原告が夕食時にビールを用意しておかなかったと言って腹を立て，今すぐ買ってこいと怒鳴った。これに対し，原告は，夜だし，大雨も降っているので今日は勘弁して欲しいと言ったところ，被告は，味噌汁椀を原告に投げ付けた上，原告の頬を平手で2回叩き，大雨の中，原告にビールを買いに行かせた（甲2）。

(3) 同年○月○日

被告は，深夜，酒に酔って帰宅し，眠っている原告を起こして会社の愚痴を言い始めた。このため，原告は，明日も仕事があるので早く寝ようと言ったところ，被告は，原告の態度が気に入らないと言って怒鳴り始め，ガラスコップを原告に投げ付けた上，原告の髪を掴んで引きずり回し，土下座して謝れと喚き散らした。そして，被告の怒鳴り声に目を覚ました長女の面前で原告の腹部を足蹴りにし，原告の頭部を手拳で殴打した。原告は，殺されるのではないかと恐怖を感じ，長女と二女を連れて深夜タクシーに乗って実家に避難した。その後，原告は病院で診察を受けた結果，加療2週間を要する頭部及び腹部打撲傷と診断された（甲2，4）。

3 別　居

上記のとおり，原告は，同日，子供たちとともに実家に避難し，以後，被告とは，3年2か月間にわたって別居生活を続けている。

4 離婚原因

以上のとおり，原告と被告との婚姻関係は，被告の暴力のため破綻しており，民法770条1項5号所定の離婚事由が存在する。

5 慰謝料

原告は，上記2記載のとおり，被告による度重なる暴力のため離婚を余儀なくされ，精神的に多大な苦痛を被った。

原告が被った精神的苦痛を金銭に換算すると300万円を下らない。

したがって，被告は原告に対し，離婚に伴う慰謝料として300万円を支払う義務がある。

6 親権（甲2）

(1) 原告は，子供たちが生まれて以来，一貫して子供たちの監護養育に主体的に関わってきており，被告と別居した後も，引き続き子供たちの監護養育を適切に行っている。子供たちは，いずれも順調に成長しており，原告との関係も良好で，原告の監護状況には何の問題もない。また，子供たちは，現住所での生活にも馴染み，安定した生活を送っている。

(2) 一方，被告は，子供たちが生まれた後も，育児には主体的に関わってこなかった上，上記2のとおり，些細なことで暴力を振るうなどもしており，子供たちの親権者として不適格である。

(3) したがって，子供たちの親権者については，いずれも原告と定める

のが相当である。
7 養育費
　(1) 原告は，現在，〇〇株式会社で稼働しており，平成〇年の年収は〇〇〇万円だった（甲5）。
　(2) 一方，被告は，現在，〇〇株式会社で稼働しており，平成〇年の年収は〇〇〇万円だった（甲6）。
　(3) 以上を前提に，東京・大阪養育費等研究会が提唱する新算定方式（判例タイムズ第1111号285頁）を基に算定すると，被告が負担すべき養育費は，判決確定の日から子供たちがそれぞれ満20歳に達する日の属する月までの間，毎月末日限り，一人につき月額〇〇万円が相当である。
8 財産分与
　原告と被告が別居した平成〇年〇月〇日時点での原告及び被告名義の財産は，別紙財産分与対象財産一覧表記載のとおりであり，その総額は2920万円である（甲7ないし19）。
　したがって，原告が取得できる財産は，その2分の1である1460万円であるところ，原告名義の財産は420万円なので，被告は，原告に対し，なお1040万円を分与すべきである。
9 年金分割
　年金分割についての請求すべき按分割合は，特段の事情がない限り0.5と定めるのが相当であるところ，本件では特段の事情は認められない。
　したがって，原告と被告との間の別紙記載の情報に係る年金分割についての請求すべき按分割合は0.5とすべきである。
10 よって，原告は，民法770条1項5号に基づき，被告との離婚を求めるとともに，同法819条2項に基づき子供たちの親権者をいずれも原告と定めること，同法771条，766条に基づき子供たちの養育費として本判決確定の日から子供たちがそれぞれ満20歳に達する日の属する月までの間，毎月末日限り，一人につき月額〇〇万円を支払うこと，同法709条，710条に基づき，離婚に伴う慰謝料として300万円及びこれに対する本判決確定の日から支払済みまで民法所定の年5分の割合による遅延損害金を支払うこと，同法768条に基づき財産分与として1040万円及びこれに対する本判決確定の日の翌日から支払済みまで民法所定の年5分の割合による遅延損害金を支払うこと，原告と被告との間の別紙記載の情報に係る年金分割についての請求すべき按分割合を0.5と定めることをそれぞれ求める。

第1章　婚姻関係事件

証　拠　方　法

甲第1号証　　　　　戸籍謄本
甲第2号証　　　　　陳述書
甲第3，4号証　　　診断書
甲第5，6号証　　　源泉徴収票
甲第7ないし9号証　預金通帳
甲第10号証　　　　退職金見込額算定書
甲第11号証　　　　登記簿謄本
甲第12号証　　　　査定書
甲第13号証　　　　登記簿謄本
甲第14，15号証　　預金通帳
甲第16，17号証　　解約返戻金証明書
甲第18号証　　　　退職金見込額算定書
甲第19号証　　　　残債務証明書
証拠説明書

添　付　書　類

戸籍謄本
調停不成立証明書
訴訟委任状

附　属　書　類

訴状（副本）　　　　　　　　1通
甲第1ないし19号証（写し）　各1通
証拠説明書（副本）　　　　　1通

財産分与対象財産一覧表

基準時：平成〇年〇月〇日

名義人	番号	費目	金融機関名等	口座番号等	金　額	証　拠
原告	1	預　金	〇〇銀行〇〇支店	普通・111111	100,000	甲7
原告	2	預　金	〇〇銀行〇〇支店	普通・222222	2,000,000	甲8
原告	3	預　金	〇〇銀行〇〇支店	定期・333333	100,000	甲9
原告	4	退職金見込額	〇〇株式会社		2,000,000	甲10
被告	5	土　地	東京都〇〇区〇〇町〇丁目〇番	地番：〇〇 地目：宅地 地積：〇〇㎡	30,000,000	甲11, 12
被告	6	建　物	東京都〇〇区〇〇町〇丁目〇番〇号	家屋番号：〇〇 種類：居宅 構造：〇〇 床面積；〇〇㎡		甲12, 13
被告	7	預　金	〇〇銀行〇〇支店	普通：444444	2,000,000	甲14
被告	8	預　金	〇〇銀行〇〇支店	普通：555555	1,000,000	甲15
被告	9	生命保険	〇〇生命	保険番号：6666666	1,000,000	甲16
被告	10	学資保険	〇〇銀行〇〇支店	保険番号：7777777	1,000,000	甲17
被告	11	退職金見込額	〇〇株式会社		10,000,000	甲18
被告	12	住宅ローン	〇〇銀行〇〇支店		−20,000,000	甲19
合　計					29,200,000	

第1章　婚姻関係事件

【書式1-14】　訴状(6)——離婚を求めるとともに連れ子養子について離縁を求める事案

訴　　　状

平成○年○月○日

東京家庭裁判所　御中

　　　　　原告ら訴訟代理人弁護士　　　東　京　太　郎　㊞

　　本籍　東京都○○区○○町○丁目○番地
　　住所　〒000-0000　東京都○○区○○町○丁目○番○号
　　　　　原　　　　告　　　甲　野　花　子

　　本籍及び住所　原告甲野花子と同じ
　　　　　原　　　　告　　　甲　野　春　子
　　　　　同法定代理人親権者母　　甲　野　花　子

　　　　　〒000-0000　東京都○○区○○町○丁目○番○号○○ビル○○号
　　　　　　　　　　　　　　　　　　　　　　　　　（送達場所）
　　　　　　　　　　電　話　00-0000-0000
　　　　　　　　　　ＦＡＸ　00-0000-0000
　　　　　原告ら訴訟代理人弁護士　　　東　京　太　郎

　　本籍　東京都○○区○○町○丁目○番地
　　住所　〒000-0000　東京都○○区○○町○丁目○番○号
　　　　　被　　　　告　　　甲　野　一　郎

離婚等請求事件
　訴訟物の価額　　320万円
　貼用印紙額　　　2万1000円

第1　請求の趣旨
　1　原告甲野花子と被告とを離婚する。
　2　原告甲野春子と被告とを離縁する。
　3　訴訟費用は被告の負担とする。

との判決を求める。
第2 請求の原因
 1 当事者
  (1) 原告甲野花子（以下「原告花子」という。）は，昭和〇年〇月〇日生まれの女性であり，被告は昭和〇年〇月〇日生まれの男性である（甲1）。
  (2) 原告花子と被告は，平成〇年〇月〇日に婚姻し，被告は，同日，原告花子とその前夫との子である原告甲野春子（平成〇年〇月〇日生。以下「原告春子」という。）と養子縁組した（甲1）。
 2 被告による暴力
   被告は，些細なことで激高する性格で，結婚当初から原告花子に対して度々暴力を振るっていた。別居前1年間に限っても，被告は，原告花子に対して以下のような暴力を振るった。
  (1) 平成〇年〇月〇日
    原告花子は，原告春子がピアノに興味を持っていることから，原告春子にピアノを習わせたいと言ったところ，被告は，月謝も高いしピアノの教師になるわけでもないので必要ないと言って頑なに拒否した。そして，そのことを巡って口論になった際，被告は，原告花子の顔面を手拳で2回殴打した。その結果，原告花子は，前歯を折られたほか，加療2週間の顔面打撲の傷害を負った（甲2，3）。
  (2) 同年〇月〇日
    被告は，原告花子が夕食時にビールを用意しておかなかったと言って腹を立て，今すぐ買ってこいと怒鳴った。これに対し，原告花子は，夜だし，大雨も降っているので今日は勘弁して欲しいと言ったところ，被告は，味噌汁椀を原告花子に投げ付けた上，原告花子の頬を平手で2度叩き，大雨の中，原告花子にビールを買いに行かせた（甲2）。
  (3) 同年〇月〇日
    被告は，深夜，酒に酔って帰宅し，眠っている原告花子を起こして会社の愚痴を言い始めた。このため，原告花子は，明日も仕事があるので早く寝ようと言ったところ，被告は，原告花子の態度が気に入らないと言って怒鳴り始め，ガラスコップを原告花子に投げ付けた上，原告花子の髪を掴んで引きずり回し，土下座して謝れと喚き散らした。そして，被告の怒鳴り声に目を覚ました原告春子の面前で原告花子の腹部を足蹴りにし，原告花子の頭部を手拳で殴打した。原告花子は，

第1章　婚姻関係事件

　　　殺されるのではないかと恐怖を感じ，長女と二女を連れて深夜タクシーに乗って実家に避難した。その後，原告花子は病院で診察を受けた結果，加療2週間を要する頭部及び腹部打撲傷と診断された（甲2，4）。
　3　別　居
　　　上記のとおり，原告花子は，同日，原告春子とともに実家に避難し，以後，原告らと被告は，3年2か月間にわたって別居生活を続けている。
　4　離婚原因
　　　以上のとおり，原告花子と被告との婚姻関係は，被告の暴力のため破綻しており，民法770条1項5号所定の離婚事由が存在する。
　5　離縁原因
　　　また，上記のとおり，被告と原告春子が養子縁組をしたのは，原告花子が被告と婚姻したためであるところ，原告花子と被告との婚姻関係が破綻した場合には，原告花子の実子である原告春子と被告との養親子関係を継続することは不可能である。したがって，被告と原告春子との養親子関係についても，民法814条1項3号所定の離縁事由が存在する。
　6　よって，原告花子は，民法770条1項5号に基づき，被告との離婚を求めるとともに，原告春子は，同法814条1項3号に基づき，被告との離縁を求める。

証　拠　方　法

甲第1号証　　　　戸籍謄本
甲第2号証　　　　陳述書
甲第3，4号証　　診断書
証拠説明書

添　付　書　類

戸籍謄本
調停不成立証明書
訴訟委任状

附　属　書　類

訴状（副本）　　　　　　　　1通
甲第1ないし4号証（写し）　各1通
証拠説明書（副本）　　　　　1通

【書式1-15】　答弁書(1)──【書式1-9】に対する答弁書例

東京家庭裁判所家事第6部○係　平成○年（家ホ）第○○号　離婚等請求事件 原　告　　甲　野　花　子 被　告　　甲　野　一　郎

答　弁　書

平成○年○月○日

東京家庭裁判所家事第6部○係　御中

　　　　　被告訴訟代理人弁護士　　　関　　東　　次　　郎　㊞

　　　〒000-0000　東京都○○区○○町○丁目○番○号○○ビル3階
　　　　　　　　　　　　　　　　　　　　　　　　（送達場所）
　　　　　　　　　　　電　話　00-0000-0000
　　　　　　　　　　　ＦＡＸ　00-0000-0000
　　　　　被告訴訟代理人弁護士　　　関　　東　　次　　郎

第1　請求の趣旨に対する答弁
　1　原告の請求を棄却する。
　2　訴訟費用は原告の負担とする。
　　との判決を求める。

第2　請求の原因に対する認否
　1　請求原因1の事実は認める。
　2　請求原因2の事実は否認する。
　3　請求原因3の事実は認める。

第3　被告の主張
　　　被告が乙野秋子と不貞した事実はない。被告の携帯電話の動画の画像は，インターネットの画像を取り込んだだけのものであって，被告が乙野と性交をしている画像ではない。
　　　原告は，同画像をもって被告と乙野が不貞していると誤解しているだけである。被告が原告に対して謝罪したことはあるが，それは，乙野と不貞をしたことを認めたからではなく，上記画像をインターネットから取り込んだことを謝罪しただけである（乙1）。

第1章　婚姻関係事件

　　　以上のとおり，被告が乙野と不貞した事実はないので，原告の請求は棄却されるべきである。

証　拠　方　法

乙第1号証　　　陳述書
証拠説明書

添　付　書　類

訴訟委任状
（答弁書副本，書証写し及び証拠説明書副本は原告代理人に直送済み）

【書式1-16】　答弁書(2)——有責配偶者の抗弁

東京家庭裁判所家事第6部○係　平成○年（家ホ）第○○号　離婚等請求事件
原　告　　甲　野　一　郎
被　告　　甲　野　花　子

答　弁　書

平成○年○月○日

東京家庭裁判所家事第6部○係　御中

　　　　被告訴訟代理人弁護士　　　関　東　次　郎　㊞

　　〒000-0000　東京都○○区○○町○丁目○番○号○○ビル3階
　　　　　　　　　　　　　　　　　　　　　　　　（送達場所）
　　　　　　　　　　　　電　話　00-0000-0000
　　　　　　　　　　　　ＦＡＸ　00-0000-0000
　　　　被告訴訟代理人弁護士　　　関　東　次　郎

第1　請求の趣旨に対する答弁
　1　原告の請求を棄却する。
　2　訴訟費用は原告の負担とする。
　との判決を求める。

第2　請求の原因に対する認否
　1　請求原因1ないし3の事実は認める。
　2　請求原因4の事実は否認する。

第3　被告の主張（有責配偶者の抗弁）
　1　原告は，平成○年○月ころから，長男が通うスイミングスクールのコーチである丙野春子との間で不貞関係となり，丙野とホテルに行っては不貞を繰り返した。被告は，原告の様子がおかしいので不審に思い，平成○年○月○日，原告の携帯メールを確認したところ，丙野との間で性行為の感想などを赤裸々にやり取りしているのを確認した。このため，被告は，原告に問いただしたところ，原告は丙野との不貞を認めたものの，丙野と不貞に走らせたのは被告のせいだ等と理不尽な主張を繰り返した。
　　このため，被告は，大変なショックを受け，同月○日，長男を連れて

第1章　婚姻関係事件

実家に帰り，以後原告と別居している（乙2の1ないし5，23）。
2　以上のように，原告と被告との婚姻関係を破綻させたのは専ら原告に原因があり，原告は有責配偶者である。そして，有責配偶者からの離婚請求の場合，夫婦の別居が両当事者の年齢及び同居期間との対比において相当の長期間に及んでいるか否か，その間に未成熟の子が存在するか否か，相手方配偶者が離婚により精神的・社会的・経済的に極めて過酷な状態に置かれるか否かについて検討すべきであるところ（最高裁昭和62年9月2日大法廷判決・民集41巻6号1423頁），①原告と被告の同居期間が10年なのに対して別居期間は3年に満たないこと，②原被告間には未成熟子である9歳の長男がいること，③被告の年収は100万円程度しかなく（乙3），原告との離婚が認められれば経済的に極めて過酷な状況に置かれてしまうことに鑑みれば，原告からの離婚請求が認められないことは明らかである。
　　よって，被告は請求棄却の判決を求める。

証　拠　方　法

乙第1号証	陳述書
乙第2号証の1ないし5	携帯画面の写真
乙第3号証	源泉徴収票
証拠説明書	

添　付　書　類

訴訟委任状
（答弁書副本，書証写し及び証拠説明書副本は原告代理人に直送済み）

第3節　離婚の訴え

【書式1-17】　訴状(7)──不貞相手に対して損害賠償請求をする事案

訴　　　状

平成○年○月○日

東京家庭裁判所　御中

　　　　原告訴訟代理人弁護士　　　東　　京　　太　　郎　㊞

　　住所　〒000-0000　東京都○○区○○町○丁目○番○号
　　　　　原　　　　告　　　甲　野　花　子

　　　　　〒000-0000　東京都○○区○○町○丁目○番○号○○ビル○号
　　　　　　　　　　　　　　　　　　　　　　　　　　　　　（送達場所）
　　　　　　　　　　　　　　電　話　00-0000-0000
　　　　　　　　　　　　　　ＦＡＸ　00-0000-0000
　　　　原告訴訟代理人弁護士　　　東　　京　　太　　郎

　　住所　〒000-0000　東京都○○区○○町○丁目○番○号
　　　　　被　　　　告　　　乙　野　秋　子

損害賠償請求事件
　訴訟物の価額　　300万円
　貼用印紙額　　　2万円

第1　請求の趣旨
　1　被告は，原告に対し，300万円及びこれに対する訴状送達の日の翌日から支払済みまで年5分の割合による金員を支払え。
　2　訴訟費用は被告の負担とする。
　　との判決及び第1項につき仮執行宣言を求める。

第2　請求の原因
　1　当事者
　(1)　原告は，昭和○年○月○日生まれの女性であり，甲野一郎（以下「一郎」という。）の妻である（甲1）。
　(2)　被告は，一郎が勤務する○○株式会社の同僚の女性である（甲2）。

71

第1章　婚姻関係事件

　　2　被告と一郎の不貞
　　　一郎は，平成○年○月ころから帰宅が遅くなり，時折外泊するようになった。このため，原告は不審に思い，一郎の携帯電話を確認したところ，被告と性交する様子が動画に収められていた。そして，原告が一郎を問い詰めたところ，同年○月ころから数か月間にわたり，被告と複数回肉体関係を持ったことを認めた（甲2，3）。
　　3　離婚訴訟
　　　原告は，一郎が被告と不貞行為に及んだことから，もはや一郎とは夫婦としてやっていけないと思うに至った。このため，原告は，一郎に対し，平成○年○月○日，離婚等請求訴訟を提起した（東京家庭裁判所平成○年（家ホ）第○○号　離婚等請求事件。以下「本件関連事件」という。）。
　　4　慰謝料
　　　原告と一郎との婚姻関係は，被告が一郎との間で不貞行為に及んだため破綻し，原告は精神的に多大な苦痛を被った。
　　　これを金銭に換算すると，慰謝料額は300万円を下らない。
　　5　よって，原告は，民法709条，710条に基づき，慰謝料として300万円及びこれに対する本訴状送達の日の翌日から支払済みまで民法所定の年5分の割合による遅延損害金の支払を求める。
　　6　なお，上記のとおり，原告は，一郎に対して離婚等請求訴訟を提起しており，その請求原因と本件請求原因は重なり合うので，人事訴訟法17条2項，3項に基づき，本件を本件関連事件に併合して審理されたい。

証　拠　方　法

甲第1号証　　戸籍謄本
甲第2号証　　陳述書
甲第3号証　　携帯画像の写真
証拠説明書

添　付　書　類

戸籍謄本
調停不成立証明書
訴訟委任状

```
            附 属 書 類
訴状（副本）            1通
甲第1ないし3号証（写し）  各1通
証拠説明書（副本）        1通
```

第4節　附帯処分等

Ⅰ　概　要

1　附帯処分等の意義

　人事訴訟法32条1項は、婚姻の取消しおよび離婚の訴えに係る請求を認容する判決において、裁判所は、当事者の申立てにより、①子の監護者の指定その他の子の監護に関する処分、②財産の分与に関する処分、または③標準報酬等の按分割合に関する処分についての裁判をしなければならないと定めている。この①～③の処分を、「附帯処分」という。

　附帯処分のほかに、婚姻の取消しおよび離婚の請求を認容する判決において裁判所が行わなければならない裁判として、親権者の指定がある（民法819条2項・749条、人訴法32条3項）。

　附帯処分の裁判の際に、裁判所は、その裁量により、子の引渡しまたは金銭の支払いその他の財産上の給付その他の給付を命ずることができる（人訴法32条2項）。親権者の指定の際にも、裁判所は、子の引渡しや同様の給付を命ずることができる（同条3項）。

2　附帯処分の性質

　附帯処分は、関係者間の実体的権利義務または法律関係の存否の確定それ自体を目的とするものではなく、当該事案における諸般の事情を総合考慮したうえで裁判所の後見的・合目的的な裁量判断によって具体的内容を形成することを目的とするものである。したがって、本来的には家事審判の手続により解決されるべきものであるが、婚姻の取消しおよび離婚の請求原因と密接な関係を有することなどから、当事者の便宜および訴訟経済の要請により、例外的に、訴訟手続により離婚等の効力発生と同時に権利義務の具体的内容の形成をすることが認められたものである（小野瀬厚＝岡健太郎編著『一問一

答　新しい人事訴訟制度』136頁)。そのため、附帯処分は、実質的な家事審判事項であると位置づけられる。

　したがって、裁判所は、当事者の主張する申立ての趣旨に拘束されずに、附帯処分の申立てに対する裁判をすることができるし、たとえば、財産分与に関する処分について、当事者が申立ての趣旨で求めているよりも低い金額の支払いしか命じなかった場合でも、その余の請求部分を棄却する必要はない。

　また、附帯処分の申立ての取下げには、相手方の同意は不要である。

3　その他

　附帯処分の申立ては、解釈上、訴えの提起時から、事実審の口頭弁論終結時まで行うことができる。

　附帯処分の申立てがされている訴えにおいて、判決によらずに当該訴えに係る婚姻が終了した場合、その附帯処分に係る事項がその婚姻の終了に際し定められていないときは、受訴裁判所は、その附帯処分についての審理および裁判をしなければならない（人訴法36条)。

　附帯処分についての裁判または親権者の指定についての裁判をすることを要する場合には、離婚の訴えにおいて、請求の認諾をすることができない（人訴法37条1項ただし書)。

II　子の監護に関する処分等

1　親権者の指定

(1)　意義および性質

　婚姻取消しの訴えまたは離婚の訴えにおいて、当事者間に未成年の子がいる場合、裁判所は、請求を認容するとき、父母のいずれか一方を親権者と定めなければならない（民法819条2項・749条、人訴法32条3項)。このように、親権者の指定は、裁判所が法律により裁判することを求められている事項であり、人事訴訟法32条1項で定義される附帯処分には含まれない。

したがって、親権者の指定の申立ては、本来的には不要であるが、実務上は、親権者の指定についての当事者の主張・意見を明確にする等の観点から、附帯処分と同様の形で申立てが行われることが多い。

なお、附帯処分である子の監護者の指定（人訴法32条1項）の申立ては、申し立てられることがほとんどないのが実情である。①親権の効力に子の監護権が含まれている（民法820条）ため、親権者となることを希望する場合に監護者となることを重ねて主張する意味はないこと（したがって、「親権者及び監護者を〇〇と指定するとの裁判を求める」との申立てがあった場合には、通常、単に親権者の指定を求めているものと解釈して処理されることが多い）、②親権者となることを希望しないが監護者となることを希望すると主張される場合はほとんどないこと、③子の監護者について訴訟まで争われているような事案では、当事者の一方または双方が子を監護することを希望している場合が多く、第三者を監護者とすべきとの主張はあまり見受けられないこと、などがその理由と思われる。

(2) 申立て

㈦ 申立ての趣旨

未成年者ごとに、父母のいずれを親権者と指定すべきかを記載する。

㈣ 申立ての理由

父母のいずれが親権者としてふさわしいかについて、その根拠となる事情を具体的に記載する。たとえば、子の状況（年齢・性別・健康状態など）、子の出生後現在までの監護状況、経済的環境（親の収入・職業など）、居住環境、教育環境に関する事情などである。

㈥ 添付書類

① 申立書副本（送達用）
② 書証写し、証拠説明書副本

㈨ 申立費用

本来的には申立てが不要な事項であり、裁判所の職権発動を促すものにすぎないので、申立費用の納付は不要である。

(3) 審理および裁判

親権者の指定については、家庭裁判所調査官（以下、「調査官」という）に

よる事実の調査を行うことが可能である（人訴法33条1項・34条1項）。当事者間に親権者の指定について争いがあり、かつ、当事者による主張・立証のみでは判断しがたい場合などに、調査官による事実の調査が行われることも少なくない。

　調査官調査が行われる事案では、「子の監護に関する陳述書」（〔資料1-4〕〔資料1-5〕を参照）およびこれに関連する資料（居住環境に関する資料、子のこれまでの成育に関する資料、子の通園・通学に関する資料、父母の収入に関する資料など）を当事者があらかじめ提出したうえで、当事者（父母）本人の面接、家庭訪問、学校・保育園等の訪問、監護補助者の面接など、各事案に応じた調査が行われ、その結果は、調査報告書の形で裁判所に報告されるのが通常である（人訴法34条3項）。当事者から調査報告書の閲覧・謄写の請求があった場合、裁判所は、原則としてこれを許可しなければならない（同法35条1項・2項）。なお、調査官調査に関しては、〔資料1-4〕〜〔資料2-3〕を参照。

　また、親権者の指定の裁判にあたり、子が15歳以上であるときは、裁判所は子の陳述を聴かなければならない（人訴法32条4項）。この場合、実務上は、現在子を監護しているほうの当事者から、子の陳述書ないし意見書（〔資料1-3〕を参照）を書証として提出してもらい、これをもって上記の陳述を聴いたこととする扱いが多い。

　裁判所は、父母のいずれを親権者と指定することが子の福祉に適うかという観点から、親権者の指定について最終的に判断する。

(4)　**申立書作成のポイント**

　親権者と指定すべきことを根拠付ける事情について、できるだけ具体的な事実を記載し、その事実を証明すべき証拠も当該箇所で摘示したうえ、申立書とあわせて提出することが望ましい。

2　養育費請求

(1)　**意義および性質**

　婚姻の取消しおよび離婚に伴い、子の監護者となる父母の一方は、他方に対して、民法766条1項の「子の監護に要する費用」にあたるものとして、子の養育費を請求することが考えられ（民法749条・766条1項・771条）、婚姻

第1章　婚姻関係事件

の取消しおよび離婚の訴えにおいては、人訴法32条1項の「子の監護に関する処分」として、養育費請求の附帯処分の申立てをすることができる。

　(2)　申立て
　　(ア)　申立書
　申立ては、書面でしなければならない（人訴規則19条1項）。申立権者は、父母の一方である（人訴法32条1項）。申立書には、申立ての趣旨および理由を記載し、書証の写しで重要なものを添付しなければならない（人訴規則19条2項）。
　　(イ)　申立ての趣旨および理由
　申立ての趣旨は、子ごとの請求内容が明らかになるように記載する（「子2人につき合計○○円を支払え」などとの記載はしない）。また、請求する養育費の始期と終期を明らかにする。支払いの形式については、月単位で、毎月末日を支払時期として請求する事案が多い。
　申立ての理由としては、申立人が親権者（監護者）となることを主張したうえ、請求する養育費の金額の算定根拠を記載し、その計算に用いた当事者の収入金額を証明する資料についても摘示する。
　　(ウ)　添付書類
　①　申立書副本（送達用。人訴規則19条4項）
　②　書証写し、証拠説明書副本
　　(エ)　申立費用
　子1人につき1200円
　　(オ)　予備的申立て
　被告となった父母の一方は、原告の婚姻取消請求または離婚請求が認容されることを条件として、予備的に養育費請求の附帯処分を申し立てることが可能であり、実務上もしばしば見受けられる（【書式1-20】参照）。
　(3)　審理および裁判
　現在の実務において、養育費の算定は、東京・大阪養育費等研究会「簡易迅速な養育費等の算定を目指して――養育費・婚姻費用の算定方式と算定表の提案――」判タ1111号285頁の提唱する算定方式および算定表（第3部Ⅲ参照）を基本として行われることがほとんどである。

当事者は、算定の基礎となる収入の認定資料として、給与所得者の場合は源泉徴収票、事業所得者の場合は確定申告書などを提出する。

判決では、養育費の始期は判決確定の日、その終期は、子が満20歳（成人）に達する日とされることが多い。

(4) 申立書作成のポイント

上記の算定方式によると、養育費の金額は、当事者の収入金額を基礎として定められることとなるので、申立人の収入（年収）については早期に源泉徴収票等の資料を収集し、申立ての時点でこれを明らかにしたうえ、その資料を証拠としてあわせて提出する。また、相手方についても、把握している収入（年収）や予測される収入（年収）を申立ての時点で明らかにし、支払いを求める養育費の金額も具体的にして申立ての趣旨を記載したうえ、相手方の直近の源泉徴収票等を所持していなくとも、毎月の給与明細書や過去の源泉徴収票などの関連する資料があれば、申立て時に証拠としてあわせて提出しておくことが望ましい。

3 子の引渡し請求

(1) 意義および性質

婚姻の取消しまたは離婚の訴えにおいて、子を監護していない父母の一方が、子を監護している他方に対し、自らを親権者として指定することを求めるとともに、子の引渡しを求める場合がある。これは、婚姻の取消しまたは離婚の訴えにおいて請求を認容する場合の親権者の指定に際し、裁判所が子の引渡しを命じることができること（人訴法32条3項・2項）に基づくものである。したがって、この申立ては、本来は裁判所が職権で行うべきことにつき、その職権の発動を促すものであり、親権者の指定と同様、人事訴訟法32条1項の附帯処分には含まれないし、本来的には申立てが不要なものである。

しかし、実務上は、当事者から子の引渡し請求の申立てがないのに、裁判所が引渡しを命ずることはまれであり、当事者の主張・意見を明確にする趣旨で、附帯処分と同様の形で申立てが行われることがある。

子の監護者の指定（人訴法32条1項）の附帯処分についての裁判に際しても、

裁判所は、子の引渡しを命ずることができ（同条２項）、これに基づく子の引渡し請求の申立ても想定しうるが、子の監護者の指定の申立て自体があまり行われないため、このような形の子の引渡し請求の申立てもあまり見受けられない。

(2) 申立て

(ア) 申立ての趣旨

【書式1-22】参照。

(イ) 申立ての理由

親権者の指定のみでは監護権が実際に行使できず、子の引渡しの命令まで必要である事情を具体的に記載する。元々子を監護していなかった父母の一方が、子を監護していた他方から子を連れ去ったため、元々監護していたほうが子の引渡しを要求する場合などが典型例であるが、この場合には、子の連れ去りの経過や、申立人が親権者として指定された場合に相手方が子を引き渡さない可能性が高いといえる根拠となる事情などを、具体的に記載することになる。

(ウ) 添付書類

① 申立書副本（送達用）
② 書証写し、証拠説明書副本

(エ) 申立費用

裁判所の職権発動を促すものにすぎないから、申立費用の納付は不要である。

(3) 審理および裁判

親権者の指定の審理と同様であるほか、裁判所は、上記(1)のような事情等を勘案し、親権者指定の判断の実効性を確保するために必要であると判断した場合には、子の引渡しを命ずることになる。

(4) 申立書作成のポイント

親権者の指定のみでは監護権が実現できないか否かが判断のポイントとなるので、この点に関する事情をできる限り具体的に記載したうえ、それを証明すべき証拠を当該箇所で摘示し、申立書とあわせて提出することが望ましい。

4　面会交流

(1)　意義および性質

　婚姻の取消しおよび離婚に伴い、子の監護者とならない父母の一方は、他方に対して、民法766条1項の「子との面会」にあたるものとして、子との面会交流を求めることが考えられ（民法749条・766条1項・771条）、婚姻の取消しまたは離婚の訴えにおいては、人事訴訟法32条1項の「子の監護に関する処分」として、面会交流を求める附帯処分の申立てをすることができる。

(2)　申立て

㋐　申立書

　申立ては、書面でしなければならない（人訴規則19条1項）。申立権者は、父母の一方である（人訴法32条1項、民法766条1項）。申立書には、申立ての趣旨および理由を記載し、書証の写しで重要なものを添付しなければならない（人訴規則19条2項）。

㋑　申立ての趣旨

　申立ての趣旨は、面会交流の相手となる子を特定したうえ、希望する面会交流の内容（頻度など）を踏まえて記載する。

㋒　添付書類

①　申立書副本（送達用。人訴規則19条4項）
②　書証写し、証拠説明書副本

㋓　申立費用

子1人につき1200円

【書式1-18】 親権者指定申立書――子2人の事案

東京家庭裁判所家事第6部○係　平成○年（家ホ）第○○号　離婚等請求事件
原　告　　　甲　野　一　郎
被　告　　　甲　野　花　子

附帯処分等申立書（親権者の指定）

平成○年○月○日

東京家庭裁判所家事第6部○係　御中

　　　　　被告訴訟代理人弁護士　　　　霞　　　　華　　　子　㊞

第1　申立ての趣旨
　　　原告と被告との間の長男太郎（平成○年○月○日生）及び二男次郎（平成○年○月○日生）の親権者をいずれも被告と定める。
　　との裁判を求める。

第2　申立ての理由
1　御庁には，原告と被告との間の頭書事件が係属しているところ，同事件において，原告は，原告と被告との間の長男太郎（平成○年○月○日生）及び二男次郎（平成○年○月○日生）の親権者をいずれも原告と指定することを求めている。
2　しかし，次のような事情によれば，子らの親権者は，いずれも被告と指定されるべきである。
　(1)　原告と被告が同居していた際は，被告が主として子らの養育を行っており，原告は，休日に時折子らと遊びに出かけることがある程度であった。
　(2)　平成○年○月○日に原告と被告が別居した際，子らは被告と行動を共にし，以後は被告の実家で被告及び被告の両親と生活しており，被告が引き続き監護養育している。
　(3)　別居後，子らはいずれも被告の実家近くの小学校に通学するようになったが，既に1年以上が経過し，新しい環境にもすっかり慣れ，健康面の問題もない。被告や被告の両親との関係も良好で，子らは現在安定した生活を送っている。
　(4)　被告は現在○○株式会社で稼働し，安定した収入を得ており（乙4），経済面の問題はなく，多忙の際には被告の両親の助力を得ることもで

き，監護に支障はない。
　3　以上によれば，親権者を母である被告と指定するのが子らの福祉にか
　　ない，相当であるから，本申立てに及ぶものである。

証　拠　方　法

乙第3号証　　陳述書
乙第4号証　　給与明細表
証拠説明書

附　属　書　類

申立書副本　　　　　　1通
乙第3，4号証（写し）　各1通
証拠説明書（副本）　　　1通

第1章　婚姻関係事件

【書式1-19】　養育費請求申立書(1)——子2人で同額を請求する事案

東京家庭裁判所家事第6部○係　平成○年（家ホ）第○○号　離婚等請求事件
原　告　　甲　野　花　子
被　告　　甲　野　一　郎

附帯処分申立書（養育費請求）

平成○年○月○日

東京家庭裁判所家事第6部○係　御中

　　　　　原告訴訟代理人弁護士　　　東　京　太　郎　㊞

貼用印紙額　　2400円

第1　申立ての趣旨
　　　被告は，原告に対し，長女春子（平成○年○月○日生）及び長男夏男（平成○年○月○日生）の養育費として，本判決確定の日から長女及び長男がそれぞれ成人に達する日の属する月まで，1人当たり1か月○万円を，毎月末日限り支払え。
　　　との裁判を求める。

第2　申立ての理由
　1　御庁には，原告と被告との間の頭書事件が係属しており，原告は，離婚に伴い，原告と被告との間の長女春子（平成○年○月○日生）及び長男夏男（平成○年○月○日生）の親権者を母である原告と指定することを求めている。
　2　被告との別居後，原告の毎月の収入は，稼働による約○○万円（手取り約○○万円）と，被告から受け取っている婚姻費用○○万円のみであり，生活は非常に苦しいが，本件訴訟で原告の請求がいずれも認められた場合，婚姻費用の支払が終了するため，被告から養育費が支払われないと，原告及び同居している子供たちの生活は更に困窮する。
　3　原告の年収は，昨年分の源泉徴収票（甲6）のとおり○○○万円であり，被告の年収は，調停時に提出のあった昨年分の源泉徴収票（甲7）のとおり○○○万円であるから，東京・大阪養育費等研究会の提案する算定方式及び算定表（判例タイムズ1111号285頁以下）に従って算出すると，ともに14歳未満である長女及び長男の養育費として，1人につき毎月○万円

が支払われるべきである。
　4　よって，本申立てに及んだものである。

$$証　拠　方　法$$

甲第6号証　　原告の昨年分の源泉徴収票
甲第7号証　　被告の昨年分の源泉徴収票写し
証拠説明書

$$附　属　書　類$$

申立書（副本）　　　　1通
甲第6，7号証（写し）　各1通
証拠説明書（副本）　　　1通

第1章　婚姻関係事件

【書式1-20】　養育費請求申立書(2)——子2人で異なる額を請求する事案（予備的申立て）

```
東京家庭裁判所家事第6部○係　平成○年（家ホ）第○○号　離婚等請求事件
原　　告　　甲　野　一　郎
被　　告　　甲　野　花　子
```

附帯処分申立書（養育費請求）（予備的申立て）

平成○年○月○日

東京家庭裁判所家事第6部○係　御中

被告訴訟代理人弁護士　　　霞　　　　　華　　　子　㊞

貼用印紙額　　2400円

第1　申立ての趣旨
　　　原告の離婚請求が認容されることを条件として，
　　　原告は，被告に対し，長女春子（平成○年○月○日生）及び二女夏子（平成○年○月○日生）の養育費として，本判決確定の日から長女及び二女がそれぞれ成人に達する日の属する月まで，長女につき1か月当たり○万円を，二女につき1か月当たり△万円を，毎月末日限り支払え。
　　との裁判を求める。

第2　申立ての理由
　1　御庁には，原告と被告との間の頭書事件が係属しており，原告は，同事件において，原告と被告との婚姻関係は既に破綻しているとして，原告と被告との間の長女春子（平成○年○月○日生）及び二女夏子（平成○年○月○日生）の親権者を母である被告と指定しての離婚を求めているのに対し，被告は，原告との婚姻関係は未だ破綻しておらず，また，仮に破綻しているとしても，原告は有責配偶者であって，その離婚請求は認められないと主張している。
　2　被告としては，原告の離婚請求が認容される余地はないと考えているが，仮に離婚請求が認められ，被告が子らの親権者と指定された場合には，婚姻費用の支払が終了し，養育費が支払われないと，子らと被告の生活は困窮することになるため，上記の場合の予備的申立てとして，本申立てを行うものである。

3　被告の年収は，本年4月から転職したため，正確には不明であるが，4月及び5月分の給与明細書（乙4の1及び2）の金額を基に計算すると，○○○万円となり，他方，原告の年収は，調停時に提出のあった一昨年分の源泉徴収票（乙5）によると○○○万円であるから（なお，最新の収入による算定を行うため，原告に対し，昨年分の源泉徴収票を提出するよう求める。），養育費の額は，東京・大阪養育費等研究会の提案する算定方式及び算定表（判例タイムズ1111号285頁以下）によると，17歳である長女につき毎月○万円，13歳である二女につき毎月△万円が相当である。
 4　以上の理由により，本申立てに及んだものである。

　　　　　　　　　証　拠　方　法
乙第4号証の1・2　　給与明細書
乙第5号証　　　　　源泉徴収票写し
証拠説明書

　　　　　　　　　附　属　書　類
申立書（副本）　　　　　1通
乙第4，5号証（写し）　各1通
証拠説明書（副本）　　　1通

【書式1-21】 親権者指定・養育費請求申立書──子1人の事案

東京家庭裁判所家事第6部○係　平成○年（家ホ）第○○号　離婚等請求事件
原　　告　　甲　野　一　郎
被　　告　　甲　野　花　子

附帯処分等申立書（親権者の指定，養育費請求）

平成○年○月○日

東京家庭裁判所家事第6部○係　御中

被告訴訟代理人弁護士　　　霞　　　華　子　㊞

貼用印紙額　　　1200円

第1　申立ての趣旨
　1　原告と被告との間の長男太郎（平成○年○月○日生）の親権者を被告と定める。
　2　原告は，被告に対し，長男太郎の養育費として，本判決確定の日から同人が成人に達する日の属する月まで，1か月当たり○万円を，毎月末日限り支払え。
　との裁判を求める。

第2　申立ての理由
　1　御庁には，原告と被告との間の頭書事件が係属しているところ，同事件において，原告は，原告と被告との間の長男太郎（平成○年○月○日生）の親権者を原告と指定することを求めている。
　2　しかし，被告は，出生以来一貫して長男の監護養育に主体的に関わってきており，原告との別居後も，引き続き監護養育を行っていること，長男も現在まで順調に成長し，安定した生活を送っており，被告の両親の援助を受けることもできるなど，被告の監護状況には何の問題もない。他方で，原告は，長男に対して，しつけであると称して暴力をふるったことがあるなど，親権者として不適格というべきであるから，長男の親権者は，被告と指定されるのが相当である（乙1）。
　3　被告の年収は，昨年分の源泉徴収票（乙2）のとおり○○○万円であり，原告の年収は，被告との同居時には○○○万円であった（なお，養育費の算定は最新の年収を基に行うのが相当であるから，原告は，直近の

年収を明らかにされたい。)。よって，東京・大阪養育費等研究会の提案する算定方式及び算定表（判例タイムズ1111号285頁以下）によれば，原告から被告に対し，本判決が確定する日から長男えが成人に達する日の属する月までの間，毎月○万円の養育費が支払われるべきである。

4 以上の理由により，本申立てに及んだものである。

証　拠　方　法

乙第1号証　陳述書
乙第2号証　源泉徴収票
証拠説明書

附　属　書　類

申立書（副本）　　　　　1通
乙第1，2号証（写し）　各1通
証拠説明書（副本）　　　1通

第1章　婚姻関係事件

【書式1-22】　子の引渡し請求申立書

東京家庭裁判所家事第6部○係　平成○年（家ホ）第○○号　離婚等請求事件
原告　　甲野一郎
被告　　甲野花子

附帯処分等申立書（子の引渡し請求）

平成○年○月○日

東京家庭裁判所家事第6部○係　御中

　　　　　被告訴訟代理人弁護士　　　　霞　　　　華　　　子　㊞

第1　申立ての趣旨
　　　原告は，被告に対し，原告と被告との間の長女春子（平成○年○月○日生）を引き渡せ。
　　　との裁判を求める。

第2　申立ての理由
　1　御庁には，原告と被告との間の頭書事件が係属しているところ，同事件において，原告は，原告と被告との間の長女春子（平成○年○月○日生）の親権者を原告と指定することを求めており，被告は，離婚自体を争うものではないが，長女の親権者は被告と指定されるべきであると主張しているところである。
　2　現在，長女は，原告と同居し，原告が監護する状態になっている。しかし，そもそも，平成○年○月○日に原告と被告が別居した際，被告は長女を連れて家を出たのであるが，その後，本件に先行する調停事件（東京家庭裁判所平成○年（家イ）第○○号）において，原告と長女とが月1回面会交流を行うことが定められたところ，原告は，その定めに従って行われた面会交流の際に長女を連れ帰り，以後，被告の下に長女を返さず，現在に至っているものである（乙2，3）。
　3　上記のような行動からしても，原告は長女の監護者として不適格であり，本件訴訟で被告の主張するとおり，被告が長女の親権者と指定されるべきであるが，上記のような行動を取る原告の姿勢からすると，本件訴訟において被告が長女の親権者と指定されても，原告は長女を被告に引き渡さないおそれがある。
　4　以上の理由により，人事訴訟法32条3項，2項に基づく子の引渡しを

90

求め，本申立てに及んだものである。

$$証　拠　方　法$$

乙第２号証　調停調書謄本
乙第３号証　陳述書
証拠説明書

$$附　属　書　類$$

申立書（副本）　　　　　１通
乙第２，３号証（写し）　各１通
証拠説明書（副本）　　　１通

第1章　婚姻関係事件

Ⅲ　財産分与

1　意義および性質

　裁判による婚姻の取消しまたは離婚の際、夫婦の一方は、相手方に対して財産の分与を請求することができ（民法768条1項・749条・771条）、婚姻の取消しおよび離婚の訴えにおいては、人事訴訟法32条1項により、附帯処分として、「財産の分与に関する処分」を求める申立てをすることができる。

　財産分与の法的性質については、実務上、①夫婦の共同生活中に形成された共同財産の清算（清算的要素）、②離婚後の生活についての扶養（扶養的要素）、③離婚の主たる原因をつくった配偶者からの慰謝料（慰謝料的要素）から構成されるという見解が主流である。

　実務上は、これらの要素のうち、清算的要素が中心的なものであり、扶養的要素は、清算的要素による財産分与を行っても不十分である場合に補充的に考慮されるとの考えが一般的であるように思われる。また、慰謝料的要素は、これを加えないと適正な財産分与ができない場合にのみ考慮され、それ以外の場合には、不法行為に基づく損害賠償請求で処理すれば足りるとの考えが、実務の主流であると思われる。

2　申立て

(1)　申立書

　申立ては、書面でしなければならない（人訴規則19条1項）。申立権者は、当事者の一方である（人訴法32条1項）。申立書には、申立ての趣旨および理由を記載し、書証の写しで重要なものを添付しなければならない（人訴規則19条2項）。

(2)　申立ての趣旨

(ア)　概　要

　財産分与に関する処分も、他の附帯処分と同様、実質的な家事審判事項であり、例外的に訴訟手続により離婚等の効力発生と同時に権利義務の具体的

第4節　附帯処分等

内容の形成をすることが認められたものにすぎないうえ、裁判時に財産上の給付等を命ずるか否かも、裁判所の裁量に委ねられている（人訴法32条2項）。したがって、裁判所は申立ての趣旨に拘束されないし、当事者も、申立ての際に、分与の方法や支払いを求める金額等を明示する必要はない。

　しかし、財産分与の審理（争点整理）は、当事者の求める分与の方法や支払いを求める金額（およびその算出根拠）を一つの道標として進められるため、分与の方法や支払いを求める金額も、申立ての趣旨において、できる限り明示されることが望ましい。

　(イ)　申立ての趣旨の例

申立ての趣旨の例としては、次のようなものがあげられる。

① 「原告は，被告に対し，財産分与として，○○万円を支払え」（分与の方法として金銭給付を求め、金銭の支払いの命令（人訴法32条2項）も求め、支払金額も明示されているもの。【書式1-23】参照）

② 「原告は，被告に対し，財産分与として，相当額を支払え」（分与の方法として金銭給付を求め、実際の金銭の支払いの命令（人訴法32条2項）も求めているが、支払金額は明示されていないもの。相手方の財産状況が不明であり、申立ての時点では支払金額を計算できない場合などに多い。【書式1-24】参照）

③ 「原告は，被告に対し，別紙物件目録記載の不動産につき，財産分与を原因とする所有権移転登記手続をせよ」（分与の方法として不動産の現物分与を求め、それに伴い登記手続という給付の命令（人訴法32条2項）も求めているもの。【書式1-25】参照）

　(ウ)　遅延損害金と仮執行宣言

分与の方法として金銭給付を求め、実際の金銭の支払いの命令（人訴法32条2項）も求める場合には、これに対する遅延損害金の支払い（の命令）を求めることも可能である。なお、財産分与に関する処分の申立ては、財産分与請求権の具体的内容の形成を求めるものであり、これに対する裁判所の判決が確定して初めて、権利の具体的内容が定まるため、遅延損害金の起算点は、判決確定の日の翌日となる。

　また、上記のとおり、判決確定までは権利の具体的内容が形成されないた

め、判決において仮執行宣言を付すことは不相当であり、実務でも仮執行宣言を付すことは行われていない。したがって、仮執行宣言の申立てを行わないのが相当である。

(3) 申立ての理由

主張する分与方法および支払額を根拠づける事情を記載する。

(ア) 分与方法

財産分与の中心的な要素である清算的要素の側面からみると、財産分与は、個々の夫婦の財産それぞれを分割する制度ではなく、夫婦の共同財産全体をみたうえで、夫婦間の財産格差を離婚にあたって調整するものと考えるのが一般的である。したがって、実務上、分与方法としては、金銭給付の形態を取るのが原則である。また、扶養的要素や慰謝料要素の側面からみても、これらの要素の趣旨そのものからして、分与方法は金銭給付が基本形となると考えられる。したがって、金銭給付の方法の財産分与を求める場合には、特に分与方法を根拠づける事情を記載する必要はない。

逆に、金銭給付以外の分与方法を求める場合には、特にその方法によるべきである事情を、申立ての理由として記載すべきである。たとえば、不動産の現物分与を求め、その登記手続を給付として命ずること（人訴法32条2項）を求める場合（【書式1-25】参照）には、特に当該不動産の所有権を申立人が取得する必要があることや、それによって申立人が取得することになる当該不動産の評価額が、金銭給付の方法を取った場合に命じられるべき支払金額と同額ないしこれを下回っていることなどを、申立ての理由として明記すべきである（なお、このような事案において、当該不動産の評価額が上記の命じられるべき支払金額を上回っている場合には、申立人に対する不動産の現物分与および登記手続とともに、申立人から相手方へのその上回った分の金額の支払いをする形の財産分与を求めることも、不可能ではない）。

(イ) 支払額

支払額を根拠づける事情としては、まず、清算的要素の側面から、当該金額を算出した計算方法、計算式を記載する。扶養的要素および慰謝料的要素を考慮すべきと主張する場合には、その考慮によって付加されるべきと主張する金額につき、その額が相当と考えた根拠となる事情を記載する。

清算的要素の側面からの基本的な算定方法は、次のとおりである。
① 分与対象財産の確定基準時における夫婦双方名義の財産額を合計する。その際、基準時の夫婦双方名義の負債も消極財産として反映する。〔A〕
② Aの金額を、分与割合で除する（分与割合を2分の1として計算する（2で除する）ことが多い）。〔B〕
③ Bの金額から、Aの金額のうち申立人名義の財産（負債）の合計額を差し引く。〔C〕
④ Cの金額に、その他の考慮すべき金額（未払婚姻費用のうちの一定額や、財産分与の先渡しと評価されるべきものなど）を加えまたは差し引く。

たとえば、申立人の資産300万円・負債100万円、相手方の資産1000万円・負債600万円、相手方の未払婚姻費用として考慮すべき金額が50万円で、分与割合を2分の1とした場合、

〔A〕＝（300万円－100万円）＋（1000万円－600万円）＝600万円
〔B〕＝600万円÷2＝300万円
〔C〕＝300万円－（300万円－100万円）＝100万円
〔D〕＝100万円＋50万円＝150万円

となる。

(4) 添付書類
① 申立書副本（送達用。人訴規則19条4項）
② 書証写し、証拠説明書副本

(5) 申立費用
1200円

(6) 予備的申立て
被告となった夫婦の一方が、原告の婚姻取消請求または離婚請求が認容されることを条件として、予備的に財産分与の附帯処分を申し立てることが可能であり、実務上も少なからず見受けられる（【書式1-24】参照）。

3　審理および裁判

上記のとおり、財産分与は、清算的要素がその中心的なもので、扶養的要

素や慰謝料的要素は補充的なものであり、また、金銭給付が原則的な分与方法であって、かつ、金銭給付以外の方法による場合も、金銭給付の方法をとった場合に支払われるべき金額が考慮される。したがって、財産分与の審理においては、清算的要素の側面からの金額の計算を行うことを中心として、主張整理を行っていくこととなる。

よって、主張整理の基本的な流れは、上記のような金額の算定方法に沿って、①分与対象財産の確定基準時についての主張・立証を行う、②その基準時における夫婦それぞれの名義の財産およびその評価額を明らかにする（不動産の登記事項証明書や預貯金通帳、不動産の査定書などの資料を証拠として提出する）、③その財産の中に、対象財産から除くべき特有財産（婚姻前から有していた財産や、相続や贈与によって得た財産など）が含まれているか否かについての主張・立証を行う、④分与割合についての主張・立証を行う、⑤その他の財産分与において考慮すべき金額（未払婚姻費用のうちの一定額や、財産分与の先渡しと評価されるべきやりとりがあった場合のその金額など）についての主張・立証を行う、というものになるが、場合により、上記①〜⑤を同時並行的に進行する。

そして、このような作業にあたっては、財産分与対象財産一覧表（【書式1-13】の別紙参照）を早期に作成し、主張整理の段階に応じて順次記入を行っていくという方法が効率的であり、実務上もこの方法がとられることが多い。

財産分与の中心的要素である清算的要素の側面からみると、財産分与によって、婚姻後に夫婦で協力して形成した財産を清算し、夫婦間の財産格差を離婚にあたって調整し実質的公平を図ることとなるから、財産分与の対象となる財産は、夫婦が協力して形成した財産である。したがって、分与対象財産の確定基準時（上記①）は、夫婦の財産形成に向けた協力関係（経済的協力関係）の終了時（別居時がこれにあたるとされることが多い）と解され、実務上も、このような考えが強いと思われる。

財産に関する資料の提出（上記②）は、当事者による調査と任意の提出が原則であるが、必要性が肯定されれば、調査嘱託や文書送付嘱託の方法が用いられることもある。

分与割合（上記④）は、夫婦の財産形成に対する貢献度・寄与度によって

判断されるが、実務上は、双方の寄与を平等とみて、2分の1とされる事案が多い。もっとも、一方の特別な才能や努力によって一定の財産が形成されたというべき事案もあり、その場合には、異なる分与割合が用いられることもある。

　財産分与の審理においては、整理すべき論点が少なくなく、主張整理に一定の時間を要するうえ、特に財産に関する資料の提出（上記②）については、離婚に反対する当事者が任意の提出をなかなか行わなかったり、調査嘱託や文書送付嘱託を行うべき範囲をめぐる争いが生じたりするなどして、手続の進行に時間を要することが少なくない。このような実情からすると、早期の離婚を希望する場合には、財産分与の申立てをあえて行わないとか、いったん行った財産分与の申立てを取り下げることも、十分考慮に値する。なお、離婚等の訴訟において財産分与が行われなかったとしても、財産分与の調停申立ては、離婚等の判決確定後2年間行うことができる（民法768条2項・749条）。このように課題を順次解決することによって、結果として事案全体が早期に解決する可能性もある。

　財産分与に関する処分の申立てに対する判断に際し、裁判所は、当事者の主張する申立ての趣旨に拘束されない（上記2(2)(ｱ)参照）。判決主文では、申立ての趣旨の例（上記2(2)(ｲ)参照）であげたように、給付の命令（人訴法32条2項）のみが掲げられることが多く、権利内容の形成部分については、主文に掲げられないのが通常である（形成部分のみを掲げるとすれば、「原告に対し、○○万円を分与する」、「原告に対し、別紙物件目録記載の不動産を分与する」などという形になると考えられる）。

4　申立書作成のポイント

　財産分与の審理には一定程度の時間を要することから、早期の進行および紛争解決のため、申立書の作成段階で、対象財産の確定基準時を明確にしたうえで、判明している事情をできるだけ記載し、財産に関する資料もできるだけ提出し、財産分与対象財産一覧表も作成して、そこに可能な限り多くの情報を記入しておくことが望ましい。

第1章　婚姻関係事件

【書式1-23】　財産分与申立書(1)——金銭の支払いを請求する事案①

東京家庭裁判所家事第6部○係　平成○年（家ホ）第○○号　離婚等請求事件
原　告　　甲　野　花　子
被　告　　甲　野　一　郎

附帯処分申立書（財産分与）

平成○年○月○日

東京家庭裁判所家事第6部○係　御中

　　　　原告訴訟代理人弁護士　　　東　京　太　郎　㊞

貼用印紙額　　1200円

第1　申立ての趣旨
　　　被告は，原告に対し，財産分与として，○○万円を支払え。
　　との裁判を求める。

第2　申立ての理由
　1　御庁には，原告と被告との間の頭書事件が係属している。本件において離婚が認められた場合には，婚姻期間中に夫婦によって得られた財産につき，財産分与が行われるべきである。
　2　本件では，夫婦の財産が形成された期間は，別居時までと考えるべきところ，原告と被告が別居した平成○年○月○日時点での原告及び被告名義の財産は，別紙財産分与対象財産一覧表記載のとおりである（甲6～18。なお，被告所有建物については，その建築資金○○万円のうちの10%である○○万円を原告の両親が頭金として拠出したから（甲10），同建物の査定額の10%は，原告の特有財産として評価すべきである。）。また，原告と被告は共働きの夫婦であり，婚姻期間における財産形成への寄与に特段の差異がないことからすると，財産分与の割合は，2分の1とするのが相当である。
　3　したがって，別紙財産分与対象財産一覧表における原告名義の財産と被告名義の財産の総合計額（ただし，上記建物査定額の10%を差し引いたもの。）の2分の1から，原告名義の財産の合計額を差し引いた金額（○○円）に，上記建物査定額の10%を加えた金額（○○万円）を，被告は，原告に対し，財産分与として支払うべきである。

98

4　以上の理由で，本申立てに及ぶものである。
（別紙財産分与対象財産一覧表は省略）

証 拠 方 法

甲第6号証	不動産（土地）登記簿謄本
甲第7号証	不動産（建物）登記簿謄本
甲第8号証	不動産（土地建物）査定書
甲第9号証	請負契約書（建物）
甲第10号証	口座振込依頼書写し
甲第11号証	預金通帳（原告名義・○○銀行）
甲第12号証	預金通帳（被告名義・○○銀行）写し
甲第13号証	預金通帳（被告名義・××銀行）写し
甲第14号証	預金通帳（被告名義・△△銀行）写し
甲第15号証	保険証券
甲第16号証	解約返戻金額確認書
甲第17号証	退職金見込額算定書写し
甲第18号証	ローン支払明細書
証拠説明書	

附 属 書 類

申立書（副本）	1通
甲第6ないし18号証（写し）	各1通
証拠説明書（副本）	1通

第1章　婚姻関係事件

【書式1-24】　財産分与申立書(2)——金銭の支払いを請求する事案②（予備的申立て）

東京家庭裁判所家事第6部○係　平成○年（家ホ）第○○号　離婚請求事件
原　　告　　甲　野　一　郎
被　　告　　甲　野　花　子

附帯処分申立書（財産分与）（予備的申立て）

平成○年○月○日

東京家庭裁判所家事第6部○係　御中

被告訴訟代理人弁護士　　　霞　　　　華　　子　㊞

貼用印紙額　　　1200円

第1　申立ての趣旨
　　原告の離婚請求が認容されることを条件として，
　　原告は，被告に対し，財産分与として，相当額を支払え。
　との裁判を求める。

第2　申立ての理由
　1　御庁には，原告と被告との間の頭書事件が係属している。被告は，原告が有責配偶者であるとして，原告の離婚請求を争っているが，仮に原告の請求が認められた場合には，婚姻期間中に形成された夫婦の財産について，財産分与が行われるべきであるので，原告の離婚請求が認容された場合の予備的申立てとして，本申立てに及ぶ。
　2　本件では，夫婦の財産が形成された期間は別居時までと考え，同別居時を基準として財産分与を行うべきである。原告と被告が別居した平成○年○月○日時点での被告名義の財産は，預金（乙2）のみであるが，原告名義の財産は，預貯金に加え，株式や保険（解約返戻金），退職金などが存在すると思われるが，その管理はすべて原告が行っていたため，被告は詳細を把握できていない。
　3　したがって，被告は，原告に対し，相当額の財産分与を求めるとともに，上記別居時の原告名義の財産の開示と，その根拠となる資料の提出をお願いしたい。

証　拠　方　法
乙第2号証　預金通帳
証拠説明書

附　属　書　類
申立書（副本）　　　　1通
乙第2号証（写し）　　各1通
証拠説明書（副本）　　1通

第1章　婚姻関係事件

【書式1-25】　財産分与申立書(3)――不動産の持分移転登記手続を請求する事案

東京家庭裁判所家事第6部○係　平成○年（家ホ）第○○号　離婚請求事件
原　告　　甲　野　一　郎
被　告　　甲　野　花　子

附帯処分申立書（財産分与）

平成○年○月○日

東京家庭裁判所家事第6部○係　御中

被告訴訟代理人弁護士　　　霞　　　華　子　㊞

貼用印紙額　　1200円

第1　申立ての趣旨
　　　　原告は，被告に対し，別紙物件目録記載1及び2の各不動産の原告の各共有持分につき，財産分与を原因とする持分全部移転登記手続をせよ。との裁判を求める。

第2　申立ての理由
　1　御庁には，原告と被告との間の頭書事件が係属している。被告は，原告の離婚請求を争うものではないが，原告の請求が認容される場合には，婚姻期間中に形成された夫婦の財産について，財産分与が行われるべきである。
　2　本件では，夫婦の財産が形成された期間は別居時までと考え，同別居時を基準として財産分与を行うべきところ，原告と被告が別居した平成○年○月○日時点での原告及び被告名義の財産は，別紙財産分与対象財産一覧表記載のとおりである（乙1～10）。また，婚姻期間における被告の家事の負担等による夫婦の財産形成に対する寄与の状況からすると，財産分与の割合は，2分の1とするのが相当である。
　3　上記別居時の被告名義の財産は，少額の預金と，既に住宅ローンを完済している別紙物件目録記載1及び2の各不動産（以下「本件土地建物」という。）の共有持分各2分の1のみであるが，原告名義の財産としては，本件土地建物の共有持分各2分の1に加え，別居後に原告が居住しているマンション（住宅ローンも支払済みである。），多額の預貯金，株式や財形貯蓄等があり，別紙財産分与対象財産一覧表によれば，原告から被

告に対し，○○○万円が分与されるべきである。なお，原告の退職金や企業年金は，詳細が不明であるため同表に記載していないので，原告から被告に分与されるべき金額は，今後さらに増える可能性が高い。
4 ただし，上記のような金銭給付による財産分与を行うと，本件土地建物は，原告と被告の共有の状態が続くこととなるが，本件土地建物には，別居後も被告が居住しており，主婦として家庭を守ってきた被告にとって，本件土地建物は離婚後の生活に不可欠のものであり，被告には，これを取得する大きな利益がある（乙11）。他方，原告は，自ら家を出て上記マンションに居住しており，本件土地建物に関心はなく，その共有持分を持ち続ける実際上の必要はない。
　加えて，本件土地建物の評価額の2分の1（原告の各共有持分相当額）は，上記の分与されるべき金額（○○○万円）を下回っている。
5 したがって，被告は，財産分与として，上記○○万円の金銭給付に代えて，本件土地建物の原告の各共有持分の分与及びこれに基づく登記手続を求め，本申立てに及ぶものである。

（別紙物件目録，別紙財産分与対象財産一覧表は省略）

証　拠　方　法

乙第1号証	不動産（土地）登記簿謄本
乙第2号証	不動産（建物）登記簿謄本
乙第3号証	不動産（土地建物）査定書
乙第4号証	不動産（マンション）登記簿謄本
乙第5号証	不動産（マンションの底地）登記簿謄本
乙第6号証	不動産（マンション）簡易査定書
乙第7号証	預金通帳（原告名義・○○銀行）
乙第8号証	残高証明書（被告名義・○○銀行）写し
乙第9号証	残高証明書（被告名義・××銀行）写し
乙第10号証	取引残高報告書（○○証券）
乙第11号証	陳述書
証拠説明書	

附　属　書　類

申立書（副本）　　　1通

第1章　婚姻関係事件

> 乙第1ないし11号証（写し）　　各1通
> 証拠説明書（副本）　　　　　　1通

Ⅳ　年金分割

1　意義および性質

　年金分割（離婚時年金分割制度）とは、離婚等をした場合において、厚生年金保険等の被用者年金に係る報酬比例部分の年金額の算定の基礎となる標準報酬等につき、夫婦であった者の合意または裁判により分割割合（請求すべき按分割合）を定め、その定めに基づいて、夫婦であった者の一方の請求により、厚生労働大臣等が、標準報酬等の改定または決定を行う制度である。このように、年金分割は、単純に、夫婦の一方に現実に支払われるべき年金そのもののうちの一定割合を、他方に支払うよう命じるというような制度ではない（制度の詳細については、最高裁判所事務総局「離婚時年金分割制度執務資料」（家庭裁判資料第184号）を参照）。

　年金分割の対象となる年金は、厚生年金、国家公務員共済年金、地方公務員共済年金、私立学校教職員共済年金の4種類である。

　婚姻の取消しまたは離婚の訴えの当事者は、人事訴訟法32条1項の「標準報酬等の按分割合に関する処分」として、年金分割を求める附帯処分の申立てを行うことができる。

2　申立て

(1)　申立書

　申立ては、書面でしなければならない（人訴規則19条1項）。申立権者は、当事者の一方である（人訴法32条1項）。申立書には、申立ての趣旨および理由を記載し、書証の写しで重要なものを添付しなければならず（人訴規則19条2項）、また、情報通知書の原本を添付しなければならない（同条3項）。

(2)　申立ての趣旨および理由

　【書式1-26】を参照。

　年金分割のための情報通知書を引用し、その分割を求める。対象となる年金が複数であるとき（情報通知書が複数あるとき）は、請求の趣旨も分けて記

載するほうが明確である（理論的には、対象となる年金ごとに附帯処分が異なることとなる）。

(3) **添付書類**
① 申立書副本（送達用。人訴規則19条4項）
② 書証写し、証拠説明書副本
③ 年金分割のための情報通知書（原本）（同条3項）

(4) **申立費用**

情報通知書1通につき1200円

3　審理および裁判

特別な事情のない限り、請求すべき按分割合は0.5となる。実務上は、特段の審理を経ることなく、按分割合は0.5と判断されることが多い。

【書式1-26】 年金分割申立書

東京家庭裁判所家事第6部○係　平成○年（家ホ）第○○号　離婚等請求事件
原　告　　甲　野　花　子
被　告　　甲　野　一　郎

附帯処分申立書（年金分割）

平成○年○月○日

東京家庭裁判所家事第6部○係　御中

　　　　　原告訴訟代理人弁護士　　　東　　京　　太　　郎　㊞

貼用印紙額　　1200円

第1　申立ての趣旨
　　　原告と被告との間の別紙年金分割のための情報通知書記載の情報に係る年金分割についての請求すべき按分割合を0.5と定める。
　　との裁判を求める。

第2　申立ての理由
　1　御庁には，原告と被告との間の頭書事件が係属している。
　2　本件において離婚が認められる場合には，被告の加入している厚生年金に関し，別紙情報通知書記載の情報に係る年金分割を同時に行うのが相当である。その按分割合は，特段の事情のない限り0.5とすべきところ，本件では，特段の事情は認められない。
　3　よって，本申立てに及ぶものである。

　　　　　　　（別紙年金分割のための情報通知書は省略）

第5節　協議上の離婚の無効の訴え

1　意義および性質

　協議上の離婚の無効の訴えとは、協議離婚届が提出されたため、戸籍上は離婚したものとされているものの、当事者の一方または双方が離婚する意思がなかった等として、協議離婚が無効であることの確認を求める訴えである。
　法的性質は、確認訴訟説が通説・判例である。

2　要件事実

① 　協議離婚届がされていること
② 　協議離婚届出時に当事者の一方または双方に離婚意思がなかったこと

3　離婚意思

　離婚意思とは、「法律上の婚姻関係を解消する意思」である（最判昭和38・11・28民集17巻11号1469頁）。したがって、婚姻の場合と異なり、法律上の婚姻関係を解消する意思（形式的意思）がある場合には、真に夫婦としての関係を解消する意思（実質的意思）がなくても離婚は有効である。
　離婚意思は、協議離婚届出時に必要というのが通説である。
　成年被後見人であっても単独で協議離婚することはできるが（民法764条・738条）、意思能力がない場合は協議離婚は無効である。

4　当事者等

(1)　原告適格

① 　離婚当事者の一方（夫または妻）（人訴法12条1項）
② 　確認の利益を有する第三者（当該離婚の効力により相続権を害されることとなる親族等）（同条2項）

(2)　被告適格

① 　離婚当事者の他方（妻または夫）（人訴法12条1項）

② 検察官（相手方となる離婚当事者がすでに死亡している場合）（同条3項）
③ 離婚当事者の双方（第三者が原告となる場合）（同条2項。ただし、離婚当事者の一方が死亡している場合は、生存しているもう一方の当事者のみを被告とすれば足りる（同項）。離婚当事者の双方が死亡している場合は検察官を被告とする（同条3項））

〈表1-4〉原告適格・被告適格

原 告	被 告	備 考	人訴法の条文
夫(妻)	妻(夫)	通常の場合	12条1項
夫(妻)	検察官	相手方配偶者が死亡している場合	12条3項
第三者	夫および妻	離婚当事者がいずれも生存している場合	12条2項
第三者	夫(または妻)	離婚当事者の一方が死亡している場合	12条2項
第三者	検察官	離婚当事者がいずれも死亡している場合	12条3項

※ 離婚当事者が成年被後見人の場合は、成年後見人が原告または被告となる（人訴法14条1項本文）。
※ 離婚当事者の一方が成年被後見人で、その成年後見人が相手方である場合には、成年後見監督人が原告または被告となり、当該成年後見人を相手方として訴訟を追行する（同条2項）。

(3) 原告または被告が訴訟係属中に死亡した場合
(ア) 原告が死亡した場合
訴訟は当然に終了し、原告の相続人等は訴訟手続を受継しない（人訴法27条1項）。
(イ) 被告が死亡した場合
被告が離婚当事者の一方のみの場合は、検察官が受継する（人訴法26条2項）。
(ウ) 被告が離婚当事者双方の場合（原告が第三者の場合）において、離婚当事者の一人が死亡した場合
もう一方の離婚当事者のみが被告となって訴訟が追行される（人訴法26条1項）。

第1章　婚姻関係事件

　　㈢　被告が離婚当事者双方の場合（原告が第三者の場合）において、離婚当事者の双方が死亡した場合

検察官が受継する（人訴法26条2項）。

5　利害関係人の補助参加

　訴訟の結果について利害関係を有する第三者は、訴訟に補助参加することができる（民訴法42条）。

　夫婦の双方または一方が死亡した後に離婚無効の訴えが提起された場合には、裁判所は、原則としてその相続人に対して訴訟係属の通知をする（人訴法28条、人訴規則16条・別表2項）。

　また、検察官を被告とする場合には、裁判所は、被告を補助させるため、決定により利害関係人を訴訟に参加させることができる（人訴法15条）。

6　訴状作成のポイント

　当事者の一方または双方に離婚意思がなかったとする事情（意思能力なし、離婚届の偽造等）を具体的に記載することが必要である。

【書式1-27】 訴状──被告から離婚届を無断で提出された事案

訴　　　状

平成○年○月○日

東京家庭裁判所　御中

　　　　原告訴訟代理人弁護士　　　東　京　太　郎　㊞

　　本籍　東京都○○区○○町○丁目○番地
　　住所　〒000-0000　東京都○○区○○町○丁目○番○号
　　　　原　　　告　　　甲　野　花　子

　　　　〒000-0000　東京都○○区○○町○丁目○番○号○○ビル○○号
　　　　　　　　　　　　　　　　　　　　　　　　　（送達場所）
　　　　　　　　　　　電　話　00-0000-0000
　　　　　　　　　　　ＦＡＸ　00-0000-0000
　　　　原告訴訟代理人弁護士　　　東　京　太　郎

　　本籍　東京都○○区○○町○丁目○番地
　　住所　〒000-0000　東京都○○区○○町○丁目○番○号
　　　　被　　　告　　　乙　野　一　郎

離婚無効確認請求事件
　訴訟物の価額　　160万円
　貼用印紙額　　 1万3000円

第1　請求の趣旨
　1　平成○年○月○日東京都○○区長に対する届出によってなされた原告と被告との離婚は無効であることを確認する。
　2　訴訟費用は被告の負担とする。
　　との判決を求める。

第2　請求の原因
　1　当事者
　　(1)　原告は、昭和○年○月○日生まれの女性であり、被告は昭和○年○

111

第1章　婚姻関係事件

　　　月○日生まれの男性である（甲1，2）。
　　(2)　原告と被告は，平成○年○月○日，婚姻した（甲2）。
　2　戸籍上の記載
　　　原告と被告については，平成○年○月○日東京都○○区長に対する離婚の届出によって，戸籍上は協議離婚した旨記載されている（甲2，3）。
　　　しかしながら，上記離婚届は，以下のとおり，被告が離婚届を偽造し，原告に無断で提出したものであって，無効である。
　3　被告による離婚届の偽造等
　　　被告は，平成○年○月ころから，丙野春子と不貞するようになり，同年○月ころから，原告に対して，好きな人ができたので別れて欲しいと言って，繰り返し離婚を求めてきた。これに対して，原告は，被告の申出を拒絶してきたところ，被告は，原告の名義を冒用して離婚届を偽造した上，平成○年○月○日，丙野と婚姻する旨の届出をした（甲1，4）。
　4　以上によれば，本件離婚届は，被告が原告に無断で提出したものであり，原告には離婚意思がなかったのであるから，原被告間の離婚は無効である。
　　　よって，原告は，人事訴訟法2条1号により，原被告間の離婚が無効であることの確認を求める。

証　拠　方　法

甲第1，2号証　　戸籍謄本
甲第3号証　　　　協議離婚届記載事項証明書
甲第4号証　　　　陳述書
証拠説明書

添　付　書　類

戸籍謄本
調停不成立証明書
訴訟委任状

附　属　書　類

訴状（副本）　　　　　　　　　1通
甲第1ないし4号証（写し）　　各1通
証拠説明書（副本）　　　　　　1通

112

第5節　協議上の離婚の無効の訴え

【書式1-28】　答弁書──【書式1-27】に対する答弁書例

東京家庭裁判所家事第6部○係　平成○年（家ホ）第○○号　離婚無効確認
請求事件
原　告　甲野花子
被　告　乙野一郎

答　弁　書

平成○年○月○日

東京家庭裁判所家事第6部○係　　御中
　　　　被告訴訟代理人弁護士　　　関　東　次　郎　㊞

〒000-0000　東京都○○区○○町○丁目○番○号○○ビル3階
（送達場所）
電　話　00-0000-0000
ＦＡＸ　00-0000-0000
被告訴訟代理人弁護士　　　関　東　次　郎

第1　請求の趣旨に対する答弁
　1　原告の請求を棄却する。
　2　訴訟費用は原告の負担とする。
　　との判決を求める。

第2　請求の原因に対する認否
　1　請求原因1の事実は認める。
　2　請求原因2の事実のうち，平成○年○月○日東京都○○区長に対する届出によって，原告と被告が，戸籍上，離婚したとして記載されていることは認め，その余は否認する。
　3　請求原因3の事実のうち，被告が平成○年○月ころから丙野春子（以下「春子」という。）と不貞するようになったこと，同年○月ころから原告に対して離婚を求めたこと，被告が離婚届を提出した上，春子との婚姻届をしたことは認めるが，その余の事実は否認する。

第3　被告の主張

113

第1章　婚姻関係事件

　　1　原告と被告は，平成○年ころから口論が絶えなくなり，平成○年ころからは家庭内別居状態となった。このような中，被告は，平成○年○月ころ，会社の同僚だった春子に惹かれるようになり，程なく肉体関係を持つようになった。そして，被告は，春子との結婚を真剣に考えるようになり，平成○年○月，原告に対して正直に春子と交際していることを打ち明け，被告と離婚して欲しい旨伝えた。これに対し，原告は激怒し，最初は拒絶したが，被告が慰謝料として2000万円を支払うことを提示したところ，最終的には離婚に応じると言ってくれた。このため，被告は，平成○年○月○日，原告に対して離婚届を示し，署名するように求めたところ，被告は，「離婚してあげるから勝手に書いといて」と言い，離婚届を提出してから3日以内に2000万円を原告の口座に振り込むように言い残して家を出て行った（乙1）。
　　2　このため，被告は，同日，原告の了解の下，離婚届に原告名を署名押印して○○区長宛に離婚の届出をするとともに，原告名義の口座に2000万円を振り込んだ（乙2）。
　　　このように，本件離婚届は，原告の意思に基づくものであるから，有効である。
　　　したがって，原告の請求は速やかに棄却されるべきである。

証　拠　方　法

乙第1号証　　　陳述書
乙第2号証　　　預金通帳
証拠説明書

添　付　書　類

訴訟委任状
(答弁書副本，書証写し及び証拠説明書副本は原告代理人に直送済み)

第6節　協議上の離婚取消しの訴え

1　意義および性質

　協議上の離婚取消しの訴えとは、協議離婚届がされている場合において、詐欺または強迫を理由に協議離婚の取消しを求める訴えである。
　法的性質は、形成訴訟である。

2　要件事実

① 当事者が協議離婚届を提出したこと
② 協議離婚が詐欺または強迫によるものであること

3　取消事由（民法764条・747条）

　詐欺または強迫は、離婚の相手方による場合はもちろん、第三者によるものであってもよい。
　ただし、当事者が詐欺を発見し、もしくは強迫を免れた後3カ月を経過したとき、または追認をしたときは協議離婚の取消しを請求することができない（民法764条・747条2項）。

4　当事者等

(1)　原告適格
　この場合は、詐欺または強迫によって協議離婚させられた者のみに原告適格が認められる（民法764条・747条1項）。

(2)　被告適格
① 離婚の一方当事者が原告の場合は、その他方当事者（人訴法12条1項）
② 他方当事者が死亡している場合は、検察官（同条3項）

〈表1-5〉原告適格・被告適格

原　告	被　告	備　考	人訴法の条文
夫(妻)	妻(夫)	通常の場合	12条1項
夫(妻)	検察官	相手方が死亡している場合	12条3項

※　当事者が成年被後見人の場合は、成年後見人が原告または被告となる（人訴法14条1項本文）。

※　当事者の一方が成年被後見人で、その成年後見人が相手方である場合には、成年後見監督人が原告または被告となり、当該成年被後見人を相手方として訴訟を追行する（同条2項）。

(3)　原告または被告が訴訟係属中に死亡した場合

(ア)　原告が死亡した場合

訴訟は当然に終了し、原告の相続人等は訴訟手続を受継しない（人訴法27条1項）。

(イ)　被告が死亡した場合

検察官が受継する（人訴法26条2項）。

5　利害関係人の補助参加

訴訟の結果について利害関係を有する第三者は、訴訟に補助参加することができる（民訴法42条）。

夫または妻が死亡した後に協議離婚の取消しの訴えが提起された場合には、裁判所は、原則としてその相続人に対して訴訟係属の通知をする（人訴法28条、人訴規則16条・別表3項）。

また、検察官を被告とする場合には、裁判所は、被告を補助させるため、決定により利害関係人を訴訟に参加させることができる（人訴法15条）。

6　訴状作成のポイント

離婚取消事由（詐欺または強迫）を具体的に記載する必要がある。

また、3カ月以内に協議離婚の取消しを裁判所に請求する必要があるので、詐欺を発見したり、強迫を免れた時期についても明確にする必要がある（民

第6節　協議上の離婚取消しの訴え

法764条・747条2項参照)。

第1章　婚姻関係事件

【書式1-29】　訴状──強迫の事案

訴　　　　状

平成○年○月○日

東京家庭裁判所　御中

　　　　　原告訴訟代理人弁護士　　　東　京　太　郎　㊞

　　　本籍　東京都○○区○○町○丁目○番地
　　　住所　〒000-0000　東京都○○区○○町○丁目○番○号
　　　　　　原　　　　告　　　甲　野　花　子

　　　　　〒000-0000　東京都○○区○○町○丁目○番○号○○ビル○○号
　　　　　　　　　　　　　　　　　　　　　　　　（送達場所）
　　　　　　　　　　　電　話　00-0000-0000
　　　　　　　　　　　ＦＡＸ　00-0000-0000
　　　原告訴訟代理人弁護士　　　東　京　太　郎

　　　本籍　東京都○○区○○町○丁目○番地
　　　住所　〒000-0000　東京都○○区○○町○丁目○番○号
　　　　　　被　　　　告　　　乙　野　一　郎

離婚取消請求事件
　訴訟物の価額　　160万円
　貼用印紙額　　　1万3000円

第1　請求の趣旨
　1　平成○年○月○日東京都○○区長に対する届出によってなされた原告と被告との離婚を取り消す。
　2　訴訟費用は被告の負担とする。
　との判決を求める。

第2　請求の原因
　1　当事者
　　(1)　原告は，昭和○年○月○日生まれの女性であり，被告は昭和○年○

月○日生まれの男性である（甲1，2）。
　(2)　原告と被告は，平成○年○月○日，婚姻した（甲2）。
2　離婚届の経緯（被告による強迫）
　　被告は，平成○年○月ころから，丙野春子と不貞するようになり，同年○月ころから，原告に対して，好きな人ができたので別れて欲しいと言って，繰り返し離婚を求めてきた。これに対して，原告は，被告の申出を拒絶してきたところ，被告は，平成○年○月○日，原告の頭部を手拳で殴打した上，今すぐ離婚届に署名しろと強迫した。このため，原告は，これ以上暴力を振るわれたら殺されるかもしれないと思い，やむなく離婚届に署名押印した（甲2，3）。
3　強迫後3か月以内での調停申立て
　　このため，原告は，被告から強迫された日から3か月以内の日である同年○月○日，被告を相手方として，離婚取消しの調停を申し立てたが（東京家庭裁判所平成○年（家イ）第○○号），平成○年○月○日，被告が強迫について争ったため不成立となった（甲4）。
4　よって，原告は，被告に対し，民法764条，747条及び人事訴訟法2条1号に基づき，離婚の取消しを求める。

証　拠　方　法

甲第1，2号証	戸籍謄本
甲第3号証	陳述書
甲第4号証	調停不成立証明書
証拠説明書	

添　付　書　類

戸籍謄本
調停不成立証明書
訴訟委任状

附　属　書　類

訴状（副本）	1通
甲第1ないし4号証（写し）	各1通
証拠説明書（副本）	1通

第1章　婚姻関係事件

【書式1-30】　答弁書——【書式1-29】に対する答弁書例

東京家庭裁判所家事6部○係　平成○年（家ホ）第○○号　離婚取消請求事件
原　告　　甲　野　花　子
被　告　　乙　野　一　郎

　　　　　　　　　　答　弁　書

　　　　　　　　　　　　　　　　　　　　　　　平成○年○月○日
東京家庭裁判所家事第6部○係　　　御中
　　　　　被告訴訟代理人弁護士　　　関　東　次　郎　㊞

　　　〒000-0000　東京都○○区○○町○丁目○番○号○○ビル3階
　　　　　　　　　　　　　　　　　　　　　　　（送達場所）
　　　　　　　　　　　　電　話　00-0000-0000
　　　　　　　　　　　　ＦＡＸ　00-0000-0000
　　　　被告訴訟代理人弁護士　　　関　東　次　郎

第1　請求の趣旨に対する答弁
　1　原告の請求を棄却する。
　2　訴訟費用は原告の負担とする。
　　との判決を求める。

第2　請求の原因に対する認否
　1　請求原因1の事実は認める。
　2　請求原因2の事実のうち，被告が平成○年○月ころから丙野春子と交際するようになったこと，同年○月ころから原告に離婚を求めるようになったこと，原告が離婚届に署名押印したことは認めるが，その余の事実は否認する。
　3　請求原因3の事実は認める。

第3　被告の主張
　1　原告は，離婚することについて当初は拒否していたが，最終的に，被告が慰謝料として300万円を支払うのであれば離婚してもいいと言った。このため，被告は，平成○年○月○日，原告に対して300万円を交付し，

離婚届に署名押印してもらった（乙1，2）。
 2　このように，原告は，納得の上で離婚届に署名押印したのであり，その際，被告が原告を殴打した事実もない。
　　以上によれば，被告が原告を強迫した事実はないのであるから，原告の請求訴訟は速やかに棄却されるべきである。

証　拠　方　法

乙第1号証　　領収証
乙第2号証　　陳述書
証拠説明書

添　付　書　類

訴訟委任状
（答弁書副本，書証写し及び証拠説明書副本は原告代理人に直送済み）

第1章　婚姻関係事件

第7節　婚姻関係の存否の確認の訴え

1　意義および性質

　婚姻関係の存否の確認の訴えとは、婚姻無効や離婚無効以外の事由に基づいて、法律上の婚姻関係の存否について争いがある場合に、その存否の確認を求める訴えである。

　婚姻関係の存否を確認する方法としては、①婚姻無効の訴えや、②協議上の離婚の無効の訴え等があるので、婚姻関係の存否の確認の訴えは、これらの訴え以外の事由によって、その存否を確認するものである。

　その意味で、婚姻関係の存否の確認の訴えは、婚姻無効確認の訴えや協議上の離婚の無効の訴え等ではまかなえない事由に基づく補充的な訴えであり、上記の各訴えでまかなえないこと、すなわち、確認の利益の存在が必要となる。

　法的性質は、確認訴訟である。

2　要件事実

(1)　婚姻関係存在確認の訴えの場合

① 　夫婦間に婚姻が成立していること
② 　婚姻関係の存在に争いがあること（確認の利益）

(2)　婚姻関係不存在確認の訴えの場合

① 　夫婦間の婚姻関係が解消されたこと、または夫婦間の婚姻関係がそもそも成立していないこと
② 　現在婚姻関係が存在しないことについて争いがあること（確認の利益）

3　当事者等

(1)　原告適格

① 　婚姻当事者の一方（夫または妻）（人訴法12条1項）

第7節　婚姻関係の存否の確認の訴え

② 確認の利益を有する第三者（当該婚姻が存在した場合重婚となってしまう一方当事者の配偶者や、婚姻の効力により相続権を害されることとなる親族等）（同条2項）

(2) 被告適格
① 婚姻当事者の他方（妻または夫）（人訴法12条1項）
② 検察官（相手方となる婚姻当事者が既に死亡している場合）（同条3項）
③ 婚姻当事者の双方（第三者が原告となる場合）（同条2項。ただし、婚姻当事者の一方が死亡している場合は、生存しているもう一方の当事者のみを被告とすれば足りる（同項）。婚姻当事者の双方が死亡している場合は検察官を被告とする（同条3項））

〈表1-6〉原告適格・被告適格

原告	被告	備考	人訴法の条文
夫(妻)	妻(夫)	通常の場合	12条1項
夫(妻)	検察官	相手方となる婚姻当事者が死亡している場合	12条3項
第三者	夫および妻	婚姻当事者がいずれも生存している場合	12条2項
第三者	夫(または妻)	婚姻当事者の一方が死亡している場合	12条2項
第三者	検察官	婚姻当事者がいずれも死亡している場合	12条3項

※　婚姻当事者が成年被後見人の場合は、成年後見人が原告または被告となる（人訴法14条1項本文）。
※　婚姻当事者の一方が成年被後見人で、その成年後見人が相手方である場合には、成年後見監督人が原告または被告となり、当該成年被後見人を相手方として訴訟を追行する（同条2項）。

(3) 原告または被告が訴訟係属中に死亡した場合
　(ア) 原告が死亡した場合
訴訟は当然に終了し、原告の相続人等は訴訟手続を受継しない（人訴法27条1項）。

(イ)　被告が死亡した場合

　被告が婚姻当事者の一方のみの場合は、検察官が受継する（人訴法26条2項）。

　　　(ウ)　被告が婚姻当事者双方の場合において、婚姻当事者の一人が死亡した場合

　もう一方の婚姻当事者のみが被告となって訴訟が追行される（人訴法26条1項）。

　　　(エ)　被告が婚姻当事者双方の場合において、婚姻当事者の双方が死亡した場合

　検察官が受継する（人訴法26条2項）。

4　利害関係人の補助参加

　訴訟の結果について利害関係を有する第三者は、訴訟に補助参加することができる（民訴法42条）。

　夫婦の双方または一方が死亡した後に婚姻関係存在確認の訴えが提起された場合には、裁判所は、原則としてその相続人に対して訴訟係属の通知をする（人訴法28条、人訴規則16条・別表4項）。

　同様に、夫婦の双方または一方が死亡した後に婚姻関係不存在確認の訴えが提起された場合には、裁判所は、原則として婚姻関係の不存在により嫡出でない子となる者またはその代襲者に対して訴訟係属の通知をする（人訴法28条、人訴規則16条・別表5項）。

　また、検察官を被告とする場合には、裁判所は、被告を補助させるため、決定により利害関係人を訴訟に参加させることができる（人訴法15条）。

5　訴状作成のポイント

　婚姻無効確認の訴えや、協議上の離婚の無効確認の訴え以外の事由によって、婚姻関係の存否の確認を求めるものであることを明確にする必要がある。

　また、確認の利益があることについても、具体的に主張する必要がある。

【書式1-31】　訴状(1)——婚姻関係存在確認請求

訴　　　　状

平成○年○月○日

東京家庭裁判所　御中

　　　　　原告訴訟代理人弁護士　　　東　京　太　郎　㊞

　　本籍　東京都○○区○○町○丁目○番地
　　住所　〒000-0000　東京都○○区○○町○丁目○番○号
　　　　原　　　告　　　甲　野　花　子

　　　　〒000-0000　東京都○○区○○町○丁目○番○号○○ビル○○号
　　　　　　　　　　　　　　　　　　　　　　　　　　　（送達場所）
　　　　　　　　　　電　話　00-0000-0000
　　　　　　　　　　ＦＡＸ　00-0000-0000
　　原告訴訟代理人弁護士　　　東　京　太　郎

　　本籍　東京都○○区○○町○丁目○番地
　　住所　〒000-0000　東京都○○区○○町○丁目○番○号
　　　　被　　　告　　　甲　野　一　郎

婚姻関係存在確認請求事件
　訴訟物の価額　　160万円
　貼用印紙額　　　1万3000円

第1　請求の趣旨
　1　平成○年○月○日東京都○○区長に対する届出によってなされた原告と被告との婚姻は存在することを確認する。
　2　訴訟費用は被告の負担とする。
　　との判決を求める。

第2　請求の原因
　1　当事者
　　(1)　原告は、昭和○年○月○日生まれの女性であり、被告は昭和○年○

月○日生まれの男性である（甲1）。
　(2)　原告と被告は，平成○年○月○日，婚姻した。甲1）。
 2　ところが，被告は，原告が被告に無断で婚姻届をしたものであって，原告と被告が婚姻した事実はないと主張して，原告との同居を拒むほか，婚姻費用の支払にも応じない。
　　しかしながら，原告が被告に無断で婚姻届を提出した事実はなく，原告は，被告の同意を得て，被告署名押印欄に被告名を代筆して押印したものである（甲2，3）。
 3　よって，原告は，人事訴訟法2条1号に基づき，原被告間の婚姻関係が存在していることの確認を求める。

証　拠　方　法

甲第1号証　　戸籍謄本
甲第2号証　　婚姻届記載事項証明書
甲第3号証　　陳述書
証拠説明書

添　付　書　類

戸籍謄本
調停不成立証明書
訴訟委任状

附　属　書　類

訴状（副本）　　　　　　　1通
甲第1ないし3号証（写し）　各1通
証拠説明書（副本）　　　　1通

【書式1-32】 答弁書(1)——【書式1-31】に対する答弁書例

東京家庭裁判所家事第6部○係　平成○年（家ホ）第○○号　婚姻関係存在
確認請求事件
原　告　　甲　野　花　子
被　告　　甲　野　一　郎

答　弁　書

平成○年○月○日
東京家庭裁判所家事第6部○係　　御中
　　　　　被告訴訟代理人弁護士　　　関　　東　　次　　郎　㊞

　　　〒000-0000　東京都○○区○○町○丁目○番○号○○ビル3階
　　　　　　　　　　　　　　　　　　　　　　　　　　　　（送達場所）
　　　　　　　　　　　　　電　話　00-0000-0000
　　　　　　　　　　　　　ＦＡＸ　00-0000-0000
　　　　　被告訴訟代理人弁護士　　　関　　東　　次　　郎

第1　請求の趣旨に対する答弁
　1　原告の請求を棄却する。
　2　訴訟費用は原告の負担とする。
　　との判決を求める。

第2　請求の原因に対する認否
　1　請求原因1(1)の事実は認め，(2)の事実は否認する。
　2　請求原因2の事実のうち，被告が原告との婚姻の事実を否認し，同居及び婚姻費用の支払を拒否していることは認め，その余は否認する。

第3　被告の主張
　　被告が原告に対して婚姻に同意した事実はなく，本件婚姻届は，原告が被告名義を冒用して無断で署名押印して提出したものである（乙1）。
　　したがって，原被告間の婚姻は無効であるから，本件訴訟は速やかに棄却されるべきである。

証　拠　方　法

第1章　婚姻関係事件

乙第1号証　　陳述書
証拠説明書

　　　　　　　　添　付　書　類
訴訟委任状
（答弁書副本，書証写し及び証拠説明書副本は原告代理人に直送済み）

第7節　婚姻関係の存否の確認の訴え

【書式1-33】　訴状(2)──婚姻関係不存在確認請求

訴　　　状

平成○年○月○日

東京家庭裁判所　御中

　　　　　原告訴訟代理人弁護士　　　　東　　京　　太　　郎　㊞

　　本籍　東京都○○区○○町○丁目○番地
　　住所　〒000-0000　東京都○○区○○町○丁目○番○号
　　　　　原　　　　　告　　　甲　野　一　郎

　　　　　〒000-0000　東京都○○区○○町○丁目○番○号○○ビル○○号
　　　　　　　　　　　　　　　　　　　　　　　　（送達場所）
　　　　　　　　　　　　　電　話　00-0000-0000
　　　　　　　　　　　　　ＦＡＸ　00-0000-0000
　　　　　原告訴訟代理人弁護士　　　東　　京　　太　　郎

　　本籍　東京都○○区○○町○丁目○番地
　　住所　〒000-0000　東京都○○区○○町○丁目○番○号
　　　　　被　　　　　告　　　甲　野　花　子

婚姻関係不存在確認請求事件
　　訴訟物の価額　　160万円
　　貼用印紙額　　　1万3000円

第1　請求の趣旨
　1　平成○年○月○日東京都○○区長に対する届出によってなされた原告と被告との婚姻は存在しないことを確認する。
　2　訴訟費用は被告の負担とする。
　　との判決を求める。

第2　請求の原因
　1　当事者
　(1)　原告は，昭和○年○月○日生まれの男性であり，被告は昭和○年○

月○日生まれの女性である（甲1，2）。
　⑵　原告と被告は，平成○年○月○日，婚姻したが，平成○年○月○日，協議離婚した（以下「本件離婚」という。甲1，2）。
2　ところが，被告は，本件離婚は，原告が被告に無断で離婚届をしたものであって無効である旨主張して，原告に対して同居及び婚姻費用の支払を執拗に求めている（甲3）。
3　しかしながら，原告が被告に無断で離婚届を提出した事実はなく，原告は，被告の同意を得て，被告署名押印欄に原告が代筆して押印したものである（甲3，4）。
4　よって，原告は，人事訴訟法2条1号に基づき，原被告間の婚姻関係が存在していないことの確認を求める。

証　拠　方　法

甲第1，2号証	戸籍謄本
甲第3号証	陳述書
甲第4号証	協議離婚届記載事項証明書
証拠説明書	

添　付　書　類

戸籍謄本
調停不成立証明書
訴訟委任状

附　属　書　類

訴状（副本）	1通
甲第1ないし4号証（写し）	各1通
証拠説明書（副本）	1通

第7節　婚姻関係の存否の確認の訴え

【書式1-34】　答弁書(2)──【書式1-33】に対する答弁書例

東京家庭裁判所家事6部○係　平成○年（家ホ）第○○号　婚姻関係存在確認請求事件
原　告　甲　野　一　郎
被　告　甲　野　花　子

答　弁　書

平成○年○月○日

東京家庭裁判所家事第6部○係　御中

　　　　　　被告訴訟代理人弁護士　　　関　　東　　次　　郎　㊞

　　　　〒000-0000　東京都○○区○○町○丁目○番○号○○ビル3階
　　　　　　　　　　　　　　　　　　　　　　　　　　（送達場所）
　　　　　　　　　　　　　　電　話　00-0000-0000
　　　　　　　　　　　　　　ＦＡＸ　00-0000-0000
　　　　　　被告訴訟代理人弁護士　　　関　　東　　次　　郎

第1　請求の趣旨に対する答弁
　1　原告の請求を棄却する。
　2　訴訟費用は原告の負担とする。
　　との判決を求める。

第2　請求の原因に対する認否
　1　請求原因1(1)の事実は認める。
　2　同(2)の事実のうち，原告と被告が平成○年○月○日に婚姻した事実は認めるが，その余は否認する。
　3　請求原因2の事実は認める。
　4　請求原因3の事実は否認する。

第3　被告の主張
　　　被告が離婚に同意した事実はなく，本件離婚届は，原告が被告に無断で署名押印して提出したものである（乙1）。
　　　したがって，原被告間の離婚は無効であり，原被告間にはなお婚姻関係が存在するので，原告の請求は速やかに棄却されるべきである。

131

第1章 婚姻関係事件

証 拠 方 法

乙第1号証　　陳述書
証拠説明書

添 付 書 類

訴訟委任状
(答弁書副本，書証写し及び証拠説明書副本は原告代理人に直送済み)

第2章　親子関係事件

第1節　嫡出否認の訴え

1　意義および性質

　嫡出否認の訴えとは、民法772条により嫡出推定を受ける子について、夫が自らの子であることを否認する訴えである。
　法的性質は、形成訴訟である。

2　要件事実

① 　婚姻成立から200日経過後、または婚姻解消もしくは取消しの日から300日以内に妻（婚姻解消または取消しの場合は元妻）が子を出産したこと
② 　夫と子との間に生物学上の血縁関係がないこと、または妻が上記①の婚姻中に当該子を懐胎していないこと
③ 　夫が子の出生を知った時から1年以内に訴訟を提起したこと

3　嫡出推定

　妻が婚姻中に懐胎した子は、夫の子と推定され（民法772条1項）、婚姻成立の日から200日を経過した後、または婚姻の解消もしくは取消しの日から300日以内に生まれた子は、婚姻中に懐胎したものと推定される（同条2項）。
　このように、法律上嫡出推定を受けるため、当該子が自己の子でないと主張する場合には、嫡出否認の訴えをする必要がある。

4　夫が嫡出子であることを承認した場合

　夫が、子の出生後、その嫡出であることを承認した場合は、夫は否認権を

失う（民法776条）。

5 出訴期間

嫡出否認の訴えは、夫が子の出生を知った時から1年以内に提起しなければならない（民法777条）。

ただし、夫が成年被後見人であるときは、この出訴期間は、後見開始の審判の取消しがあった後、夫が子の出生を知った時から起算される（民法778条）。

6 当事者

(1) 原告適格

① 原則として夫のみ（民法774条）。
② ただし、夫が子の出生前に死亡したとき、または子の出生を知った時から1年以内に嫡出否認の訴えを提起しないで死亡したときは、その子のために相続権を害される者その他夫の3親等内の血族は、夫の死亡の日から1年以内に嫡出否認の訴えを提起することができる（人訴法41条1項）。

(2) 被告適格

① 被告となるのは、当該子または親権を行う母である（民法775条前段）。
② 被告となる子に意思能力がなく、かつ、親権を行う母もいないときは、家庭裁判所は、特別代理人を選任しなければならない（同条後段）。なお、当該子に未成年後見人が選任されている場合でも、当該未成年後見人に代理権はない。

〈表2-1〉原告適格・被告適格

原　告	被　告	備　考	条　文
夫	子または親権を行う妻	通常の場合	民法774条・775条前段
一定の第三者	子または親権を行う妻	夫が死亡した場合	人訴法41条1項

※ 当事者が成年被後見人の場合は、成年後見人が原告または被告となる（人

訴法14条1項本文)。
※　当事者の一方が成年被後見人で、その成年後見人が相手方である場合には、成年後見監督人が原告または被告となり、当該成年被後見人を相手方として訴訟を追行する（同条2項）。

(3)　**原告または被告が訴訟係属中に死亡した場合**
　(ア)　**原告が死亡した場合**
　原告たる夫の死亡から6カ月以内であれば、当該子のために相続権を害される者その他夫の3親等内の血族は、訴訟手続を受継できる（人訴法41条2項）。ただし、受継の義務はなく、期間内に受継がなされなければ、当該訴訟は当然に終了する（同法27条1項）。
　(イ)　**被告が死亡した場合**
　訴訟手続は当然に終了する（人訴法27条2項）。

7　訴状作成のポイント

　血縁上の子でないことや、婚姻期間中懐胎した子でないことについて、具体的理由をあげて主張する必要がある。血縁上の子でないことの立証はDNA鑑定によることが多い。

第2章　親子関係事件

【書式2-1】　訴　状

訴　　　状

平成○年○月○日

東京家庭裁判所　御中

　　　　　　原告訴訟代理人弁護士　　　東　京　太　郎　㊞

　　本籍　東京都○○区○○町○丁目○番地
　　住所　〒000-0000　東京都○○区○○町○丁目○番○号
　　　　　原　　　　告　　甲　野　三　郎

　　　　　〒000-0000　東京都○○区○○町○丁目○番○号○○ビル○○号
（送達場所）

　　　　　　　　　　電　話　00-0000-0000
　　　　　　　　　　ＦＡＸ　00-0000-0000
　　　　原告訴訟代理人弁護士　　　東　京　太　郎

　　本籍　東京都○○区○○町○丁目○番地
　　住所　〒000-0000　東京都○○区○○町○丁目○番○号
　　　　　被　　　　告　　甲　野　まどか
平成○年○月○日生

　　本籍及び住所　被告と同じ
　　　　被告法定代理人親権者母　　甲　野　花　子

嫡出否認請求事件
　訴訟物の価額　　160万円
　貼用印紙額　　　1万3000円

第1　請求の趣旨
　1　被告が原告の嫡出子であることを否認する。
　2　訴訟費用は被告の負担とする。
　　との判決を求める。

第2　請求の原因

136

1 当事者等
 (1) 原告は昭和○年○月○日生まれの男性であり，被告の法定代理人親権者母である甲野花子（以下「花子」という。）は，昭和○年○月○日生まれの女性である（甲1）。
 (2) 原告と花子は，平成○年○月○日に婚姻し，花子は，平成○年○月○日，被告を出産したため，戸籍上，被告は原告と花子の間の長女として記載されている（甲1）。
2 しかしながら，被告は，実際は原告の子ではなく，花子が氏名不詳の男性と不貞をして懐胎した子である。
3 DNA鑑定の結果
 原告は，本件訴訟に先立ち，原告と被告との血縁関係を確定するため，DNA鑑定を依頼したところ，原告と被告との血縁関係はないとの結果が出た（甲2）。
4 したがって，被告が原告の子でないことは明らかなので，民法774条，775条，人事訴訟法2条2号に基づき，被告が原告の嫡出子であることを否認するとの判決を求める。

証　拠　方　法

甲第1号証　　戸籍謄本
甲第2号証　　DNA鑑定書
証拠説明書

添　付　書　類

戸籍謄本
調停不成立証明書
訴訟委任状

附　属　書　類

訴状（副本）　　　　　1通
甲第1，第2号証（写し）　各1通
証拠説明書（副本）　　　1通

【書式2-2】 答弁書──【書式2-1】に対する答弁書例

東京家庭裁判所家事第6部○係　平成○年（家ホ）第○○号　嫡出否認請求事件
原　告　　甲　野　一　郎
被　告　　甲　野　まどか

答　弁　書

平成○年○月○日

東京家庭裁判所家事第6部○係　　御中
　　　　　　　　被告訴訟代理人弁護士　　関　東　次　郎　㊞

　　住所　〒000-0000　東京都○○区○○町○丁目○番○号○○ビル3階
（送達場所）
　　　　　　　　　　　　　　電　話　00-0000-0000
　　　　　　　　　　　　　　ＦＡＸ　00-0000-0000
　　　　　被告訴訟代理人弁護士　　関　東　次　郎

第1　請求の趣旨に対する答弁
　1　原告の請求を棄却する。
　2　訴訟費用は原告の負担とする。
　　との判決を求める。

第2　請求の原因に対する認否
　1　請求原因1，3の各事実は認める。
　2　請求原因2の事実は否認する。

第3　被告の主張
　1　被告の法定代理人親権者母である甲野花子が氏名不詳の男性と不貞行為に及んだ事実はなく，被告は原告の子である。
　2　本件に先立って実施されたDNA鑑定は，簡易なものであり，その信用性は低い。被告としては，裁判所における正式なDNA鑑定によって，原告と被告との親子関係を明らかにすることを求める。

添　付　書　類

第1節　嫡出否認の訴え

鑑定申出書
訴訟委任状
（答弁書副本及び鑑定申出書副本は原告代理人に直送済み）

第2章 親子関係事件

第2節 認知の訴え

1 意義および性質

　認知の訴えとは、任意認知がされない場合に、嫡出でない子とその血縁上の父または母との間に法律上の親子関係を形成することを求める訴えである。

　法的性質は、形成訴訟である。

　人事訴訟法42条は、母に対しても認知の訴えができると規定されているが、法律上の母子関係は原則として認知を待たずに分娩の事実によって生じるので（最判昭和37・4・27民集16巻7号1247頁）、原則的には、認知の訴えではなく、母子関係存在確認の訴えによるとされている。

　もっとも、母が出生届をしないまま行方不明になるなどした場合は、例外的にその母に対して認知の訴えを提起することができる。

2 要件事実

① 父または母と子の間に血縁上の親子関係があること
② 父または母と子の間に法律上の親子関係がないこと

3 他の男性との間で嫡出推定がされる場合

　他の男性との間で民法772条により嫡出推定がされる場合は、当該男性との関係で嫡出否認の訴えをし、これが認められない限り、認知の訴えを提起することはできない。

　一方、嫡出推定を受けないのであれば、戸籍上は他の男性の嫡出子と記載されていても、真の父に対して認知の訴えを提起することができる（最判昭和49・10・11裁判集民事113号1頁）。

4 出訴期間

　父または母が生存している場合は、出訴期間の制限はない。

父または母が死亡した場合は、死亡の日から３年以内に訴えを提起しなければならない（民法787条ただし書）。

5 当事者

(1) 原告適格

① 子（民法787条）　子は、未成年者であっても、意思能力があれば原告となりうる（人訴法13条１項）。

② 子の直系卑属（民法787条）　子の直系卑属が原告適格を有するのは、子が死亡した場合に限られるというのが通説である。

③ 子または子の直系卑属の法定代理人（同条）　当該子または子の直系卑属に意思能力があっても、その法定代理人は認知の訴えを提起することができる（最判昭和43・8・27民集22巻8号1733頁）。

(2) 被告適格

① 当該子の父または母（人訴法42条１項）
② 検察官（被告となるべき父または母が死亡している場合）（同項）

〈表2-2〉原告適格・被告適格

原告	被告	備考	条文
子	父または母	通常の場合	民法787条、人訴法42条１項
子の直系卑属			
これらの法定代理人			
子	検察官	被告が死亡した場合	
子の直系卑属			
これらの法定代理人			

※ 当事者が成年被後見人の場合は、成年後見人が原告または被告となる（人訴法14条１項本文）。

※ 当事者の一方が成年被後見人で、その成年後見人が相手方である場合には、成年後見監督人が原告または被告となり、当該成年後見人を相手方として訴訟を追行する（同条２項）。

(3) 原告または被告が訴訟係属中に死亡した場合
　(ア) 原告が死亡した場合
① 原告が子の場合　　原告（子）の直系卑属またはその法定代理人は、民法787条ただし書に定める期間が経過した後、子の死亡の日から6カ月以内に訴訟手続を受継できる（人訴法42条3項）。ただし、受継の義務はなく、期間内に受継がなされなければ、当該訴訟は当然に終了する（同法27条1項）。
② 原告が直系卑属または法定代理人の場合　　訴訟は当然に終了する（同項）。
　(イ) 被告が死亡した場合
検察官が受継する（人訴法42条2項・26条2項）。

6　利害関係人の補助参加

　訴訟の結果について利害関係を有する第三者は、訴訟に補助参加することができる（民訴法42条）。

　父または母が死亡した後に認知の訴えが提起された場合には、裁判所は、その相続人に対して訴訟係属の通知をする（人訴法28条、人訴規則16条・別表6項）。

　また、検察官を被告とする場合には、裁判所は、被告を補助させるため、決定により利害関係人を訴訟に参加させることができる（人訴法15条）。

7　第三者の権利との関係

　認知の裁判が確定した場合は、その効力は出生時に遡って生じるが、第三者がすでに取得した権利を害することはできない（民法784条）。

8　訴状作成のポイント

血縁上の子であることについて、具体的理由をあげて主張する必要がある。血縁上の子であることの立証はDNA鑑定によることが多い。

第2節　認知の訴え

【書式2-3】　訴状(1)——通常の事案

訴　　　状

平成〇年〇月〇日

東京家庭裁判所　御中

　　　　　原告訴訟代理人弁護士　　　東　京　太　郎　㊞

　　本籍　東京都〇〇区〇〇町〇丁目〇番地
　　住所　〒000-0000　東京都〇〇区〇〇町〇丁目〇番〇号
　　　　　原　　　　告　　　甲　野　英　太　郎
　　　　　　　　　　　　　　　　　　平成〇年〇月〇日生

　　本籍及び住所　原告と同じ
　　　　　原告法定代理人親権者母　　　甲　野　花　子

　　　　　〒000-0000　東京都〇〇区〇〇町〇丁目〇番〇号〇〇ビル〇〇号
　　　　　　　　　　　　　　　　　　　　　　　　（送達場所）
　　　　　　　　　　　電　話　00-0000-0000
　　　　　　　　　　　ＦＡＸ　00-0000-0000
　　　　　原告訴訟代理人弁護士　　　東　京　太　郎

　　本籍　東京都〇〇区〇〇町〇丁目〇番地
　　住所　〒000-0000　東京都〇〇区〇〇町〇丁目〇番〇号
　　　　　被　　　　告　　　乙　野　一　郎

認知請求事件
　　訴訟物の価額　　160万円
　　貼用印紙額　　　1万3000円

第1　請求の趣旨
　1　原告が被告の子であることを認知する。
　2　訴訟費用は被告の負担とする。
　　との判決を求める。

第2　請求の原因

1 当事者等
(1) 原告の法定代理人親権者母である甲野花子（以下「花子」という。）は昭和〇年〇月〇日生まれの女性であり，被告は，昭和〇年〇月〇日生まれの男性である（甲1，2）。
(2) 花子は，平成〇年〇月〇日，原告を出産した（甲1）。
2 原告が被告の子であること
　花子は，平成〇年〇月ころから被告と性交渉を持つようになり，同年〇月ころから被告と同棲生活をするようになった。そして，同年〇月〇日，原告を妊娠したことが判明したため，花子は，被告にその旨を告げ，結婚して欲しいと頼んだところ，被告は，結婚することはできない，中絶費用を出すから堕胎してくれと言った。結局，花子と被告は結婚や堕胎を巡って口論となり，交際は解消となったが，花子は，平成〇年〇月〇日，原告を出産した。なお，花子は，被告と交際するようになってからは，被告以外の男性と性交渉を持ったことはない。（甲3，4）。
3 以上のとおり，原告が被告の子であることは明らかなので，民法787条，人事訴訟法2条2号に基づき，原告が被告の子であることを認知するとの判決を求める。

証　拠　方　法

甲第1，2号証　　　戸籍謄本
甲第3号証　　　　　陳述書
甲第4号証　　　　　母子手帳
証拠説明書

添　付　書　類

戸籍謄本
調停不成立証明書
訴訟委任状

附　属　書　類

訴状（副本）　　　　　　　　1通
甲第1ないし4号証（写し）　各1通
証拠説明書（副本）　　　　　1通

【書式2-4】 訴状(2)——死後認知の事案

訴　　　　状

平成○年○月○日

東京家庭裁判所　御中

　　　　　原告訴訟代理人弁護士　　東　京　太　郎　㊞

　本籍　東京都○○区○○町○丁目○番地
　住所　〒000-0000　東京都○○区○○町○丁目○番○号
　　　　原　　　告　　甲　野　英太郎
　　　　　　　　　　　　　　平成○年○月○日生
　本籍及び住所　原告と同じ
　　　　原告法定代理人親権者母　　甲　野　花　子

　　　　〒000-0000　東京都○○区○○町○丁目○番○号○○ビル○○号
　　　　　　　　　　　　　　　　　　　　（送達場所）
　　　　　　　　　　電　話　00-0000-0000
　　　　　　　　　　ＦＡＸ　00-0000-0000
　　　　原告訴訟代理人弁護士　　東　京　太　郎

　住所　〒000-0000　東京都千代田区霞が関１丁目１番１号
　　　　被　　　告　　東京地方検察庁検事正
　　　　　　　　　　　山　本　次　郎

認知請求事件
　訴訟物の価額　　160万円
　貼用印紙額　　　１万3000円

第１　請求の趣旨
　１　原告が亡乙野一郎（本籍　東京都○○区○丁目○番地，平成○年○月○日死亡）の子であることを認知する。
　２　訴訟費用は国庫の負担とする。
　　との判決を求める。

第2章　親子関係事件

第2　請求の原因
　1　当事者等
　　(1)　原告の法定代理人親権者母である甲野花子（以下「花子」という。）は昭和○年○月○日生まれの女性であり，亡乙野一郎（以下「乙野」という。）は，昭和○年○月○日生まれの男性である（甲1，2）。
　　(2)　花子は，平成○年○月○日，原告を出産した（甲1）。
　2　原告が乙野の子であること
　　(1)　花子は，平成○年○月ころから乙野と性交渉を持つようになり，同年○月ころから乙野と同棲生活をするようになった。そして，同年○月○日，原告を妊娠したことが判明したため，花子は，乙野にその旨を告げ，結婚して欲しいと頼んだところ，乙野は，結婚することはできない，中絶費用を出すから堕胎してくれと言った。結局，花子と被告は結婚や堕胎を巡って口論となり，交際は解消となったが，花子は，平成○年○月○日，原告を出産した（甲1，3，4）。
　　(2)　花子は，原告を懐胎するまでの間，乙野以外の男性と性的関係を持ったことはない。また，それぞれの血液型は，花子がA型，乙野がO型，原告がA型であり，原告が乙野の子であることに矛盾はない（甲3，4）。
　3　花子は，原告を出産した後，乙野の所在を探していたところ，乙野が平成○年○月○日に死亡したことが判明した（甲2）。
　4　以上のとおり，原告が乙野の子であることは明らかなので，民法787条，人事訴訟法2条2号，12条3項に基づき，原告が乙野の子であることを認知するとの判決を求める。

証　拠　方　法

甲第1号証　　戸籍謄本
甲第2号証　　除籍謄本
甲第3号証　　陳述書
甲第4号証　　母子手帳
証拠説明書

添　付　書　類

戸籍謄本
除籍謄本

訴訟委任状

附　属　書　類

訴状（副本）　　　　　　　1通
甲第1ないし4号証（写し）　各1通
証拠説明書（副本）　　　　1通

第2章　親子関係事件

【書式2-5】　答弁書——【書式2-3】に対する答弁書例

東京家庭裁判所家事第6部○係　平成○年（家ホ）第○○号　認知請求事件
原　告　　甲　野　英　太　郎
被　告　　乙　野　一　郎

答　弁　書

平成○年○月○日

東京家庭裁判所家事第6部○係　　御中

　　　　　被告訴訟代理人弁護士　　　関　東　次　郎　㊞

　　　　　〒000-0000　東京都○○区○○町○丁目○番○号○○ビル3階
　　　　　　　　　　　　　　　　　　　　　　　（送達場所）
　　　　　　　　　　　　電　話　00-0000-0000
　　　　　　　　　　　　ＦＡＸ　00-0000-0000
　　　　　被告訴訟代理人弁護士　　　関　東　次　郎

第1　請求の趣旨に対する答弁
　1　原告の請求を棄却する。
　2　訴訟費用は原告の負担とする。
　　との判決を求める。

第2　請求の原因に対する認否
　1　請求原因1の事実は認める。
　2　請求原因2の事実のうち，被告が原告の法定代理人親権者母である甲野花子（以下「花子」という。）と性交渉を持ったことがあること，被告と花子が平成○年○月ころから一時的に同棲生活をしていたこと，平成○年○月○日に原告が出生したことは認めるが，その余の事実は否認する。

第3　被告の主張
　　　被告と花子が別れることになったのは，花子が被告と同棲中に丙野三郎と浮気をしたためであり，原告も被告の子ではなく，丙野の子である可能性が高い。

148

被告としては，真の血縁関係を明らかにするため，DNA鑑定を希望する。

添　付　書　類

鑑定申出書
訴訟委任状
（答弁書副本及び鑑定申出書副本は原告代理人に直送済み）

第3節　認知無効の訴え

1　意義および性質

　認知無効の訴えとは、任意認知がされた場合において、認知者と被認知者との間に血縁関係がない等として、認知によって生じた法律上の親子関係を遡及的に消滅させることを目的とする訴えである。
　法的性質は、形成訴訟説が通説である。
　裁判認知に対しては、再審手続で争われるのが相当であるため、裁判認知に対して認知無効の訴えを提起することはできない（最判昭和28・6・26民集7巻6号787頁）。

2　要件事実

① 任意認知がされたこと
② 認知無効原因があること

3　認知無効原因

　具体的認知無効原因としては、①認知者と被認知者との間に血縁上の親子関係が存在しないこと、②認知者に認知の効果意思がなかったこと、③認知届が偽造されたこと等があげられる。
　認知をするには、父または母が未成年者または成年被後見人であっても単独で認知することができるが（民法780条）、意思能力がない場合は認知は無効である。

4　当事者

(1)　原告適格

① 子（民法786条）　　子は、未成年者であっても、意思能力があれば原告となりうる（人訴法13条1項）。
② 利害関係人（民法786条）

③ 認知者　民法786条には明記されていないが、認知者自身も利害関係人に含まれるとするのが通説である。
(2) 被告適格
① 認知者（原告が子の場合）
② 子（原告が認知者の場合）
③ 子および認知者（原告が第三者の場合）（人訴法12条2項）　被告となる者のうち一方が死亡している場合は、もう一方のみを被告とすれば足りる（同項）。
④ 検察官（被告となる者がいずれも死亡している場合）（同条3項）

〈表2-3〉原告適格・被告適格

原告	被告	備考	条文
子	認知者	通常の場合	民法786条
認知者	子		
利害関係人	認知者および子	当事者以外が提起する場合	民法786条、人訴法12条2項
子	検察官	相手方がいずれも死亡している場合	民法786条、人訴法12条3項
認知者			
利害関係人			

※　当事者が成年被後見人の場合は、成年後見人が原告または被告となる（人訴法14条1項本文）。
※　当事者の一方が成年被後見人で、その成年後見人が相手方である場合には、成年後見監督人が原告または被告となり、当該成年被後見人を相手方として訴訟を追行する（同条2項）。

(3) 原告または被告が訴訟係属中に死亡した場合
　(ｱ)　原告が死亡した場合
訴訟は当然に終了する（人訴法27条1項）。
　(ｲ)　被告が死亡した場合
検察官が受継する（人訴法26条2項）。共同被告の一方が死亡した場合には、

第2章　親子関係事件

もう一方の被告のみで訴訟追行する（同条1項）。

5　利害関係人の補助参加

訴訟の結果について利害関係を有する第三者は、訴訟に補助参加することができる（民訴法42条）。

子が死亡した後に認知無効の訴えが提起された場合には、裁判所は、その代襲者で認知をした者の相続人である者または相続人となるべき者に対して訴訟係属の通知をする（人訴法28条、人訴規則16条・別表7項）。

また、検察官を被告とする場合には、裁判所は、被告を補助させるため、決定により利害関係人を訴訟に参加させることができる（人訴法15条）。

6　訴状作成のポイント

認知無効事由について、具体的事由をあげて主張する必要がある。血縁上の子でないことの立証はDNA鑑定によることが多い。

【書式2-6】　訴　状

訴　　　状

平成○年○月○日

東京家庭裁判所　御中

　　　　　原告訴訟代理人弁護士　　　東　京　太　郎　㊞

　本籍　東京都○○区○○町○丁目○番地
　住所　〒000-0000　東京都○○区○○町○丁目○番○号
　　　　原　　　　告　　　甲　野　一　郎

　　　　〒000-0000　東京都○○区○○町○丁目○番○号○○ビル○○号
　　　　　　　　　　　　　　　　　　　　　　　　　　（送達場所）
　　　　　　　　　　電　話　00-0000-0000
　　　　　　　　　　ＦＡＸ　00-0000-0000
　　　　原告訴訟代理人弁護士　　　東　京　太　郎

　本籍　東京都○○区○○町○丁目○番地
　住所　〒000-0000　東京都○○区○○町○丁目○番○号
　　　　被　　　　告　　　乙　野　健　太　郎
　　　　　　　　　　　　　　　　平成○年○月○日生

　本籍及び住所　被告と同じ
　　　　被告法定代理人親権者母　　　乙　野　花　子

認知無効請求事件
　訴訟物の価額　　160万円
　貼用印紙額　　　1万3000円

第1　請求の趣旨
　1　原告の被告に対する認知は無効である。
　2　訴訟費用は被告の負担とする。
　　との判決を求める。

第2　請求の原因

第2章　親子関係事件

1　当事者等
 (1)　原告は，昭和○年○月○日生まれの男性であり，被告の法定代理人親権者母である乙野花子（以下「花子」という。）は昭和○年○月○日生まれの女性である（甲1，2）。
 (2)　花子は，平成○年○月○日，被告を出産した（甲2）。
 (3)　原告は，平成○年○月○日，被告を認知した（甲1，2）。
2　原告と被告との間に血縁関係がないこと
　　原告は，平成○年○月○日，花子から被告を認知するよう求められた。このとき，原告は，花子と肉体関係を持ったことは事実だったので，被告が原告の子であると信じ，被告を認知した。
　　ところが，その後，花子が，原告以外の男性とも肉体関係を持っていたことが判明した。このため，原告は，花子と相談の上，DNA鑑定を実施したところ，原告と被告との間に生物学上の血縁関係がないことが判明した（甲3，4）。
3　よって，原告は，民法786条，人事訴訟法2条2号に基づき，認知の無効を求める。

証　拠　方　法

甲第1，2号証　　　戸籍謄本
甲第3号証　　　　　陳述書
甲第4号証　　　　　DNA鑑定書
証拠説明書

添　付　書　類

戸籍謄本
調停不成立証明書
訴訟委任状

附　属　書　類

訴状（副本）　　　　　　　　1通
甲第1ないし4号証（写し）　各1通
証拠説明書（副本）　　　　　1通

【書式2-7】 答弁書──【書式2-6】に対する答弁書例

東京家庭裁判所家事第6部○係　平成○年（家ホ）第○○号　認知無効確認
請求事件
原　告　　甲　野　一　郎
被　告　　乙　野　健太郎

答　弁　書

平成○年○月○日

東京家庭裁判所家事第6部○係　御中

　　　　　被告訴訟代理人弁護士　　　　関　東　次　郎　㊞

　　　　　〒000-0000　東京都○○区○○町○丁目○番○号○○ビル3階
　　　　　　　　　　　　　　　　　　　　　　　　　　（送達場所）
　　　　　　　　　　　　　電　話　00-0000-0000
　　　　　　　　　　　　　ＦＡＸ　00-0000-0000
　　　　　被告訴訟代理人弁護士　　　　関　東　次　郎

第1　請求の趣旨に対する答弁
　1　原告の請求を棄却する。
　2　訴訟費用は原告の負担とする。
　　との判決を求める。

第2　請求の原因に対する認否
　1　請求原因1の事実は認める。
　2　請求原因2の事実のうち，被告の法定代理人親権者母である乙野花子
　　（以下「花子」という。）が原告に被告を認知するよう求めたこと，原告
　　と花子が肉体関係にあったこと，原告が被告を認知したこと，原告と被
　　告との間に生物学上の血縁関係がない旨のDNA鑑定がなされたことは
　　認め，その余は否認する。

第3　被告の主張
　1　花子が原告以外の男性と肉体関係を持った事実はなく，被告は原告の
　　子である。

2　本件に先立って実施されたDNA鑑定は簡易なものであり，その信用性は低い。被告としては，裁判所における正式なDNA鑑定によって，原告と被告との親子関係を明らかにすることを求める。

添　付　書　類

鑑定申出書
訴訟委任状
（答弁書副本及び鑑定申出書副本は原告代理人に直送済み）

第4節　認知取消しの訴え

1　意義および性質

　認知取消しの訴えとは、任意認知がされた場合において、認知取消事由があるとして、認知によって生じた法律上の親子関係を遡及的に消滅させることを目的とする訴えである。
　法的性質は、形成訴訟である。

2　要件事実

① 任意認知がされたこと
② 認知取消事由があること

3　認知取消事由

　具体的認知取消事由としては、①法律上任意認知に承諾が必要とされているにもかかわらず、承諾がないこと（㋐成年の子の認知における当該子の承諾（民法782条）、㋑胎児の認知における母の承諾（同法783条1項）、㋒死亡した子の認知における成年に達した直系卑属の承諾（同条2項））があげられる。
　また、②認知が詐欺または強迫によってなされた場合も認知取消事由となるとする説もある（認知取消しの訴えではなく認知無効の訴えによるべきであるとする説もある）。

4　当事者

(1)　原告適格
① 任意認知の承諾権者で認知を承諾しなかった者
　㋐ 成年の子を認知した場合における当該成年の子（民法782条）
　㋑ 胎児を認知した場合における当該胎児の母（同法783条1項）
　㋒ 死亡した子を認知した場合における当該子の直系卑属で成年に達していた者（同条2項）

②　詐欺または強迫によって認知をした者（ただし、上記3のとおり争いがある）

(2) 被告適格
①　認知者（原告が成人の子の場合）
②　認知者および子（原告が胎児の母または死亡した子の直系卑属で成年に達していた者の場合）　被告となる者のうち一方が死亡している場合は、もう一方のみを被告とすれば足りる（人訴法12条2項）。
③　子（原告が認知者の場合）
④　検察官（被告となる者がいずれも死亡している場合）（同条3項）

〈表2-4〉原告適格・被告適格

原　告	被　告	条　文
承諾していない成年の子	認知者	民法782条
承諾していない胎児の母	認知者および子	民法783条1項
承諾していない死亡した子の成年直系卑属	認知者および子	民法783条2項
認知者	子	争いあり
承諾していない成年の子	検察官 (相手方がいずれも死亡している場合)	人訴法12条3項
承諾していない胎児の母		
承諾していない死亡した子の成年直系卑属		
認知者		

※　当事者が成年被後見人の場合は、成年後見人が原告または被告となる（人訴法14条1項本文）。
※　当事者の一方が成年被後見人で、その成年後見人が相手方である場合には、成年後見監督人が原告または被告となり、当該成年後見人を相手方として訴訟を追行する（同条2項）。

(3) 原告または被告が訴訟係属中に死亡した場合
　㈦　原告が死亡した場合
　訴訟は当然に終了する（人訴法27条1項）。
　㈧　被告が死亡した場合
　検察官が受継する（人訴法26条2項）。共同被告の一方が死亡した場合には、もう一方の被告のみで訴訟追行する（同条1項）。

5　利害関係人の補助参加

　訴訟の結果について利害関係を有する第三者は、訴訟に補助参加することができる（民訴法42条）。
　子が死亡した後に認知取消しの訴えが提起された場合には、裁判所は、その代襲者で認知をした者の相続人である者または相続人となるべき者に対して訴訟係属の通知をする（人訴法28条、人訴規則16条・別表8項）。
　また、検察官を被告とする場合には、裁判所は、被告を補助させるため、決定により利害関係人を訴訟に参加させることができる（人訴法15条）。

6　訴状作成のポイント

　認知取消事由について、具体的事由をあげて主張する必要がある。

第2章　親子関係事件

【書式2-8】　訴　状

訴　　　　　状

平成○年○月○日

東京家庭裁判所　御中

　　　　　　原告訴訟代理人弁護士　　　　東　京　太　郎　㊞

　　　本籍　東京都○○区○○町○丁目○番地
　　　住所　〒000-0000　東京都○○区○○町○丁目○番○号
　　　　　　原　　　告　　　甲　野　一　郎

　　　　　　〒000-0000　東京都○○区○○町○丁目○番○号○○ビル○○号
（送達場所）

　　　　　　　　　　　電　話　00-0000-0000
　　　　　　　　　　　ＦＡＸ　00-0000-0000
　　　　　　原告訴訟代理人弁護士　　　東　京　太　郎

　　　本籍　東京都○○区○○町○丁目○番地
　　　住所　〒000-0000　東京都○○区○○町○丁目○番○号
　　　　　　被　　　告　　　乙　野　次　郎

認知取消請求事件
　　訴訟物の価額　　　160万円
　　貼用印紙額　　　　1万3000円

第1　請求の趣旨
　1　被告の原告に対する認知を取り消す。
　2　訴訟費用は被告の負担とする。
　　との判決を求める。

第2　請求の原因
　1　当事者等
　　(1)　被告は，昭和○年○月○日生まれの男性であり，甲野花子（以下「花子」という。）は昭和○年○月○日生まれの女性である（甲1，2）。

(2) 原告は，昭和○年○月○日生まれの男性であり，花子の子である（甲2）。
2 原告の承諾なき認知
　被告は，平成○年○月○日，原告を認知した（甲1，2）。
　しかしながら，被告が原告を認知した際，原告は既に成人だったところ，被告は，原告が承諾していないのに原告を認知し，平成○年○月○日，東京都○○区長あてにその旨の届出をした（甲1ないし3）。
3 以上によれば，被告による認知は，成年の子である原告の承諾がない中でなされたものであるから，原告は，民法782条，人事訴訟法2条2号に基づき，認知の取消しを求める。

証　拠　方　法

甲第1，2号証　　　戸籍謄本
甲第3号証　　　　　陳述書
証拠説明書

添　付　書　類

戸籍謄本
調停不成立証明書
訴訟委任状

附　属　書　類

訴状（副本）　　　　　　1通
甲第1ないし3号証（写し）　各1通
証拠説明書（副本）　　　1通

第2章　親子関係事件

【書式2-9】　答弁書──【書式2-8】に対する答弁書例

東京家庭裁判所家事第6部○係　平成○年（家ホ）第○○号　認知取消請求事件
原　告　　甲　野　一　郎
被　告　　乙　野　次　郎

答　弁　書

平成○年○月○日

東京家庭裁判所家事第6部○係　　御中
　　　　　被告訴訟代理人弁護士　　　関　東　次　郎　㊞

　　　〒000-0000　東京都○○区○○町○丁目○番○号○○ビル3階
　　　　　　　　　　　　　　　　　　　　　　　　（送達場所）
　　　　　　　　　　　　電　話　00-0000-0000
　　　　　　　　　　　　FAX　00-0000-0000
　　　被告訴訟代理人弁護士　　　関　東　次　郎

第1　請求の趣旨に対する答弁
　1　原告の請求を棄却する。
　2　訴訟費用は原告の負担とする。
　　との判決を求める。

第2　請求の原因に対する認否
　1　請求原因1の事実は認める。
　2　請求原因2の事実のうち，被告が原告を認知し，その旨の届出をしたことは認めるが，その余は否認する。

第3　被告の主張
　1　被告は，平成○年○月ころ，原告の母である甲野花子（以下「花子」という。）から原告を認知するよう求められた。原告が出生してから20年以上も経過した後での認知請求だったため，被告も当惑したが，かつて被告と花子との間で肉体関係があり，花子が出産した子（原告）が被告の子であることは間違いがなかったので，原告のためになればと思って原告を認知することにした。その際，被告は，花子から，認知について

162

は原告も承諾していると聞かされており，承諾書も見せられたので，認知の届出をした（乙1）。
2 また，被告は，花子から，花子と原告が経済的に窮していると聞かされたので，花子に200万円を援助するなどもしたが（乙2），平成○年○月○日，被告は脳梗塞になり，半身不随となってしまった（乙3）。ところが，原告は，被告が半身不随となり，被告から経済的援助を受けられなくなったと知るや，突然認知について承諾していない等と主張するに至った（乙1）。
3 以上のとおり，原告は，認知について承諾していたのであるから，原告の請求は棄却されるべきである。

証 拠 方 法

乙第1号証　　陳述書
乙第2号証　　預金通帳
乙第3号証　　診断書
証拠説明書

添 付 書 類

訴訟委任状
（答弁書副本，書証写し及び証拠説明書副本は原告代理人に直送済み）

第5節　父を定める訴え

1　意義および性質

　父を定める訴えとは、民法733条の再婚禁止規定に違反して母が再婚し、子を出産したため、当該子が前夫および後夫のいずれとの関係でも民法772条により嫡出推定を受ける場合に、その父を定めることを求める訴えである。
　法的性質は、形成訴訟である。

2　要件事実

① 母と前夫が離婚したことまたは母と前夫について婚姻の取消しがなされたこと
② 母が後夫と再婚したこと
③ 母が、前夫との離婚または婚姻取消し後300日以内で、かつ後夫との婚姻後200日を経過した後に子を出産したこと

3　嫡出推定

　妻が婚姻中に懐胎した子は、夫の子と推定され（民法772条1項）、婚姻成立の日から200日を経過した後、または婚姻の解消もしくは取消しの日から300日以内に生まれた子は、婚姻中に懐胎したものと推定される（同条2項）。
　母が前夫との離婚または婚姻取消し後300日以内に子を出産した場合、当該子は前夫との関係で嫡出推定を受ける。
　同様に、母が後夫との婚姻後200日を経過した後に子を出産した場合、当該子は後夫との関係でも嫡出推定を受ける。
　民法は、このような事例を避けるため、女性に対して6カ月間の再婚禁止期間を定めているが（民法733条）、これに違反して再婚した場合に生じうる問題である。

4 当事者

(1) 原告適格

原告適格を有するのは、①子、②母、③前夫、④後夫である（人訴法43条1項）。

(2) 被告適格

① 前夫および後夫（子または母が原告の場合。ただし、その一方が死亡している場合は他の一方）（人訴法43条2項1号）
② 前夫（後夫が原告の場合）（同項2号）
③ 後夫（前夫が原告の場合）（同項3号）
④ 検察官（被告となる者が死亡している場合）（同法12条3項）

〈表2-5〉原告適格・被告適格

原 告	被 告	条 文
子	前夫および後夫	人訴法43条2項1号
母	前夫および後夫	人訴法43条2項1号
後 夫	前 夫	人訴法43条2項2号
前 夫	後 夫	人訴法43条2項3号
子	検察官 （相手方がいずれも死亡している場合）	人訴法12条3項
母	検察官 （相手方がいずれも死亡している場合）	人訴法12条3項
前 夫	検察官 （相手方がいずれも死亡している場合）	人訴法12条3項
後 夫	検察官 （相手方がいずれも死亡している場合）	人訴法12条3項

※ 当事者が成年被後見人の場合は、成年後見人が原告または被告となる（人訴法14条1項本文）。
※ 当事者の一方が成年被後見人で、その成年後見人が相手方である場合には、成年後見監督人が原告または被告となり、当該成年被後見人を相手方として訴訟を追行する（同条2項）。

(3) 原告または被告が訴訟係属中に死亡した場合

(ア) 原告が死亡した場合

訴訟は当然に終了する（人訴法27条2項）。

(イ) 被告が死亡した場合

検察官が受継する（人訴法43条3項・26条2項）。共同被告の一方が死亡した場合には、もう一方の被告のみで訴訟追行する（同法43条3項・26条1項）。

5 利害関係人の補助参加

訴訟の結果について利害関係を有する第三者は、訴訟に補助参加することができる（民訴法42条）。

前夫または後夫が死亡した後に父を定める訴えが提起された場合には、裁判所は、その相続人に対して訴訟係属の通知をする（人訴法28条、人訴規則16条・別表9項）。

また、検察官を被告とする場合には、裁判所は、被告を補助させるため、決定により利害関係人を訴訟に参加させることができる（人訴法15条）。

6 訴状作成のポイント

出産の経緯（性的関係の有無等）について、可能な限り年月日を特定して具体的に主張する必要がある。前夫と後夫のいずれの子か明らかでないときは、DNA鑑定を行うことが多い。

【書式2-10】 訴状(1)——子から前夫および後夫に対して請求する事案

訴　　　状

平成○年○月○日

東京家庭裁判所　御中

　　　　原告訴訟代理人弁護士　　　東　京　太　郎　㊞

　　本籍　東京都○○区○○町○丁目○番地
　　住所　〒000-0000　東京都○○区○○町○丁目○番○号
　　　　原　　　告　　　甲　野　健　太　郎
　　　　　　　　　　　　　　　平成○年○月○日生

　　本籍及び住所　原告と同じ
　　　　原告法定代理人親権者母　　甲　野　花　子

　　　　〒000-0000　東京都○○区○○町○丁目○番○号○○ビル○○号
　　　　　　　　　　　　　　　　　　　　（送達場所）
　　　　　　　　　　電　話　00-0000-0000
　　　　　　　　　　ＦＡＸ　00-0000-0000
　　　　原告訴訟代理人弁護士　　　東　京　太　郎

　　本籍　東京都○○区○○町○丁目○番地
　　住所　〒000-0000　東京都○○区○○町○丁目○番○号
　　　　被　　　告　　　乙　野　次　郎

　　本籍　東京都○○区○○町○丁目○番地
　　住所　〒000-0000　東京都○○区○○町○丁目○番○号
　　　　被　　　告　　　甲　野　一　郎

父を定める請求事件
　　訴訟物の価額　　160万円
　　貼用印紙額　　　1万3000円

第1　請求の趣旨
　1　原告の父を被告甲野一郎と定める。

第2章　親子関係事件

　　2　訴訟費用は被告らの負担とする。
　　との判決を求める。

第2　請求の原因
　1　当事者等
　　(1)　被告乙野次郎（以下「被告乙野」という。）は，昭和○年○月○日生まれの男性であり，被告甲野一郎（以下「被告甲野」という。）は昭和○年○月○日生まれの男性である（甲1，2）。
　　(2)　原告の法定代理人親権者母である甲野花子（以下「花子」という。）は，昭和○年○月○日生まれの女性である（甲2）。
　2　花子の婚姻関係及び原告の出生
　　(1)　花子は，平成○年○月○日，被告乙野と婚姻したが，平成23年春ころから不仲となり，平成24年1月1日，被告乙野と離婚した（甲1）。
　　(2)　一方，花子は，被告乙野と婚姻中である平成23年6月ころから被告甲野と肉体関係を持つようになり，同年11月ころ，原告を懐胎した。そして，花子は，平成24年2月1日，被告甲野と再婚し，同年9月1日，原告を出産した（甲2）。
　　　このように，原告は，花子が被告乙野と離婚してから300日以内に出生し，かつ，被告甲野と再婚してから200日以後に出生したので，被告らそれぞれとの関係で二重の嫡出推定を受けている。
　3　原告は被告乙野の子であること
　　　花子は，平成23年1月以降，被告甲野との間でしか性交渉を持っておらず，原告が被告甲野の子であることは明らかである（甲3）。
　4　よって，原告は，民法773条，人事訴訟法2条2号に基づき，原告の父を被告甲野と定めることを求める。

　　　　　　　　　　　　証　拠　方　法
甲第1，2号証　　　戸籍謄本
甲第3号証　　　　　陳述書
証拠説明書

　　　　　　　　　　　　添　付　書　類
戸籍謄本
調停不成立証明書

訴訟委任状

附　属　書　類
訴状（副本）　　　　　　　　2通
甲第1ないし3号証（写し）　各2通
証拠説明書（副本）　　　　　2通

第2章　親子関係事件

【書式2-11】　訴状(2)――後夫から前夫に対して請求する事案

訴　　　　状

平成○年○月○日

東京家庭裁判所　御中

　　　　原告訴訟代理人弁護士　　　東　京　太　郎　㊞

　　本籍　東京都○○区○○町○丁目○番地
　　住所　〒000-0000　東京都○○区○○町○丁目○番○号
　　　　　原　　　告　　　甲　野　一　郎

　　　　　〒000-0000　東京都○○区○○町○丁目○番○号○○ビル○号
　　　　　　　　　　　　　　　　　　　　　　　　　　（送達場所）
　　　　　　　　　　　電　話　00-0000-0000
　　　　　　　　　　　ＦＡＸ　00-0000-0000
　　　　　原告訴訟代理人弁護士　　　東　京　太　郎

　　本籍　東京都○○区○○町○丁目○番地
　　住所　〒000-0000　東京都○○区○○町○丁目○番○号
　　　　　被　　　告　　　乙　野　次　郎

父を定める請求事件
　　訴訟物の価額　　　160万円
　　貼用印紙額　　　　1万3000円

第1　請求の趣旨
　1　甲野健太郎（本籍　東京都○○区○○町○丁目○番地，平成○年○月○日生）の父を原告と定める。
　2　訴訟費用は被告の負担とする。
　　との判決を求める。

第2　請求の原因
　1　当事者等
　　(1)　原告は，昭和○年○月○日生まれの男性であり，被告は昭和○年○

170

月○日生まれの男性である（甲1,2）。
 (2) 甲野花子（以下「花子」という。）は，昭和○年○月○日生まれの女性である（甲2）。
2 花子の婚姻関係等
 (1) 被告は，平成○年○月○日，花子と婚姻したが，平成24年1月1日，花子と離婚した（甲1）。
 (2) 一方，花子は，被告と婚姻中である平成23年6月ころから原告と肉体関係を持つようになり，同年11月ころ，甲野健太郎（以下「健太郎」という。）を懐胎した。そして，花子は，平成24年2月1日，原告と再婚し，同年9月1日，健太郎を出産した（甲2）。
　このように，健太郎は，花子が被告と離婚してから300日以内に出生し，かつ，原告と再婚してから200日以後に出生したので，原告，被告それぞれとの関係で二重の嫡出推定を受けている。
3 健太郎は原告の子であること
　花子は，平成23年1月以降，原告との間でしか性交渉を持っておらず，DNA鑑定を実施したところ，健太郎が原告の子であるとの結果が出た（甲3）。
4 よって，原告は，民法773条，人事訴訟法2条2号に基づき，健太郎の父を原告と定めることを求める。

証　拠　方　法

甲第1,2号証　　　戸籍謄本
甲第3号証　　　　DNA鑑定書
証拠説明書

添　付　書　類

戸籍謄本
調停不成立証明書
訴訟委任状

附　属　書　類

訴状（副本）　　　　　1通
甲第1ないし3号証（写し）　各1通
証拠説明書（副本）　　1通

【書式2-12】 答弁書──【書式2-10】に対する答弁書例

> 東京家庭裁判所家事第6部○係　平成○年（家ホ）第○○号　父を定める請求事件
> 原　告　　甲　野　健太郎
> 被　告　　甲　野　一　郎
> 被　告　　乙　野　次　郎
>
> ## 答　弁　書
>
> 平成○年○月○日
> 東京家庭裁判所家事第6部○係　御中
> 　　被告甲野一郎訴訟代理人弁護士　　　関　東　次　郎　㊞
>
> 　　　　〒○○○-○○○○　東京都○○区○○町○丁目○番○号○○ビル3階
> 　　　　　　　　　　　　　　　　　　　　　　　　　　　（送達場所）
> 　　　　　　　　　　　　　電　話　00-0000-0000
> 　　　　　　　　　　　　　ＦＡＸ　00-0000-0000
> 　　被告甲野一郎訴訟代理人弁護士　　　関　東　次　郎
>
> 第1　請求の趣旨に対する答弁
> 　1　原告の請求を棄却する。
> 　2　訴訟費用は原告の負担とする。
> 　　との判決を求める。
>
> 第2　請求の原因に対する認否
> 　1　請求原因1,2の事実は認める。
> 　2　請求原因3の事実は否認する。
>
> 第3　被告甲野一郎の主張
> 　1　原告の法定代理人親権者母である甲野花子（以下「花子」という。）は，原告を懐妊するまで，被告甲野だけでなく被告乙野とも性交渉を持っており，原告が被告甲野の子であるかはなお不明である。
> 　　被告甲野は，裁判所によるDNA鑑定を希望する。
> 　2　なお，被告甲野は，花子との離婚を望んでおり，現在，離婚調停中である（東京家庭裁判所平成24年（家イ）第○○号）。

添　付　書　類

鑑定申出書　　２通
訴訟委任状
(答弁書副本及び鑑定申出書副本は原告代理人に直送済み)

第2章　親子関係事件

第6節　実親子関係の存否確認の訴え

1　意義および性質

　実親子関係存否確認の訴えとは、嫡出否認、認知、認知無効、認知取消しおよび父を定める訴えの原因事由以外の事由により、実親子関係の存否の確認を求める訴えである。
　法的性質は、確認訴訟である。
　実親子関係存否確認の訴えは、嫡出否認や認知、認知無効、認知取消し、父を定める訴えではまかなえないこと、すなわち、実親子関係存否確認の訴えによらざるを得ないことを首肯させる確認の利益の存在が必要となる。

2　要件事実

(1)　親子関係存在確認の訴えの要件事実
① 　法律上の実親子関係があること
② 　㋐戸籍訂正の必要性があること、または、㋑法律上の実親子関係があることについて争いがあること（確認の利益）

(2)　親子関係不存在確認の訴えの要件事実
① 　子が嫡出推定を受けないこと（父が原告となる場合）
② 　法律上の実親子関係がないこと
③ 　㋐戸籍訂正の必要性があること、または、㋑法律上の実親子関係がないことについて争いがあること（確認の利益）

3　嫡出推定

　妻が婚姻中に懐胎した子は、夫の子と推定され（民法772条1項）、婚姻成立の日から200日を経過した後、または婚姻の解消もしくは取消しの日から300日以内に生まれた子は、婚姻中に懐胎したものと推定される（同条2項）。
　これに対し、婚姻の解消もしくは取消しの日から300日以内に生まれた子であっても、当該前夫の子でないことが明らかな場合（たとえば、当該前夫

が服役中であったり、長期間別居していて、その間に性交渉がないことが明らかな場合等）は、当該前夫の子であるとは推定されない（いわゆる「推定の及ばない子」）。

　また、婚姻後200日以内に生まれた子については、嫡出推定は受けないが、嫡出子とされる（いわゆる「推定されない嫡出子」）。

　このように、子については、①嫡出推定を受ける子、②推定の及ばない子、③推定されない嫡出子といった類型があるが、①嫡出推定を受ける子については、嫡出否認の訴えにより、②推定の及ばない子および③推定されない嫡出子については、親子関係不存在確認の訴えによることになる。

　これに対し、法律上の母子関係は原則として認知を待たずに分娩の事実によって生じるので（最判昭和37・4・27民集16巻7号1247頁）、嫡出・非嫡出にかかわらず、認知の訴えではなく、母子関係存在確認の訴えによるとされている。

4　当事者

(1)　原告適格

① 　親
② 　子　　出生届未了であっても親子関係不存在確認の訴えを提起することができる。
③ 　利害関係のある第三者

(2)　被告適格

① 　子（原告が親の場合）
② 　親（原告が子の場合）
③ 　検察官（被告となる者がいずれも死亡している場合）（人訴法12条3項）

〈表2-6〉原告適格・被告適格

原　告	被　告	備　考	条　文
親	子	通常の場合	
子	親	通常の場合	
第三者	親および子	利害関係のある場合	
親	検察官	相手方がいずれも死亡している場合	人訴法12条3項
子			
第三者			

※　当事者が成年被後見人の場合は、成年後見人が原告または被告となる（人訴法14条1項本文）。

※　当事者の一方が成年被後見人で、その成年後見人が相手方である場合には、成年後見監督人が原告または被告となり、当該成年後見人を相手方として訴訟を追行する（同条2項）。

(3)　原告または被告が訴訟係属中に死亡した場合

(ｱ)　原告が死亡した場合

訴訟は当然に終了する（人訴法27条1項）。

(ｲ)　被告が死亡した場合

検察官が受継する（人訴法26条2項）。共同被告の一方が死亡した場合には、もう一方の被告のみで訴訟追行する（同条1項）。

5　利害関係人の補助参加

訴訟の結果について利害関係を有する第三者は、訴訟に補助参加することができる（民訴法42条）。

子が死亡した後に親子関係存在確認の訴えが提起された場合には、裁判所は、その相続人に対して訴訟係属の通知をする（人訴法28条、人訴規則16条・別表10項）。

親が死亡した後に親子関係存在確認の訴えが提起された場合には、裁判所は、その相続人に対して訴訟係属の通知をする（人訴法28条、人訴規則16条・別表10項）。

子が死亡した後に親子関係不存在確認の訴えが提起された場合は、裁判所は、その代襲者で父または母の相続人である者または相続人となるべき者に対して訴訟係属の通知をする（人訴法28条、人訴規則16条・別表11項）。

　検察官を被告とする場合には、裁判所は、被告を補助させるため、決定により利害関係人を訴訟に参加させることができる（人訴法15条）。

6　訴状作成のポイント

　出産の経緯（性的関係の有無等）について、可能な限り年月日を特定して具体的に主張する必要がある。DNA鑑定を行うことが多い。

第2章　親子関係事件

【書式2-13】　訴状(1)——親子関係不存在確認①（出生届未了の事案）

訴　　　　状

平成○年○月○日

東京家庭裁判所　御中

原告訴訟代理人弁護士　　東　京　太　郎　㊞

本籍　出生届未了
住所　〒000-0000　東京都○○区○○町○丁目○番○号
　　　原　　　　告　　甲野健太郎こと健太郎
　　　　　　　　　　　　　　　　平成○年○月○日生

本籍　東京都○○区○○町○丁目○番地
住所　原告と同じ
　　　原告法定代理人親権者母　　甲　野　花　子

　　　〒000-0000　東京都○○区○○町○丁目○番○号○○ビル○○号
　　　　　　　　　　　　　　　　　　　　　　　　（送達場所）
　　　　　　　　　　　電　話　00-0000-0000
　　　　　　　　　　　ＦＡＸ　00-0000-0000
　　　原告訴訟代理人弁護士　　東　京　太　郎

本籍　東京都○○区○○町○丁目○番地
住所　〒000-0000　東京都○○区○○町○丁目○番○号
　　　被　　　　告　　乙　野　一　郎

親子関係不存在確認請求事件
　訴訟物の価額　　　160万円
　貼用印紙額　　　　1万3000円

第1　請求の趣旨
　1　原告と被告との間に親子関係が存在しないことを確認する。
　2　訴訟費用は被告の負担とする。
　　との判決を求める。

第6節　実親子関係の存否確認の訴え

第2　請求の原因
 1　当事者等
　(1)　原告の法定代理人親権者母である甲野花子（以下「花子」という。）は昭和○年○月○日生まれの女性であり，被告は昭和○年○月○日生まれの男性である（甲1，2）。
　(2)　花子は，平成○年○月○日，被告と婚姻したが，その後不仲となり，平成23年1月から被告と別居生活を続けた末，平成24年6月1日，被告と離婚した（甲1）。
　(3)　花子は，同年12月1日，原告を出産した（甲2ないし4）。
 2　原告と被告との間に親子関係がないこと
　　花子は，平成23年1月以降，被告と性交渉をしたことがなく，原告は，花子が別居中に交際するようになった丙野三郎との間の子である（甲5）。
 3　花子は，原告が離婚後300日以内に出生した子なので，戸籍上原告が被告の嫡出子として記載されてしまうことを避けるため，未だ出生届をしていない。
 4　よって，原告は，人事訴訟法2条2号に基づき，親子関係不存在の確認を求める。

証　拠　方　法

甲第1，2号証　　　戸籍謄本
甲第3号証　　　　　出生証明書謄本
甲第4号証　　　　　母子手帳
甲第5号証　　　　　陳述書
証拠説明書

添　付　書　類

戸籍謄本
調停不成立証明書
訴訟委任状

附　属　書　類

訴状（副本）　　　　　　　　　1通
甲第1ないし5号証（写し）　　　各1通
証拠説明書（副本）　　　　　　1通

第2章　親子関係事件

【書式2-14】　訴状(2)——親子関係不存在確認②（相手方が死亡したため検察官を被告とする事案）

訴　　　状

平成○年○月○日

東京家庭裁判所　御中

　　　　　　原告訴訟代理人弁護士　　　東　　京　　太　　郎　㊞

　　本籍　出生届未了
　　住所　〒000-0000　東京都○○区○○町○丁目○番○号
　　　　　原　　　　　告　　　甲野健太郎こと健太郎
　　　　　　　　　　　　　　　　　　　　平成○年○月○日生

　　本籍　東京都○○区○○町○丁目○番地
　　住所　原告と同じ
　　　　　原告法定代理人親権者　　　甲　野　花　子

　　住所　〒000-0000　東京都○○区○○町○丁目○番○号○○ビル○号
　　　　　　　　　　　　　　　　　　　　　　　　　（送達場所）
　　　　　　　　　　　　電　話　00-0000-0000
　　　　　　　　　　　　ＦＡＸ　00-0000-0000
　　　　　原告訴訟代理人弁護士　　　東　　京　　太　　郎

　　住所　〒000-0000　東京都千代田区霞が関1丁目1番1号
　　　　　被　　　　　告　　　東京地方検察庁検事正
　　　　　　　　　　　　　　　　山　　本　　次　　郎

親子関係不存在確認請求事件
　　訴訟物の価額　　　160万円
　　貼用印紙額　　　　1万3000円

第1　請求の趣旨
　1　原告と亡乙野次郎（本籍　東京都○○区○○町○番地，平成○年○月○日死亡）との間に親子関係が存在しないことを確認する。
　2　訴訟費用は国庫の負担とする。

との判決を求める。
第2 請求の原因
 1 当事者等
  (1) 原告の法定代理人親権者母である甲野花子（以下「花子」という。）は昭和○年○月○日生まれの女性であり，亡乙野次郎（以下「乙野」という。）は昭和○年○月○日生まれの男性であった（甲1，2）。
  (2) 花子は，平成○年○月○日，乙野と婚姻したが，その後不仲となり，平成23年1月から乙野と別居生活を続けた末，平成24年6月1日，乙野と離婚した（甲2）。
  (3) 花子は，同年12月1日，原告を出産した（甲2ないし4）。
 2 原告と乙野との間に親子関係がないこと
  花子は，平成23年1月以降，乙野と性交渉をしたことがなく，原告は，花子が別居中に交際するようになった丙野三郎との間の子である。このことは，DNA鑑定の結果からも明らかである（甲5，6）。
 3 花子は，原告が離婚後300日以内に出生した子なので，戸籍上原告が乙野の嫡出子として記載されてしまうことを避けるため，未だ出生届をしていない。
 4 そうしたところ，乙野は，平成○年○月○日，死亡した（甲2）。
 5 よって，原告は，人事訴訟法2条2号，12条3項に基づき，親子関係不存在の確認を求める。

証 拠 方 法

甲第1号証　　除籍謄本
甲第2号証　　戸籍謄本
甲第3号証　　出生証明書謄本
甲第4号証　　母子手帳
甲第5号証　　陳述書
甲第6号証　　DNA鑑定書
証拠説明書

添 付 書 類

戸籍謄本
訴訟委任状

第2章 親子関係事件

附　属　書　類
訴状（副本）　　　　　　　　1通
甲第1ないし6号証（写し）　　各1通
証拠説明書（副本）　　　　　1通

第6節　実親子関係の存否確認の訴え

【書式2-15】　訴状(3)——親子関係不存在確認③（第三者が原告の事案）

訴　　　状

平成○年○月○日

東京家庭裁判所　御中

　　　　原告訴訟代理人弁護士　　　東　京　太　郎　㊞

　本籍　東京都○○区○○町○丁目○番地
　住所　〒000-0000　東京都○○区○○町○丁目○番○号
　　　　原　　　告　　　甲　野　三　郎

　住所　〒000-0000　東京都○○区○○町○丁目○番○号○○ビル○号
　　　　　　　　　　　　　　　　　　　　　　　　　（送達場所）
　　　　　　　　　　電　話　00-0000-0000
　　　　　　　　　　ＦＡＸ　00-0000-0000
　　　　原告訴訟代理人弁護士　　　東　京　太　郎

　本籍　東京都○○区○○町○丁目○番地
　住所　〒000-0000　東京都○○区○○町○丁目○番○号
　　　　被　　　告　　　甲　野　健太郎

親子関係不存在確認請求事件
　訴訟物の価額　　160万円
　貼用印紙額　　　1万3000円

第1　請求の趣旨
　1　亡甲野一郎（本籍　東京都○○区○○町○番地，平成○年○月○日死亡）と被告との間に親子関係が存在しないことを確認する。
　2　訴訟費用は被告の負担とする。
　　との判決を求める。

第2　請求の原因
　1　当事者等
　　(1)　亡甲野一郎（以下「一郎」という。）は昭和○年○月○日生まれの男

183

第2章　親子関係事件

　　　性であり，被告は平成○年○月○日生まれの男性である（甲1，2）。
　(2)　原告は，一郎の弟である（甲3，4）。
　(3)　一郎は，平成○年○月○日，死亡した（甲1）。
2　戸籍上の記載
　　戸籍上は，①一郎が平成○年○月○日に甲野花子（以下「花子」という。）と婚姻したこと，②両者の長男として被告が出生したこと，③一郎と花子が平成○年○月○日に離婚したことがそれぞれ記載されている（甲1，2）。
3　一郎と被告が親子でないこと
　　しかしながら，一郎と被告との間には親子関係はない。
　　すなわち，一郎は，氏名不詳の男性の子を妊娠していた花子を不憫に思い，あれこれと面倒を見てやっていたところ，二人は恋愛関係となった。そして，一郎と花子は，平成○年○月○日に婚姻し，同年○月○日に被告が出生した際も，被告を一郎の子として出生届をした。その一部始終は，一郎及び花子から説明があったが，親族一同，被告のためにも秘密にしておくこととしていた（甲5，6）。
4　被告の素行不良及び一郎の死
　　こうして，被告は，一郎及び花子の子として養育されたが，被告は，一郎と花子が離婚した後，素行不良となり，高校を中退して暴走族に加入し，傷害事件や薬物事件も起こすようになった。そして，平成○年ころからは自宅に寄りつかなくなり，平成○年○月○日に一郎が肺ガンのため死亡したときも葬儀にすら参列しなかった（甲5，6）。
5　原告は，一郎の相続人であるところ，被告が一郎の子として扱われれば，相続において重大な不利益を被る。
6　したがって，原告は，人事訴訟法2条2号，12条2項に基づき，一郎と被告との間に親子関係が存在しないことの確認を求める。

　　　　　　　　　　　証　拠　方　法
甲第1号証　　　　　除籍謄本
甲第2，3号証　　　戸籍謄本
甲第4号証　　　　　改製原戸籍謄本
甲第5，6号証　　　陳述書
証拠説明書

第6節　実親子関係の存否確認の訴え

```
            添　付　書　類
戸籍謄本
調停不成立証明書
訴訟委任状


            附　属　書　類
訴状（副本）              1通
甲第1ないし6号証（写し）   各1通
証拠説明書（副本）         1通
```

【書式2-16】 答弁書(1)――【書式2-15】に対する答弁書例

東京家庭裁判所家事第６部○係　平成○年（家ホ）第○○号　親子関係不存在確認請求事件
原　告　　甲　野　三　郎
被　告　　甲　野　健太郎

答　弁　書

平成○年○月○日

東京家庭裁判所家事第６部○係　御中

　　　　被告訴訟代理人弁護士　　　関　東　次　郎　㊞

〒000-0000　東京都○○区○○町○丁目○番○号○○ビル３階
　　　　　　　　　　　　　　　　　　　　　　　（送達場所）
　　　　　　　　　　　　電　話　00-0000-0000
　　　　　　　　　　　　ＦＡＸ　00-0000-0000
　　被告訴訟代理人弁護士　　　関　東　次　郎

第１　請求の趣旨に対する答弁
　１　原告の請求を棄却する。
　２　訴訟費用は原告の負担とする。
　　との判決を求める。

第２　請求の原因に対する認否
　１　請求原因１，２の各事実は認める。
　２　請求原因３の事実のうち，一郎と花子が平成○年○月○日に婚姻し，同年○月○日に被告が出生したことは認めるが，その余は否認する。
　３　請求原因４の事実のうち，被告が傷害事件や薬物事件を起こしたことがあること，一郎の葬儀に出席しなかったことは認めるが，その余は否認する。

第３　被告の主張
　１　被告は，生まれて以来，一郎と花子の子として育てられており，一度も一郎と血縁関係がないなどと聞かされたことはない。
　２　被告は，花子に確認したが，花子は，被告は一郎の子である旨断言し

た（乙1）。
 3　以上によれば，原告の請求は根拠のないものであるので，速やかに棄却されるべきである。

証　拠　方　法

乙第1号証　　陳述書
証拠説明書

添　付　書　類

訴訟委任状
（答弁書副本，書証写し及び証拠説明書副本は原告代理人に直送済み）

【書式2-17】 訴状(4)――親子関係存在確認

訴　　　　　状

平成○年○月○日

東京家庭裁判所　御中

　　　　　原告訴訟代理人弁護士　　　東　京　太　郎　㊞

　　本籍　東京都○○区○○町○丁目○番地
　　住所　〒000-0000　東京都○○区○○町○丁目○番○号
　　　　　原　　　告　　　甲　野　健　太　郎

　　　　　〒000-0000　東京都○○区○○町○丁目○番○号○○ビル○号
　　　　　　　　　　　　　　　　　　　　　　　　　（送達場所）
　　　　　　　　　　　電　話　00-0000-0000
　　　　　　　　　　　ＦＡＸ　00-0000-0000
　　　　　原告訴訟代理人弁護士　　　東　京　太　郎

　　本籍　東京都○○区○○町○丁目○番地
　　住所　〒000-0000　東京都○○区○○町○丁目○番○号
　　　　　被　　　告　　　甲　野　春　子

親子関係存在確認請求事件
　訴訟物の価額　　160万円
　貼用印紙額　　　1万3000円

第1　請求の趣旨
　1　原告は被告の子であることを確認する。
　2　訴訟費用は被告の負担とする。
　との判決を求める。

第2　請求の原因
　1　当事者等
　　⑴　原告は，平成○年○月○日生まれの男性であり，戸籍上は，甲野一郎（以下「一郎」という。）と甲野花子（以下「花子」という。）の長

男として記載されていた（甲1，2）。
 (2) 被告は，昭和〇年〇月〇日生まれの男性であり，一郎の妹である（甲3）。
2 原告は被告の子であること
　被告は，平成〇年ころ，氏名不詳の男性と関係を持ち，平成〇年〇月〇日，原告をもうけた。ところが，被告は，未婚の母として原告を育てていくことに不安を抱き，原告を養護施設に預けるべきかどうか，兄の一郎に相談した。これに対し，一郎は，生まれたばかりの原告が不憫であると考え，原告を，一郎と花子の子として育てることを決意し，その旨の出生届をした（甲2，4）。
3 原告は，その後，一郎と花子の子として育てられたが，原告が二十歳の誕生日を迎えた日，一郎と花子から真相を聞かされた。原告としては，一郎と花子には大変感謝しているが，将来の子孫のことを考えると，真実の親子関係を明確にすることが重要であると考えた。このため，原告は，一郎と花子を相手片として親子関係不存在確認の審判を申し立て（東京家庭裁判所平成24年（家イ）第〇〇号），合意に代わる審判により，原告と一郎及び花子との間に親子関係が存在しないことが確認された（甲4，5）。
4 したがって，原告は，人事訴訟法2条2号に基づき，原告が被告の子であることを確認する旨の判決を求める。

証　拠　方　法

甲第1号証	戸籍謄本
甲第2，3号証	改製原戸籍謄本
甲第4号証	陳述書
甲第5号証	審判書謄本

証拠説明書

添　付　書　類

戸籍謄本
調停不成立証明書
訴訟委任状

附　属　書　類

第2章　親子関係事件

訴状（副本）	1通
甲第1ないし5号証（写し）	各1通
証拠説明書（副本）	1通

【書式2-18】　答弁書(2)——【書式2-17】に対する答弁書例

東京家庭裁判所家事第6部○係　平成○年（家ホ）第○○号　親子関係存在確認請求事件
原　告　　甲　野　健太郎
被　告　　甲　野　二　郎

答　弁　書

平成○年○月○日

東京家庭裁判所家事第6部○係　御中

　　　　　被告訴訟代理人弁護士　　　関　東　次　郎　㊞

　　　〒000-0000　東京都○○区○○町○丁目○番○号○○ビル3階
　　　　　　　　　　　　　　　　　　　　　（送達場所）
　　　　　　　　　　電　話　00-0000-0000
　　　　　　　　　　ＦＡＸ　00-0000-0000
　　　　　被告訴訟代理人弁護士　　　関　東　次　郎

第1　請求の趣旨に対する答弁
　1　原告の請求を棄却する。
　2　訴訟費用は原告の負担とする。
　　との判決を求める。

第2　請求の原因に対する認否
　1　請求原因1の事実は認める。
　2　請求原因2の事実のうち、被告が、一郎に対し、乙野が産んだ子（原告）を被告の子である旨説明し、養育を頼んだこと、一郎及び花子が原告を実子として届け出たことは認めるが、その余は否認する。
　3　請求原因3の事実のうち、合意に代わる審判により、原告と一郎及び花子との間に親子関係が存在しないことが確認されたことは認めるが、その余は不知。

第3　被告の主張
　1　被告が、一郎及び花子に対し、乙野が産んだ子が被告の子である旨説明し、原告の養育を頼んだのは事実であるが、真実は、原告は被告の子

第2章　親子関係事件

　　　ではない。乙野は，身寄りのない女性で，氏名不詳の男性との間で原告
　　　を懐胎していたところ，被告は乙野に同情し，何かと乙野の面倒を見て
　　　きた。そうしたところ，乙野は，平成○年○月○日，原告を出産したが，
　　　その後，被告に原告を託して出奔してしまった。途方に暮れた被告は，
　　　一郎夫婦に対し，原告は自分の子であると嘘を言って，原告の養育を頼
　　　んだ。
　２　このように，原告は被告の子ではなく，そのことはDNA鑑定をすれ
　　　ば明らかになるはずである。したがって，被告は，裁判所によるDNA
　　　鑑定を希望する。

添　付　書　類

鑑定申出書
訴訟委任状
(答弁書副本及び鑑定申出書副本は原告代理人に直送済み)

第3章　養子縁組関係事件

第1節　養子縁組の無効の訴え

1　意義および性質

　養子縁組の無効の訴えとは、養子縁組届が提出されたため、戸籍上は養子縁組した親子とされているものの、人違いその他の事由によって当事者の一方または双方が養子縁組する意思がなかった等として、養子縁組が無効であることの確認を求める訴えである。

　法的性質は、確認訴訟説が通説・判例である。

2　要件事実

① 養子縁組届がされていること
② ㋐養子縁組届出時に縁組当事者の一方または双方に縁組意思がなかったこと、または、㋑必要な法定代理人の代諾がなかったこと

3　縁組意思

　縁組意思とは、真に社会通念上親子であると認められる関係の設定を欲する意思をいう（大阪高判平成21・5・15判タ1323号251頁）。

　成年被後見人であっても単独で養子縁組はできるが（民法799条・738条）、意思能力がない場合、縁組は無効である。

4　15歳未満の未成年者を養子とする場合

　養子となる者が15歳未満であるときは、その法定代理人が、これに代わって縁組の承諾をすることができるとされており（民法797条1項）、法定代理人による代諾がない場合は、養子縁組は無効となる。

法定代理人が複数いる場合において、その一方しか代諾していない場合、養子縁組は無効となる（民法818条3項本文参照。たとえば、養子となる者の法定代理人である実父は代諾したものの実母が代諾していない場合、当該養子縁組は無効となる）。ただし、法定代理人の一方が所在不明、表意不能等の場合は、もう一方の代諾のみで足りると解される（同項ただし書参照）。

5 当事者等

(1) 原告適格

① 養親（人訴法12条1項）
② 養子（同項）
③ 代諾権者（民法797条1項）
④ 利害関係を有する第三者（養子縁組の効力により相続権を害されることとなる親族等。最判昭和63・3・1家月40巻8号67頁）（人訴法12条2項）

(2) 被告適格

① 養子（人訴法12条1項）
② 養親（同項）
③ 検察官（相手方がすでに死亡している場合）（同条3項）
④ 縁組当事者の双方（第三者が原告となる場合）（同条2項。ただし、縁組当事者の一方が死亡している場合は、生存しているもう一方の当事者のみ（同項）。縁組当事者の双方が死亡している場合は検察官（同条3項））

〈表3-1〉 原告適格・被告適格

原　告	被　告	備　考	条　文
養　親	養　子	通常の場合	人訴法12条1項
養　子	養　親	通常の場合	人訴法12条1項
代諾権者	養親および養子	養子が15歳未満の場合	民法797条1項
第三者	養親および養子	縁組当事者の双方が生存している場合	人訴法12条2項

第三者	養親または養子	縁組当事者の一方が死亡している場合	人訴法12条2項
養親	検察官	縁組当事者がいずれも死亡している場合	人訴法12条3項
養子			
第三者			

※ 当事者が成年被後見人の場合は、成年後見人が原告または被告となる（人訴法14条1項本文）。
※ 当事者の一方が成年被後見人で、その成年後見人が相手方である場合には、成年後見監督人が原告または被告となり、当該成年被後見人を相手方として訴訟を追行する（同条2項）。

(3) 原告または被告が訴訟係属中に死亡した場合

(ア) 原告が死亡した場合

訴訟は当然に終了し、原告の相続人等は訴訟手続を受継しない（人訴法27条1項）。

(イ) 被告が死亡した場合

被告が縁組当事者の一方のみの場合は、検察官が受継する（人訴法26条2項）。

(ウ) 被告が縁組当事者双方の場合において、縁組当事者の一人が死亡した場合

もう一方の縁組当事者のみが被告となって訴訟が追行される（人訴法26条1項）。

(エ) 被告が縁組当事者双方の場合において、縁組当事者の双方が死亡した場合

検察官が受継する（人訴法26条2項）。

6 利害関係人の補助参加

訴訟の結果について利害関係を有する第三者は、訴訟に補助参加することができる（民訴法42条）。

養子が死亡した後に養子縁組無効の訴えが提起された場合には、裁判所は、

第3章　養子縁組関係事件

その代襲者で養親の相続人である者または相続人となるべき者に対して訴訟係属の通知をする（人訴法28条、人訴規則16条・別表12項）。

　また、検察官を被告とする場合には、裁判所は、被告を補助させるため、決定により利害関係人を訴訟に参加させることができる（人訴法15条）。

7　訴状作成のポイント

　当事者の一方または双方に縁組意思がなかったとする事情（人違い、意思能力なし、縁組届の偽造、偽装縁組等）や、代諾権者の代諾がなかった事情等を具体的に記載する必要がある。

第1節　養子縁組の無効の訴え

【書式3-1】　訴状(1)——被告から養子縁組届を無断で提出された事案

訴　　　　状

平成○年○月○日

東京家庭裁判所　御中

　　　　　原告訴訟代理人弁護士　　　東　京　太　郎　㊞

　　本籍　東京都○○区○○町○丁目○番地
　　住所　〒000-0000　東京都○○区○○町○丁目○番○号
　　　　原　　　告　　　甲　野　一　郎

　　　　〒000-0000　東京都○○区○○町○丁目○番○号○○ビル○○号
　　　　　　　　　　　　　　　　　　　　　　（送達場所）
　　　　　　　　　　　　電　話　00-0000-0000
　　　　　　　　　　　　ＦＡＸ　00-0000-0000
　　　　原告訴訟代理人弁護士　　　東　京　太　郎

　　本籍　東京都○○区○○町○丁目○番地
　　住所　〒000-0000　東京都○○区○○町○丁目○番○号
　　　　被　　　告　　　甲　野　健太郎

養子縁組無効確認請求事件
　訴訟物の価額　　160万円
　貼用印紙額　　　1万3000円

第1　請求の趣旨
　1　平成○年○月○日東京都○○区長に対する届出によってなされた原告と被告との養子縁組は無効であることを確認する。
　2　訴訟費用は被告の負担とする。
　　との判決を求める。

第2　請求の原因
　1　当事者
　　　原告は，昭和○年○月○日生まれの男性であり，被告は昭和○年○月

197

○日生まれの男性である（甲1）。
 2　戸籍上の記載
　　原告と被告については，平成○年○月○日東京都○○区長に対する届出によって，戸籍上は養子縁組をした親子として記載されている（甲1，2）。
　　しかしながら，上記養子縁組届は，以下のとおり，被告が養子縁組届を偽造し，原告に無断で提出したものであって，無効である。
 3　被告による養子縁組届の偽造等
　　原告は，独身で，20年前に定年退職した後は特段話し相手もおらず，高齢のため日常生活にも不便していた。そのような中，近所に住んでいた被告は，時折，原告宅を訪問し，あれこれ気遣ってくれるようになった。
　　このため，原告は，被告に気を許すようになり，時々被告に買い物を頼んだり，銀行から預金を下ろしてもらったりすることもあった。
　　そうしたところ，被告は，原告の財産に関心を抱くようになり，平成○年○月○日，原告に無断で養子縁組届を偽造し，勝手に養子縁組をしてしまった（甲2，3）。
 4　以上によれば，本件養子縁組届は，被告が原告に無断で提出したものであり，原告には縁組意思がなかったのであるから，原被告間の養子縁組は無効である。
　　よって，原告は，民法802条1号，人事訴訟法2条3号により，原被告間の養子縁組が無効であることの確認を求める。

証　拠　方　法

甲第1号証　　戸籍謄本
甲第2号証　　養子縁組届記載事項証明書
甲第3号証　　陳述書
証拠説明書

添　付　書　類

戸籍謄本
調停不成立証明書
訴訟委任状

附　属　書　類

第1節　養子縁組の無効の訴え

訴状（副本）	1通
甲第1ないし3号証（写し）	各1通
証拠説明書（副本）	1通

第3章　養子縁組関係事件

【書式3-2】　訴状(2)——死者の親族が原告となって養子縁組無効の確認請求をする事案

訴　　　　　状

平成○年○月○日

東京家庭裁判所　御中

　　　　　　原告訴訟代理人弁護士　　　東　京　太　郎　㊞

　　　本籍　東京都○○区○○町○丁目○番地
　　　住所　〒000-0000　東京都○○区○○町○丁目○番○号
　　　　　　原　　　　　告　　甲　野　三　郎

　　　　　　〒000-0000　東京都○○区○○町○丁目○番○号○○ビル○○号
（送達場所）

　　　　　　　　　　　電　話　00-0000-0000
　　　　　　　　　　　ＦＡＸ　00-0000-0000
　　　原告訴訟代理人弁護士　　　東　京　太　郎

　　　本籍　東京都○○区○○町○丁目○番地
　　　住所　〒000-0000　東京都○○区○○町○丁目○番○号
　　　　　　被　　　　　告　　甲　野　春　子

養子縁組無効確認請求事件
　訴訟物の価額　　　160万円
　貼用印紙額　　　　1万3000円

第1　請求の趣旨
　1　平成○年○月○日東京都○○区長に対する届出によってなされた甲野一郎（本籍　東京都○○区○○町○丁目○番地，平成○年○月○日死亡）と被告との養子縁組は無効であることを確認する。
　2　訴訟費用は被告の負担とする。
　　との判決を求める。

第2　請求の原因

第1節 養子縁組の無効の訴え

1 当事者等
 (1) 甲野一郎(以下「一郎」という。)は,昭和○年○月○日生まれの男性であった(甲1)。
 (2) 被告は昭和○年○月○日生まれの女性である(甲2)。
 (3) 原告は,一郎の弟である(甲3,4)。
2 戸籍上の記載
　一郎と被告については,平成○年○月○日東京都○○区長に対する届出によって,戸籍上は養子縁組をした親子として記載されている(甲1,2,5)。
　しかしながら,上記養子縁組届は,以下のとおり,被告が,認知症のため意思無能力状態だった一郎に,意味も分からないまま書かせたものであり,無効である。
3 一郎の意思無能力
　一郎は,生涯独身で,住所地で一人暮らしをしていたが,平成○年○月ころから認知症となり,平成○年○月ころからヘルパーとして被告に来てもらうようになった。そして,一郎は,介護認定等のため継続的に医師の診断を受けており,平成○年○月○日に実施された長谷川式簡易知能スケールは30点満点中6点で,認知症の程度は重度の状態だった(甲6)。
　このため,一郎は,平成○年○月○日,老人ホーム○○苑に入所したが,一郎に多額の預金があることを知っていた被告は,一郎に会いに○○苑を訪れ,重度の認知症のため意思能力のない一郎を言葉巧みに操り,養子縁組届に署名押印させ,同月○日,その旨の届出をした(甲5,7)。
4 このように,本件養子縁組届は,意思無能力状態の一郎が意味も分からずに作成したものであるから,一郎と被告間の養子縁組は無効である。
5 一郎の死亡等
　一郎は,本件養子縁組届がなされた2か月後である平成○年○月○日,死亡した(甲1)。
　原告は,一郎の相続人であるところ,被告が一郎の養子のままであれば,相続において重大な不利益を被る。
6 よって,一郎の弟である原告は,民法802条1号,人事訴訟法2条3号,12条2項に基づき,一郎と被告間の養子縁組が無効であることの確認を求める。

第3章　養子縁組関係事件

証　拠　方　法

甲第1号証　　除籍謄本
甲第2号証　　戸籍謄本
甲第3号証　　改製原戸籍謄本
甲第4号証　　戸籍謄本
甲第5号証　　養子縁組届記載事項証明書
甲第6号証　　診療録
甲第7号証　　陳述書
証拠説明書

添　付　書　類

戸籍謄本
除籍謄本
調停不成立証明書
訴訟委任状

附　属　書　類

訴状（副本）　　　　　　　　1通
甲第1ないし7号証（写し）　各1通
証拠説明書（副本）　　　　　1通

第1節　養子縁組の無効の訴え

【書式3-3】　訴状(3)──一方配偶者の代諾がない事案

訴　　　　状

平成○年○月○日

東京家庭裁判所　御中

　　　　　　　原告訴訟代理人弁護士　　　東　京　太　郎　㊞

　　本籍　東京都○○区○○町○丁目○番地
　　住所　〒000-0000　東京都○○区○○町○丁目○番○号
　　　　　原　　　　告　　　甲　野　花　子

　　　　　〒000-0000　東京都○○区○○町○丁目○番○号○○ビル○号
　　　　　　　　　　　　　　　　　　　　　　（送達場所）
　　　　　　　　　　　電　話　00-0000-0000
　　　　　　　　　　　ＦＡＸ　00-0000-0000
　　　原告訴訟代理人弁護士　　　東　京　太　郎

　　本籍　東京都○○区○○町○丁目○番地
　　住所　〒000-0000　東京都○○区○○町○丁目○番○号
　　　　　被　　　　告　　　甲　野　健太郎

　　本籍及び住所　原告と同じ
　　　　　被告法定代理人親権者　　甲　野　一　郎
　　　　　　　　　同　　　　　　　甲　野　冬　子

　　本籍　東京都○○区○○町○丁目○番地
　　住所　〒000-0000　東京都○○区○○町○丁目○番○号
　　　　　被　　　　告　　　甲　野　一　郎

　　本籍　東京都○○区○○町○丁目○番地
　　住所　〒000-0000　東京都○○区○○町○丁目○番○号
　　　　　被　　　　告　　　甲　野　冬　子

養子縁組無効確認請求事件

訴訟物の価額　　160万円
貼用印紙額　　　1万3000円

第1　請求の趣旨
　1　平成○年○月○日東京都○○区長に対する届出によってなされた被告甲野一郎及び被告甲野冬子と被告甲野健太郎との養子縁組はいずれも無効であることを確認する。
　2　訴訟費用は被告らの負担とする。
　との判決を求める。

第2　請求の原因
　1　当事者等
　(1)　原告は，平成○年○月○日，甲野太郎（以下「太郎」という。）と婚姻し，平成○年○月○日，被告甲野健太郎（以下「被告健太郎」という。）をもうけた（甲1）。
　(2)　被告甲野一郎及び被告甲野冬子（以下，併せて「被告一郎ら」という。）は，太郎の両親である（甲2）。
　2　被告らが養子縁組をした経緯
　(1)　原告と太郎は，平成○年○月ころから不仲となり，太郎は，平成○年○月○日，原告の了解を得ることなく，突然被告健太郎を連れて，実家に帰った（甲3）。
　(2)　そして，太郎及び被告一郎らは，被告健太郎を被告一郎らの養子とすることを計画し，原告の承諾もないのに，平成○年○月○日，東京都○○区長に対して，被告健太郎を被告一郎らの養子とする旨の届け出をした（甲3ないし5）。
　(3)　しかしながら，被告健太郎は，本件養子縁組当時，2歳の未成年者であるから，養子縁組をするに当たっては，法定代理人親権者母である原告の代諾が必要であるところ（民法797条1項，818条），原告はこれを代諾していない。被告一郎らは，原告名義を冒用して，上記養子縁組届を提出したものである（甲3，5）。
　3　よって，原告は，民法797条1項，802条1号，人事訴訟法2条3号，12条2項に基づき，被告らの養子縁組が無効であることの確認を求める。

証　拠　方　法

第1節　養子縁組の無効の訴え

甲第1号証　　戸籍謄本
甲第2号証　　改製原戸籍謄本
甲第3号証　　陳述書
甲第4号証　　戸籍謄本
甲第5号証　　養子縁組届記載事項証明書
証拠説明書

添 付 書 類

戸籍謄本
改製原戸籍謄本
調停不成立証明書
訴訟委任状

附 属 書 類

訴状（副本）　　　　　　　　3通
甲第1ないし5号証（写し）　各3通
証拠説明書（副本）　　　　　3通

第3章　養子縁組関係事件

【書式3-4】　答弁書――【書式3-2】に対する答弁書例

東京家庭裁判所家事第6部○係　平成○年（家ホ）第○○号　養子縁組無効確認請求事件
原　告　　甲　野　三　郎
被　告　　甲　野　春　子

答　弁　書

平成○年○月○日

東京家庭裁判所家事第6部○係　　御中

　　　　　被告訴訟代理人弁護士　　　関　東　次　郎　㊞

〒000-0000　東京都○○区○○町○丁目○番○号○○ビル3階
（送達場所）
電　話　00-0000-0000
ＦＡＸ　00-0000-0000
被告訴訟代理人弁護士　　　関　東　次　郎

第1　請求の趣旨に対する答弁
　1　原告の請求を棄却する。
　2　訴訟費用は原告の負担とする。
　　との判決を求める。

第2　請求の原因に対する認否
　1　請求原因1の事実は認める。
　2　請求原因2の事実のうち，一郎と被告が戸籍上養子縁組をした親子として記載されていることは認め，その余は否認する。
　3　請求原因3の事実のうち，一郎が独身で一人暮らしをしていたこと，平成○年○月ころから被告がヘルパーとして一郎方に行くようになったこと，一郎が平成○年○月○日に老人ホーム○○苑に入所したこと，被告が一郎に会いに○○苑を訪れたこと，一郎と被告の養子縁組届をしたことは認め，その余は否認する。
　4　請求原因4の事実は否認する。
　5　請求原因5の事実のうち，一郎が平成○年○月○日に死亡したことは認める。

第3 被告の主張
 1 一郎と被告が養子縁組をすることを言い出したのは一郎からである。
  すなわち，一郎は，独身で，原告を含む兄弟とも疎遠だったところ，ヘルパーとして身の回りの世話をしていた被告のことを気に入ってくれ，何かお礼をしたい，自分が死んだら遺産を相続できるよう，養子にしてあげると言っていた。被告は，有り難い話だとは思ったが，そのときはそれ以上具体的には進まなかった（乙1）。
 2 その後，一郎は，平成○年○月○日，老人ホーム○○苑に入所したが，被告は入所後も一郎のことが気になり，月に1，2度は見舞いに行っていた。そうしたところ，平成○年○月，○○苑の職員である丙野春子（以下「丙野」という。）から，一郎が呼んでいるので来て欲しいとの電話があった。そこで，被告が，同月○日，○○苑を訪れたところ，一郎から，自分が死ぬ前に養子縁組をしようと言われた。そして，一郎が，丙野に依頼して用意していた養子縁組届を出し，ここに署名しておくから，あんたも署名してと言われた。被告としては，有り難い話だし，余命幾ばくもない一郎の望みを断るのも忍びないと思い，養子縁組に同意して，署名押印した。その一部始終は，丙野が見ていた（乙1，2）。
 3 このように，養子縁組届に署名押印したのは一郎の発案であり，一郎には十分な意思能力があった。したがって，原告の請求は棄却されるべきである。

証 拠 方 法

乙第1，2号証　　　陳述書
証拠説明書

添 付 書 類

訴訟委任状
（答弁書副本，書証写し及び証拠説明書副本は原告代理人に直送済み）

第2節　養子縁組の取消しの訴え

1　意義および性質

　養子縁組の取消しの訴えとは、養子縁組がなされたものの、民法804条から808条所定の取消原因が存在するとして、養子縁組の取消しを求める訴えである。

　法的性質は、形成訴訟である。

2　要件事実

① 養子縁組がなされたこと
② 民法804条から808条所定の取消原因があること

3　取消原因

(1)　養親が未成年者である場合（民法804条）

　養親となる者は、成年でなければならず（民法792条）、これに違反した場合は、当該養親またはその法定代理人が縁組の取消しを請求できる（同法804条本文）。

　ただし、養親が成年に達した後6カ月を経過し、または追認したときは、取消請求ができない（同条ただし書）。

(2)　養子が尊属または年長者である場合（民法805条）

　尊属または年長者を養子とすることはできず（民法793条）、これに違反した場合は、各当事者またはその親族が縁組の取消しを請求できる（同法805条）。

(3)　家庭裁判所の許可なく後見人と被後見人との間で養子縁組がなされた場合（民法806条）

　後見人が被後見人（未成年被後見人または成年被後見人）を養子とする場合は、家庭裁判所の許可を得なければならず（民法794条）、これに違反した場合は、養子またはその実方の親族が縁組の取消しを請求できる（同法806条1

項本文)。

　ただし、管理の計算が終わった後、①養子が追認をし、または②6カ月を経過したときは取消請求ができない(民法806条1項ただし書)。なお、上記①の追認は、養子が成年に達し、または行為能力を回復した後にしなければその効力を生じないし(同条2項)、②の6カ月の起算点は、養子が成年に達し、または行為能力を回復したときからである(同条3項)。

(4) 配偶者の同意がない場合(民法806条の2第1項)

　配偶者のある者が縁組をするときは、配偶者とともに縁組をする場合または配偶者がその意思を表示することができない場合を除き、その配偶者の同意を得なければならず(民法796条)、これに違反した場合は、同意をしていない配偶者が縁組の取消しを請求できる(同法806条の2第1項本文)。

　ただし、同意をしていない配偶者が、縁組を知った後6カ月を経過し、または追認をしたときは取消請求ができない(民法806条の2第1項ただし書)。

(5) 配偶者が詐欺または強迫により同意した場合(民法806条の2第2項)

　養子縁組をする者の配偶者が詐欺または強迫によって縁組に同意した場合、当該配偶者は縁組の取消しを請求できる(民法806条の2第2項本文)。

　ただし、その者が、詐欺を発見し、もしくは強迫を免れた後6カ月を経過し、または追認したときは、取消請求ができない(民法806条の2第2項ただし書)。

(6) 監護権者の同意がない場合(民法806条の3第1項)

　養子となる者が15歳未満の場合、その法定代理人が代わって縁組の承諾をすることができるが(民法797条1項)、養子となる者の父母でその監護をすべき者が他にあるときは、法定代理人は当該監護をすべき者の同意を得なければならない(同条2項)。これに違反した場合は、同意していない監護をすべき者が縁組の取消しを請求できる(同法806条の3第1項本文)。

　ただし、当該同意をしていない監護をすべき者が追認したときまたは養子が15歳に達した後6カ月を経過し、もしくは追認をしたときは取消請求ができない(民法806条の3第1項ただし書)。

(7) 監護者が詐欺または強迫により同意した場合（民法806条の2第2項）

養子となる者が15歳未満の場合で、養子となる者の父母でその監護をすべき者が詐欺または強迫によって縁組に同意した場合、当該監護をすべき者は縁組の取消しを請求できる（民法806条の3第2項・806条の2第2項本文）。

ただし、その者が、詐欺を発見し、もしくは強迫を免れた後6カ月を経過し、または追認したときは、取消請求ができない（民法806条の3第2項・806条の2第2項ただし書）。

(8) 家庭裁判所の許可なく未成年者を養子とした場合（民法807条）

未成年者を養子とするためには、自己または配偶者の直系卑属を養子とする場合を除き、家庭裁判所の許可を得なければならず（民法798条）、これに違反した場合は、当該養子、その実方の親族または養子に代わって縁組を承諾した者は縁組の取消しを請求できる（同法807条本文）。

ただし、当該養子が成年に達した後6カ月を経過し、または追認したときは取消請求ができない（民法807条ただし書）。

(9) 養子縁組が詐欺または強迫によってなされた場合（民法808条・747条）

養子縁組が詐欺または強迫によってなされた場合は、詐欺または強迫によって養子縁組をした者は、縁組の取消しを請求できる（民法808条・747条1項）。

ただし、その者が詐欺を発見し、もしくは強迫を免れた後6カ月を経過し、または追認したときは、取消請求ができない（民法808条1項後段・747条2項）。

4 当事者等

(1) 原告適格・被告適格

原告または被告となる者は、取消原因によって異なる。具体的には〈表3-2〉のとおり。

〈表3-2〉原告適格・被告適格

	取消原因	民法の条文	原告	被告
(1)	養親が未成年者	804条	養親または法定代理人	養子
(2)	養子が尊属または年長者	805条	養親	養子
			養子	養親
			養親または養子の各親族	養親および養子
(3)	後見人・被後見人間の無許可縁組	806条	養子	養親
			実方の親族	養子および養親
(4)	配偶者の同意なし	806条の2	同意していない配偶者	養子および養親
(5)	詐欺・強迫による配偶者の同意	806条の2	詐欺または強迫によって同意した配偶者	養子および養親
(6)	監護権者の同意なし	806条の3	同意していない父母たる監護権者	養子および養親
(7)	詐欺・強迫による監護権者の同意	806条の3	詐欺または強迫によって同意した父母たる監護権者	養子および養親
(8)	家庭裁判所の許可なき未成年者縁組	807条	養子	養親
			実方の親族	養子および養親
			代諾者	
(9)	詐欺・強迫による縁組	808条	養子（または代諾権者）	養親
			養親	養子（または代諾権者）

※ 被告となる者が複数いる場合で、その一部のみが死亡している場合は、生存している者のみを被告とすれば足りる（人訴法12条2項）。被告となる者がすべて死亡している場合は、検察官を被告とする（同条3項）。

※　当事者が成年被後見人の場合は、成年後見人が原告または被告となる（同法14条1項本文）。
　※　当事者の一方が成年被後見人で、その成年後見人が相手方である場合には、成年後見監督人が原告また被告となり、当該成年被後見人を相手方として訴訟を追行する（同条2項）。

(2) 原告または被告が訴訟係属中に死亡した場合

(ア) 原告が死亡した場合

訴訟は当然に終了し、原告の相続人等は訴訟手続を受継しない（人訴法27条1項）。

(イ) 被告が死亡した場合（被告が1名の場合）

検察官が受継する（人訴法26条2項）。

(ウ) 被告が複数の場合において、被告の一人が死亡した場合

残る被告のみを相手に訴訟が追行される（人訴法26条1項）。

(エ) 被告が複数の場合において、被告がすべて死亡した場合

検察官が受継する（人訴法26条2項）。

5　利害関係人の補助参加

　訴訟の結果について利害関係を有する第三者は、訴訟に補助参加することができる（民訴法42条）。
　養子が死亡した後に養子縁組取消しの訴えが提起された場合には、裁判所は、その代襲者で養親の相続人となるべき者に対して訴訟係属の通知をする（人訴法28条、人訴規則16条・別表13項）。
　また、検察官を被告とする場合には、裁判所は、被告を補助させるため、決定により利害関係人を訴訟に参加させることができる（人訴法15条）。

6　訴状作成のポイント

　養子縁組の取消事由は民法804条から808条所定のものに限られるので、どの取消事由に該当するのかを明らかにするとともに、できるだけ年月日を特定して具体的内容を記載する必要がある。また、取消事由によっては期間制限があるので、期限を徒過しないように注意する必要がある。

【書式3-5】　訴状──配偶者の同意のない縁組の事案

訴　　　状

平成○年○月○日

東京家庭裁判所　御中

　　　　　原告訴訟代理人弁護士　　　東　　京　　太　　郎　㊞

　　本籍　東京都○○区○○町○丁目○番地
　　住所　〒000-0000　東京都○○区○○町○丁目○番○号
　　　　原　　　　告　　　甲　野　花　子

　　　　　〒000-0000　東京都○○区○○町○丁目○番○号○○ビル○○号
　　　　　　　　　　　　　　　　　　　　　　　　（送達場所）
　　　　　　　　　　電　話　00-0000-0000
　　　　　　　　　　ＦＡＸ　00-0000-0000
　　　　原告訴訟代理人弁護士　　　東　　京　　太　　郎

　　本籍　東京都○○区○○町○丁目○番地
　　住所　〒000-0000　東京都○○区○○町○丁目○番○号
　　　　被　　　　告　　　甲　野　一　郎

　　本籍　東京都○○区○○町○丁目○番地
　　住所　〒000-0000　東京都○○区○○町○丁目○番○号
　　　　被　　　　告　　　甲　野　健太郎

養子縁組取消請求事件
　　訴訟物の価額　　160万円
　　貼用印紙額　　　1万3000円

第1　請求の趣旨
　1　平成○年○月○日東京都○○区長に対する届出によってなされた被告甲野一郎と被告甲野健太郎との間の養子縁組を取り消す。
　2　訴訟費用は被告らの負担とする。
　　との判決を求める。

第3章　養子縁組関係事件

第2　請求の原因
 1　当事者
  (1)　原告は，昭和○年○月○日生まれの女性，被告甲野一郎（以下「被告一郎」という。）は昭和○年○月○日生まれの男性であり，原告と被告一郎は，昭和○年○月○日に婚姻した夫婦である（甲1）。
  (2)　被告甲野健太郎（以下「被告健太郎」という。）は，平成○年○月○日生まれの男性である（甲1）。
 2　原告の同意なき養子縁組
   被告一郎は，平成○年○月○日，被告健太郎を養子とする旨の届け出をした（甲1，2）。
   しかしながら，配偶者のある者が養子縁組をする場合，その配偶者の同意を得なければならないところ，原告は，被告らの養子縁組について同意していない（甲3）。
 3　よって，原告は，民法796条, 806条の2第1項，人事訴訟法2条3号により，被告らの間で行われた養子縁組を取り消すとの判決を求める。

証　拠　方　法

甲第1号証　　戸籍謄本
甲第2号証　　養子縁組届記載事項証明書
甲第3号証　　陳述書
証拠説明書

添　付　書　類

戸籍謄本
調停不成立証明書
訴訟委任状

附　属　書　類

訴状（副本）　　　　　　　1通
甲第1ないし3号証（写し）　各1通
証拠説明書（副本）　　　　1通

214

第2節　養子縁組の取消しの訴え

【書式3-6】　答弁書──【書式3-5】に対する答弁書例

東京家庭裁判所家事第6部○係　平成○年(家ホ)第○○号　養子縁組取消請求事件
原　　告　　甲　野　花　子
被　　告　　甲　野　一　郎
同　　　　　甲　野　健太郎

答　弁　書

平成○年○月○日

東京家庭裁判所家事第6部○係　　御中

被告ら訴訟代理人弁護士　　　関　東　次　郎　㊞

〒000-0000　東京都○○区○○町○丁目○番○号○○ビル3階
(送達場所)
電　話　00-0000-0000
ＦＡＸ　00-0000-0000
被告ら訴訟代理人弁護士　　　関　東　次　郎

第1　請求の趣旨に対する答弁
　1　原告の請求を棄却する。
　2　訴訟費用は原告の負担とする。
　　との判決を求める。

第2　請求の原因に対する認否
　　　請求原因1，2の各事実は認める。

第3　被告の主張
　1　取消権の消滅
　　(1)　原告は，平成○年○月○日，○○区役所の通知により，被告らが養子縁組をしたことを知った(乙1)。
　　(2)　配偶者が一方配偶者の同意なく養子縁組をした場合，当該一方配偶者は，その事実を知ったときから6か月以内に家庭裁判所に対して取消しの請求をしなければならないところ(民法806条の2第1項)，原告が被告らに対して養子縁組取消しの調停を申し立てたのは，原告が

215

第3章　養子縁組関係事件

　　縁組の事実を知ってから約10か月が経過した平成〇年〇月〇日である。
　2　以上によれば，原告の取消権は消滅しているので，原告の請求は棄却されるべきである。

証　拠　方　法

乙第1号証　　　通知書
証拠説明書

添　付　書　類

訴訟委任状
（答弁書副本，書証写し及び証拠説明書副本は原告代理人に直送済み）

第3節　離縁の訴え

1　意義および性質

　離縁の訴えとは、養子縁組の一方当事者が他方当事者に対し、民法814条1項各号所定の離縁事由があると主張して離縁することを求める訴えである。
　法的性質は、形成訴訟である。

2　要件事実

① 　当事者が養子縁組していること
② 　民法814条1項所定の離縁事由があること

3　離縁事由

(1)　悪意の遺棄（民法814条1項1号）

　悪意の遺棄とは、積極的に扶養義務に違反したり、正当な理由なく一般的に親子関係として要請されている物質的・精神的共同生活関係を破棄した場合をいう。

(2)　3年以上の生死不明（民法814条1項2号）

(3)　その他縁組を継続し難い重大な事由があるとき（民法814条1項3号）

　具体的には、暴力、重大な侮辱、浪費、相手方財産の使い込み、長期間の絶縁状態、娘（または息子）の配偶者を養子にしたが、娘（または息子）夫婦がその後離婚した等のため、縁組関係が破綻している場合があげられる。
　なお、婚姻の場合（民法752条）と異なり、養親子については必ずしも同居義務はないので、同居を拒否したことのみでは離縁事由にはならない。

4　特別養子縁組の場合

　特別養子縁組の場合は、一般養子縁組の場合と異なり、民法814条1項各号所定の離縁事由があっても離縁できないが（同法817条の10第2項）、①養

親による虐待、悪意の遺棄その他養子の利益を著しく害する事由があり、かつ、②実父母が相当の監護をすることができる場合には、③養子の利益のため特に必要があると認められるときに限り、養子、実父母または検察官の請求により、例外的に離縁することができる（同条1項）。

5 有責当事者からの離縁請求

　有責当事者からの離縁請求は、原則として許されないが（最判昭和39・8・4民集18巻7号1309頁）、有責配偶者からの離婚請求を一定の条件の下で認めた最判昭和62・9・2民集41巻6号1423頁の趣旨に鑑みると、破綻が相当長期間に及んでおり、社会的・経済的側面等に照らしても、離縁請求が信義則上許されないとはいえない場合には、有責当事者からの離縁請求であっても、許される余地はあると解される。

6 当事者

(1) 原告適格・被告適格

(ア) 通常の場合

　縁組の一方（養親または養子）が原告、もう一方（養子または養親）が被告となる（民法814条1項）。

(イ) 当事者の一方が成年被後見人である場合

　当事者の一方が成年被後見人である場合は、その成年後見人が、成年被後見人のために、訴え、または訴えられることができる（人訴法14条1項本文）。

　ただし、その成年後見人が当該訴訟の相手方となる場合には、成年後見監督人が、成年被後見人のために訴え、または訴えられることができる（人訴法14条1項ただし書・2項）。

　この場合の成年後見人または成年後見監督人の法的地位については争いがあり、①当事者はあくまで成年被後見人であり、成年後見人または成年後見監督人は成年被後見人の法定代理人として訴訟を担当するという説（法定代理人説）もある。しかし、②身分行為は代理に親しまない等の観点から、成年後見人または成年後見監督人自身が職務上の当事者となるとする説（法定訴訟担当説）に立つ学説・裁判例も多く、東京家庭裁判所家事第6部もこの

説に立っている。この場合は、成年後見人または成年後見監督人自身が原告（または被告）となる。

　(ウ)　**養子が満15歳に達しない場合**

　養子が満15歳に達しない場合は、離縁後に当該養子の法定代理人となるべき者（実父母等）が離縁の訴えをし、または訴えられることができる（民法815条・811条）。

　この場合において、養子の実父母が離婚しているときは、協議でその一方を養子の離縁後に親権者となるべき者と定めなければならず（民法811条3項）、協議が調わないときまたは協議をすることができないときは、当該父もしくは母または養親の請求により、家庭裁判所が協議に代わる審判をすることができる（同条4項）。

　当該15歳未満の養子について、離縁後に法定代理人となるべき者がいないときは、家庭裁判所は、当該養子の親族その他の利害関係人の請求によって、離縁後に当該未成年者の未成年後見人となるべき者を選任する（民法811条5項）。

　なお、この場合の離縁後に法定代理人となるべき者の法的地位についても、上記(イ)と同様に、法定代理人説と法定訴訟担当説の争いがある。

　(エ)　**養親夫婦が未成年者と離縁する場合**

　養親が夫婦である場合において、未成年者と離縁する場合には、夫婦の一方がその意思を表示できない場合を除き、夫婦がともにしなければならない（民法811条の2）。

　(オ)　**縁組当事者の一方がすでに死亡している場合**

　縁組当事者の一方が死亡した後、生存当事者が離縁しようとするときは、家庭裁判所の許可を得てこれをすることができる（民法811条6項）。

〈表3-3〉 原告適格・被告適格

原　告	被　告	備　考	条　文
養　親	養　子	通常の場合	民法814条
養　子	養　親	通常の場合	民法814条
養　親	離縁後当該養子の法定代理人となる者	養子が15歳未満の場合	民法811条2項
離縁後当該養子の法定代理人となる者	養　親	養子が15歳未満の場合	民法811条2項
養親夫婦	養　子	養子が15歳以上の場合	民法811条の2
養親夫婦	離縁後当該養子の法定代理人となる者	養子が15歳未満の場合	民法811条の2・811条2項
成年後見人	養子（または養親）	養親（または養子）が成年被後見人の場合	人訴法14条1項
養子（または養親）	成年後見人	養親（または養子）が成年被後見人の場合	人訴法14条1項
成年後見人たる養子（または養親）	成年後見監督人	当事者の一方が成年被後見人で他方がその成年後見人の場合	人訴法14条2項
成年後見監督人	成年後見人たる養子（または養親）	当事者の一方が成年被後見人で他方がその成年後見人の場合	人訴法14条2項

(2) 原告または被告が訴訟係属中に死亡した場合

　訴訟係属中に一方当事者が死亡した場合は、当該訴訟は当然に終了し、原告または被告の相続人等は訴訟手続を受継しない（人訴法27条1項・2項）。

7　損害賠償請求

　損害賠償請求は、通常は民事訴訟で解決されるべきものであるが、人事訴訟においては、当該請求の原因である事実によって生じた損害に限り、人事訴訟に係る請求とあわせて（人訴法17条1項）、または、当該人事訴訟が係属する家庭裁判所に対して訴えを提起することができる（同条2項）。

損害賠償請求は、①離縁に伴う慰謝料請求の場合と、②暴力等の行為そのものに対する慰謝料請求をする場合とがあるが、実務上は、①のほうが圧倒的に多い（なお、上記②の場合は、民法724条により時効となる場合があるので注意を要する）。

　遅延損害金の起算日は、上記①の場合は判決確定の日から、②の場合は不法行為の日からとなる。

8　訴状作成のポイント

　民法814条1項各号の離縁事由を具体的に記載する必要がある。

　とりわけ、民法814条1項3号（縁組を継続し難い重大な事由）を離縁原因とする場合、養子縁組時から訴え提起時までの縁組史を延々と記載するのは相当でなく、縁組関係の破綻に近接する重大な事由を、極力年月日を特定して具体的に記載するのが相当である。

　また、縁組を継続し難い重大な事由の有無を検討するにあたっては、養子縁組の目的が重要となる場合もあるので（たとえば、老後の面倒を見てもらうために縁組をし、相当額の財産を前渡ししたのに、老後の面倒を見ることを拒否した場合等）、縁組の目的等についても記載したほうがよい。

第3章 養子縁組関係事件

【書式3-7】 訴状(1)——悪意の遺棄を原因とする事案（民法814条1項1号・3号を離縁事由とする事案）

訴　　　状

平成○年○月○日

東京家庭裁判所　御中

　　　　　原告訴訟代理人弁護士　　　東　京　太　郎　㊞

　　本籍　東京都○○区○○町○丁目○番地
　　住所　〒000-0000　東京都○○区○○町○丁目○番○号
　　　　　原　　　　　告　　甲　野　花　子

　　　　　〒000-0000　東京都○○区○○町○丁目○番○号○○ビル○○号
　　　　　　　　　　　　　　　　　　　　　　　　（送達場所）
　　　　　　　　　　　　電　話　00-0000-0000
　　　　　　　　　　　　ＦＡＸ　00-0000-0000
　　　　　原告訴訟代理人弁護士　　　東　京　太　郎

　　本籍　東京都○○区○○町○丁目○番地
　　住所　〒000-0000　東京都○○区○○町○丁目○番○号
　　　　　被　　　　　告　　甲　野　三　郎

離縁請求事件
　訴訟物の価額　　160万円
　貼用印紙額　　　1万3000円

第1　請求の趣旨
　1　原告と被告とを離縁する。
　2　訴訟費用は被告の負担とする。
　との判決を求める。

第2　請求の原因
　1　当事者等
　　(1)　原告は，昭和○年○月○日生まれの女性であり，被告は昭和○年○

222

月○日生まれの男性である（甲1）。
　(2)　被告は，原告の弟の三男（原告の甥）であったが，原告は，被告から，老後の面倒を見てやるから養子縁組をしないかと言われたため，平成○年○月○日，被告と養子縁組をした（甲1，2）。
2　悪意の遺棄
　　ところが，被告は，養子縁組後，原告の財産をあてにするようになり，原告の財産の大半を勝手に費消した。そして，原告が高齢のため自力では生活できないにもかかわらず，何の手当もせずに原告を放置し，平成○年○月からは家を出て行った。このため，原告は食べるものすらなく衰弱し，自宅で倒れていたところ，たまたま訪ねてきた近隣住民に発見されたため，何とか一命を取り留めた（甲3）。
3　以上によれば，被告は，原告を悪意で遺棄しているというべきである上，原被告間には養子縁組を継続し難い重大な事由があるというべきである。
　　よって，原告は，民法814条1項1号，3号，人事訴訟法2条3号に基づき，被告との離縁を求める。

証　拠　方　法

甲第1号証　　　戸籍謄本
甲第2号証　　　改製原戸籍謄本
甲第3号証　　　陳述書
証拠説明書

添　付　書　類

戸籍謄本
調停不成立証明書
訴訟委任状

附　属　書　類

訴状（副本）　　　　　　　1通
甲第1ないし3号証（写し）　各1通
証拠説明書（副本）　　　　1通

第3章　養子縁組関係事件

【書式3-8】　訴状(2)——3年以上生死不明を原因とする事案（民法814条1項2号・3号を離縁事由とする事案）

訴　　　状

平成○年○月○日

東京家庭裁判所　御中

　　　　　原告訴訟代理人弁護士　　　東　京　太　郎　㊞

　　　本籍　東京都○○区○○町○丁目○番地
　　　住所　〒000-0000　東京都○○区○○町○丁目○番○号
　　　　　　原　　　　告　　甲　野　花　子

　　　　　　〒000-0000　東京都○○区○○町○丁目○番○号○○ビル○○号
　　　　　　　　　　　　　　　　　　　　　　　　（送達場所）
　　　　　　　　　　電　話　00-0000-0000
　　　　　　　　　　ＦＡＸ　00-0000-0000
　　　　　原告訴訟代理人弁護士　　　東　京　太　郎

　　　本　籍　東京都○○区○○町○丁目○番地
　　　住居所　不明（最後の住所　東京都○○区○○町○丁目○番○号）
　　　　　　被　　　　告　　甲　野　一　郎

離縁請求事件
　訴訟物の価額　　160万円
　貼用印紙額　　　1万3000円

第1　請求の趣旨
　1　原告と被告とを離縁する。
　2　訴訟費用は被告の負担とする。
　との判決を求める。

第2　請求の原因
　1　当事者
　　(1)　原告は、昭和○年○月○日生まれの女性であり、被告は昭和○年○

月○日生まれの男性である（甲1）。
  (2) 原告と被告は，平成○年○月○日，養子縁組をした（甲1）
 2 被告の3年以上の生死不明
    被告は，平成○年○月○日，海釣りに行くと言って出かけた後，行方不明となり，警察の協力も得て懸命に捜索したものの，今日に至るまで4年以上にわたり生死不明の状態である（甲2，3）。
 3 以上によれば，本件は，民法814条1項2号の生死が3年以上明らかでないときに該当するとともに，同項3号の縁組を継続し難い重大な事由があるときにも該当するので，原告は，上記各号及び人事訴訟法2条3号に基づき，被告との離縁を求める。

証　拠　方　法

甲第1号証　　戸籍謄本
甲第2号証　　捜索届出証明書
甲第3号証　　陳述書
証拠説明書

添　付　書　類

戸籍謄本
訴訟委任状

附　属　書　類

訴状（副本）　　　　　　1通
甲第1ないし3号証（写し）　各1通
証拠説明書（副本）　　　　1通

第3章 養子縁組関係事件

【書式3-9】 訴状(3)──縁組を継続し難い重大な事由がある事案（民法814条1項3号を離縁事由とする事案）で離縁および慰謝料を求めている事案

訴　　状

平成○年○月○日

東京家庭裁判所　御中

　　　　　原告訴訟代理人弁護士　　東　京　太　郎　㊞

本籍　東京都○○区○○町○丁目○番地
住所　〒000-0000　東京都○○区○○町○丁目○番○号
　　　原　　　　　告　　甲　野　花　子

　　　〒000-0000　東京都○○区○○町○丁目○番○号○○ビル○○号
　　　　　　　　　　　　　　　　　　　　　（送達場所）
　　　　　　　　　　電　話　00-0000-0000
　　　　　　　　　　ＦＡＸ　00-0000-0000
　　　原告訴訟代理人弁護士　　東　京　太　郎

本籍　東京都○○区○○町○丁目○番地
住所　〒000-0000　東京都○○区○○町○丁目○番○号
　　　被　　　　　告　　甲　野　三　郎

離縁等請求事件
　訴訟物の価額　　300万円
　貼用印紙額　　　2万円

第1　請求の趣旨
　1　原告と被告とを離縁する。
　2　被告は，原告に対し，300万円及びこれに対する本判決確定の日から支払済みまで年5分の割合による金員を支払え。
　3　訴訟費用は被告の負担とする。
　　との判決を求める。

第2　請求の原因

226

1 当事者
 (1) 原告は，昭和○年○月○日生まれの女性であり，被告は昭和○年○月○日生まれの男性である（甲1）。
 (2) 被告は，原告の弟の三男（原告の甥）であったが，原告は，被告から，老後の面倒を見てやるから養子縁組をしないかと言われたため，平成○年○月○日，被告と養子縁組をした（甲2，3）。
2 縁組を継続し難い重大な事由
　ところが，被告は，養子縁組後，以下のとおり，数々の理不尽な行為に及んだ。
 (1) 平成○年○月○日
　　被告は，ギャンブル等のため消費者金融から多額の借金をし，原告に100万円を肩代わりすることを余儀なくさせた（甲3，4）。
 (2) 平成○年○月○日
　　被告は，もう借金はしないと約束していたにもかかわらず，再びギャンブル等のため消費者金融から借金をし，またもや原告に150万円を肩代わりすることを余儀なくさせた（甲3，4）。
 (3) 同年○月○日
　　被告は，三たび消費者金融から200万円を借金し，原告に肩代わりするよう求めてきた。このため，原告は，もうこれ以上援助できないと言ったところ，被告は，原告を激しくののしった上，原告の肩を手拳で2度殴打し，胸を突き飛ばした。原告は，仰向けに倒れ，腰を強打し立ち上がれなくなった。被告は，倒れている原告を放置したまま家を出，以後現在まで帰宅しない。その後，原告は，隣人に助けを求め，病院で診察を受けたところ，全治3か月の腰部骨折の傷害を負ったことが判明した（甲3，5）。
 (4) 以上によれば，原被告間には養子縁組を継続し難い重大な事由があることは明らかである。
3 慰謝料
　また，原告は，上記2のため，被告との離縁を決断せざるを得ず，精神的に多大な苦痛を被った。原告が被った精神的苦痛を金銭に換算すると，300万円は下らない。
4 よって，原告は，民法814条1項3号，人事訴訟法2条3号に基づき，被告との離縁を求めるとともに，民法709条，710条に基づき，離縁に伴う慰謝料として，300万円及びこれに対する本判決確定の日から支払済み

第3章　養子縁組関係事件

で民法所定の年5分の割合による遅延損害金の支払を求める。

証　拠　方　法

甲第1号証　　戸籍謄本
甲第2号証　　改製原戸籍謄本
甲第3号証　　陳述書
甲第4号証　　預金通帳
甲第5号証　　診断書
証拠説明書

添　付　書　類

戸籍謄本
調停不成立証明書
訴訟委任状

附　属　書　類

訴状（副本）　　　　　　　　1通
甲第1ないし5号証（写し）　各1通
証拠説明書（副本）　　　　　1通

第3節　離縁の訴え

【書式3-10】　答弁書──【書式3-9】に対する答弁書例

東京家庭裁判所家事第6部○係　平成○年（家ホ）第○○号　離縁等請求事件
原告　甲野花子
被告　甲野三郎

答　弁　書

平成○年○月○日

東京家庭裁判所家事第6部○係　　御中

　　　　被告訴訟代理人弁護士　　　関　東　次　郎　㊞

〒000-0000　東京都○○区○○町○丁目○番○号○○ビル3階

（送達場所）

電　話　00-0000-0000
ＦＡＸ　00-0000-0000

被告訴訟代理人弁護士　　　関　東　次　郎

第1　請求の趣旨に対する答弁
  1　原告の請求を棄却する。
  2　訴訟費用は原告の負担とする。
  　との判決を求める。

第2　請求の原因に対する認否
  1　請求原因1の事実は認める。
  2　請求原因2(1)，(2)の事実のうち，被告が消費者金融から借入れをしたこと及び原告がその支払をしたことは認めるが，その余は否認する。
  　同(3)の事実のうち，被告が消費者金融から200万円を借り入れたこと，被告が平成○年○月○日から帰宅していないこと，原告が全治3か月の腰部骨折の傷害を負ったことは認めるが，その余は否認する。

第3　被告の主張
  1　被告が消費者金融から借入れをしたのは，ギャンブルのためではなく，勤務先の事情から収入が大幅に減少したため，生活費のためやむを得ず借入れをしたものである。このことは，原告にも説明しており，原告は

被告に同情して返済を肩代わりしてくれたものである。
2　被告が原告の肩を殴打した事実はない。また，原告が腰部を骨折したのは，偶然被告と原告がぶつかった際，原告が誤って倒れたためであって，被告が故意に突き飛ばしたわけではない。被告が帰宅しなくなったのは，原告が誤って倒れた際，これに激高して「出て行け」と言ったためである（乙1）。
3　以上のとおり，原被告間には，未だ縁組を継続し難い重大な事由はないので，原告の請求は棄却されるべきである。

証　拠　方　法

乙第1号証　　陳述書
証拠説明書

添　付　書　類

訴訟委任状
（答弁書副本，書証写し及び証拠説明書副本は原告代理人に直送済み）

第4節　協議上の離縁の無効の訴え

1　意義および性質

　協議上の離縁の無効の訴えとは、協議離縁届が提出されたため、戸籍上は離縁したものとされているものの、当事者の一方または双方が離縁する意思がなかった等として、協議離縁が無効であることの確認を求める訴えである。
　法的性質は、確認訴訟説が通説・判例である。

2　要件事実

① 協議離縁届がされていること
② 協議離縁届出時に当事者の一方または双方に離縁意思がなかったこと

3　離縁意思

　離縁意思については、真に親子としての関係を解消する意思とする説（実質的意思説）と、法律上の縁組関係を解消する意思とする説（形式的意思説）が対立している。なお、この点に関する最高裁判例はない。
　離縁意思は、協議離縁届出時に必要というのが通説である。
　養親が夫婦の場合において、未成年者と離縁する場合には、夫婦の一方がその意思を表示することができない場合を除き、夫婦がともにしなければならず（民法811条の2）、その一方に離縁意思がない場合には、離縁は無効となる。
　成年被後見人でも単独で協議離縁はできるが（民法812条・738条）、意思能力がない場合、協議離縁は無効である。

4　当事者等

(1) 原告適格

① 離縁当事者の一方（養親または養子）（人訴法12条1項）
② 代諾権者（民法811条2項）　　養子が15歳未満の場合は、離縁後に当

該養子の法定代理人となるべき者が協議離縁の代諾をすることとなっており（同項）、当該代諾権者に離縁意思がないのに離縁がなされた場合には、当該代諾権者に原告適格が認められる。
③　確認の利益を有する第三者（当該離縁の効力により相続権を害されることとなる親族等）（人訴法12条2項）

(2)　被告適格
① 　離縁当事者の他方（養子または養親）（人訴法12条1項）
② 　代諾権者（養子が15歳未満の場合）（民法811条2項）
③ 　検察官（相手方となる者がすでに死亡している場合）（人訴法12条3項）
④ 　離縁当事者の双方（第三者が原告となる場合）（同条2項。ただし、離縁当事者の一方が死亡している場合は、生存しているもう一方の当事者のみを被告とすれば足りる（同項）。離縁当事者の双方が死亡している場合は検察官を被告とする（同条3項））

〈表3-4〉原告適格・被告適格

原　告	被　告	備　考	条　文
養子(養親)	養親(養子)	通常の場合	人訴法12条1項
養　親	代諾権者	養子が15歳未満の場合	民法811条2項
代諾権者	養　親	養子が15歳未満の場合	民法811条2項
養親夫婦の一方	養親夫婦の他方および養子	養親夫婦の一方に離縁意思がない場合	民法811条の2
養子(養親)	検察官	相手方が死亡している場合	人訴法12条3項
第三者	養子および養親	離縁当事者がいずれも生存している場合	人訴法12条2項
第三者	養親(養子)	一方当事者が死亡している場合	人訴法12条2項
第三者	検察官	離縁当事者がいずれも死亡している場合	人訴法12条3項

※　当事者が成年被後見人の場合は、成年後見人が原告または被告となる（人

訴法14条1項本文)。
※　当事者の一方が成年被後見人で、その成年後見人が相手方である場合には、成年後見監督人が原告または被告となり、当該成年被後見人を相手方として訴訟を追行する(同条2項)。

(3)　**原告または被告が訴訟係属中に死亡した場合**

　㈦　**原告が死亡した場合**

訴訟は当然に終了し、原告の相続人等は訴訟手続を受継しない(人訴法27条1項)。

　㈦　**被告が死亡した場合**

被告が離縁当事者の一方のみの場合は、検察官が受継する(人訴法26条2項)。

　㈦　**被告が離縁当事者双方の場合において、離縁当事者の一人が死亡した場合**

もう一方の離縁当事者のみが被告となって訴訟が追行される(人訴法26条1項)。

　㈦　**被告が離縁当事者双方の場合において、離縁当事者の双方が死亡した場合**

検察官が受継する(人訴法26条2項)。

5　利害関係人の補助参加

訴訟の結果について利害関係を有する第三者は、訴訟に補助参加することができる(民訴法42条)。

養子または養親が死亡した後に離縁無効の訴えが提起された場合は、裁判所は、原則としてその相続人に対して訴訟係属の通知をする(人訴法28条、人訴規則16条・別表14項)。

また、検察官を被告とする場合には、裁判所は、被告を補助させるため、決定により利害関係人を訴訟に参加させることができる(人訴法15条)。

6 訴状作成のポイント

当事者の一方または双方に離縁意思がなかったとする事情(意思能力なし、離縁届の偽造等)を具体的に記載する必要がある。

第4節　協議上の離縁の無効の訴え

【書式3-11】　訴状——被告から離縁届を無断で提出された事案

訴　　　　　状

平成○年○月○日

東京家庭裁判所　御中

　　　　　原告訴訟代理人弁護士　　　東　京　太　郎　㊞

　　本籍　東京都○○区○○町○丁目○番地
　　住所　〒000-0000　東京都○○区○○町○丁目○番○号
　　　　　原　　　　告　　　甲　野　一　郎

　　　　　〒000-0000　東京都○○区○○町○丁目○番○号○○ビル○○号
　　　　　　　　　　　　　　　　　　　　　　　　　（送達場所）
　　　　　　　　　　電　話　00-0000-0000
　　　　　　　　　　ＦＡＸ　00-0000-0000
　　原告訴訟代理人弁護士　　　東　京　太　郎

　　本籍　東京都○○区○○町○丁目○番地
　　住所　〒000-0000　東京都○○区○○町○丁目○番○号
　　　　　被　　　　告　　　乙　野　花　子

離縁無効確認請求事件
　訴訟物の価額　　　160万円
　貼用印紙額　　　　1万3000円

第1　請求の趣旨
　1　平成○年○月○日東京都○○区長に対する届出によってなされた原告と被告との協議離縁は無効であることを確認する。
　2　訴訟費用は被告の負担とする。
　との判決を求める。

第2　請求の原因
　1　当事者
　(1)　原告は、昭和○年○月○日生まれの男性であり、被告は昭和○年○

235

月○日生まれの女性である（甲1，2）。
　⑵　原告は，昭和○年○月○日，被告の娘である乙野春子（以下「春子」という。）と結婚し，同日，被告と養子縁組をした（甲1，2）。
 2　戸籍上の記載
　　被告と原告は，平成○年○月○日東京都○○区長に対する届出によって，戸籍上は離縁したと記載されている（甲1，2，4）。
　　しかしながら，上記離縁届は，以下のとおり，被告が離縁届を偽造し，原告に無断で提出したものであって，無効である。
 3　被告による離縁届の偽造等
　⑴　春子は，被告の一人娘であったところ，原告は，春子と結婚する際，乙野家の養子に来て欲しいと懇願され，これに応じて被告の養子となった（甲5）。
　⑵　ところが，春子は，平成○年○月○日，乳ガンのため死亡した（甲3）。すると，被告は，「あんたは春子の夫だから私の養子になったのであり，春子が死んだ以上，養子縁組は解消する。」と言って，原告に繰り返し離縁を求めてきた。しかしながら，原告としては，被告の養子として30年以上にわたって被告の面倒を見てきたにもかかわらず，春子が死亡するや，突如離縁するというのは納得できず，これを拒否した。
　⑶　すると，被告は，平成○年○月○日，原告の名義を冒用し，原告に無断で離縁届を提出した（甲5）。
 4　以上によれば，本件離縁届は，被告が原告に無断で提出したものであり，原告には離縁意思がなかったのであるから，原被告間の離縁は無効である。
　　よって，原告は，人事訴訟法2条3号により，原被告間の離縁が無効であることの確認を求める。

証　拠　方　法

甲第1，2号証　　　戸籍謄本
甲第3号証　　　　　除籍謄本
甲第4号証　　　　　離縁届記載事項証明書
甲第5号証　　　　　陳述書
証拠説明書

第4節　協議上の離縁の無効の訴え

```
           添　付　書　類
戸籍謄本
調停不成立証明書
訴訟委任状


           附　属　書　類
訴状（副本）           1通
甲第1ないし5号証（写し）  各1通
証拠説明書（副本）       1通
```

237

第3章　養子縁組関係事件

【書式3-12】　答弁書——【書式3-11】に対する答弁書例

東京家庭裁判所家事第6部○係　平成○年（家ホ）第○○号　離縁無効確認請求事件
原　告　　甲　野　一　郎
被　告　　乙　野　花　子

答　弁　書

平成○年○月○日

東京家庭裁判所家事第6部○係　　御中
　　　　　　　被告訴訟代理人弁護士　　　関　東　次　郎　㊞

　　　　　〒000-0000　東京都○○区○○町○丁目○番○号○○ビル3階
　　　　　　　　　　　　　　　　　　　　　　　　　（送達場所）
　　　　　　　　　　　　電　話　00-0000-0000
　　　　　　　　　　　　ＦＡＸ　00-0000-0000
　　　　　被告訴訟代理人弁護士　　　関　東　次　郎

第1　請求の趣旨に対する答弁
　1　原告の請求を棄却する。
　2　訴訟費用は原告の負担とする。
　　との判決を求める。

第2　請求の原因に対する認否
　1　請求原因1の事実は認める。
　2　請求原因2の事実のうち，平成○年○月○日東京都○○区長に対する届出によって，原告と被告が，戸籍上，離縁したと記載されていることは認め，その余は否認する。
　3　請求原因3(1)の事実は否認する。
　　　同(2)のうち，春子が平成○年○月○日に乳ガンのため死亡したこと，その後，被告が原告に対して離縁を求めたことは認め，その余は否認する。
　　　同(3)の事実のうち，被告が離縁届を提出したことは認め，その余は否認する。

第4節　協議上の離縁の無効の訴え

第3　被告の主張
　1　原告は，春子が死亡した後，被告との離縁に同意し，自らの意思で離縁届に署名押印したのであり，被告がこれを偽造した事実はない（乙1）。したがって，原告の請求は速やかに棄却されるべきである。
　2　被告としては，離縁届の原告署名欄について，筆跡鑑定を求める。

証　拠　方　法

乙第1号証　陳述書
鑑定申出書
証拠説明書

添　付　書　類

訴訟委任状
（答弁書副本，書証写し，鑑定申出書副本及び証拠説明書副本は原告代理人に直送済み）

第5節　協議上の離縁取消しの訴え

1　意義および性質

協議上の離縁取消しの訴えとは、協議離縁届がされている場合において、詐欺または強迫を理由に協議離縁の取消しを求める訴えである。

法的性質は、形成訴訟である。

2　要件事実

① 当事者が協議離縁届を提出したこと
② 協議離縁が詐欺または強迫によるものであること

3　取消事由（民法812条・747条）

詐欺または強迫は、離縁の相手方による場合はもちろん、第三者によるものであってもよい。

ただし、当事者が詐欺を発見し、もしくは強迫を免れた後6カ月を経過したとき、または追認をしたときは協議離縁の取消しを請求することができない（民法812条後段・747条2項）。

4　当事者等

(1)　原告適格

① 詐欺または強迫によって協議離縁した養子または養親（民法812条・747条1項）
② 詐欺または強迫によって協議離縁した代諾権者（養子が15歳未満の場合）（同法811条2項）

(2)　被告適格

① 協議離縁の他方当事者（人訴法12条1項）
② 代諾権者（養子が15歳未満の場合）（民法811条2項）
③ 検察官（他方当事者が死亡している場合）（人訴法12条3項）

第5節　協議上の離縁取消しの訴え

〈表3-5〉原告適格・被告適格

原　告	被　告	備　考	条　文
養子(養親)	養親(養子)	通常の場合	人訴法12条１項、民法812条・747条１項
養　親	代諾権者	養子が15歳未満の場合	民法811条２項
代諾権者	養　親	養子が15歳未満の場合	民法811条２項
養親夫婦の一方	養親夫婦の他方および養子	養親夫婦の一方が詐欺または強迫を受けた場合	民法811条の２
養子(養親)	検察官	相手方がいずれも死亡している場合	人訴法12条３項
養　親			
代諾権者			
養親夫婦の一方			

※　当事者が成年被後見人の場合は、成年後見人が原告または被告となる（人訴法14条１項本文）。
※　当事者の一方が成年被後見人で、その成年後見人が相手方である場合には、成年後見監督人が原告または被告となり、当該成年後見人を相手方として訴訟を追行する（同条２項）。

(3)　原告または被告が訴訟係属中に死亡した場合
　㋐　原告が死亡した場合
訴訟は当然に終了し、原告の相続人等は訴訟手続を受継しない（人訴法27条１項）。
　㋑　被告が死亡した場合
検察官が受継する（人訴法26条２項）。

5　利害関係人の補助参加

訴訟の結果について利害関係を有する第三者は、訴訟に補助参加することができる（民訴法42条）。
養子または養親が死亡した後に協議離婚の取消しの訴えが提起された場合

には、裁判所は、原則としてその相続人に対して訴訟係属の通知をする（人訴法28条、人訴規則16条・別表15項）。

　また、検察官を被告とする場合には、裁判所は、被告を補助させるため、決定により利害関係人を訴訟に参加させることができる（人訴法15条）。

6　訴状作成のポイント

　協議離縁取消事由（詐欺または強迫）を具体的に記載する必要がある。

　また、6カ月以内に協議離縁の取消しを裁判所に請求する必要があるので、詐欺を発見したり、強迫を免れた時期についても明確にする必要がある（民法812条・747条2項参照）。

第5節 協議上の離縁取消しの訴え

【書式3-13】 訴状──詐欺の事案

訴　　　状

平成○年○月○日

東京家庭裁判所　御中

　　　　原告訴訟代理人弁護士　　　　東　京　太　郎　㊞

　　本籍　東京都○○区○○町○丁目○番地
　　住所　〒000-0000　東京都○○区○○町○丁目○番○号
　　　　　原　　　告　　甲　野　一　郎

　　　　　〒000-0000　東京都○○区○○町○丁目○番○号○○ビル○○号
（送達場所）
　　　　　　　　　　電　話　00-0000-0000
　　　　　　　　　　ＦＡＸ　00-0000-0000
　　　　原告訴訟代理人弁護士　　　　東　京　太　郎

　　本籍　東京都○○区○○町○丁目○番地
　　住所　〒000-0000　東京都○○区○○町○丁目○番○号
　　　　　被　　　告　　乙　野　花　子

離縁取消請求事件
　訴訟物の価額　　160万円
　貼用印紙額　　　1万3000円

第1　請求の趣旨
　1　平成○年○月○日東京都○○区長に対する届出によってなされた原告と被告との協議離縁を取り消す。
　2　訴訟費用は被告の負担とする。
　　との判決を求める。

第2　請求の原因
　1　当事者
　　(1)　原告は，昭和○年○月○日生まれの男性であり，被告は昭和○年○

243

月○日生まれの女性である（甲1，2）。
　(2)　原告は，昭和○年○月○日，被告の娘である乙野春子（以下「春子」という。）と結婚し，同日，被告と養子縁組をした（甲1，2）。
 2　春子の死亡と被告による欺罔行為
　(1)　春子は，被告の一人娘であったところ，原告は，春子と結婚する際，乙野家の養子に来て欲しいと懇願され，これに応じて被告の養子となった（甲1，2，4）。
　(2)　ところが，春子は，平成○年○月○日，乳ガンのため死亡した（甲3）。すると，被告は，「春子が死亡した場合，春子の夫である原告と被告との養子縁組は当然に解消される。このことは，弁護士に確認したから間違いない。」と言って，離縁を求めてきた。このため，原告は，弁護士が言っているのなら間違いないだろうと考え，被告の求めに応じて離縁届に署名押印し，被告が，平成○年○月○日，離縁の届出をした（甲1，2，4）。
　(3)　ところが，原告が，平成○年○月○日，弁護士に確認したところ，被告の話は虚偽であり，春子が死亡したからといって，原告と被告との養子縁組に影響はないことが判明した。
 3　詐欺について知った後6か月以内での調停申立て
　　このため，原告は，その日から6か月以内の日である平成○年○月○日，被告を相手方として，離縁取消しの調停を申し立てたが（東京家庭裁判所平成○年（家イ）第○○号），平成○年○月○日，不成立となった（甲5）。
 4　よって，原告は，被告に対し，民法812条，747条及び人事訴訟法2条3号に基づき，離縁の取消しを求める。

証　拠　方　法

甲第1，2号証　　戸籍謄本
甲第3号証　　　　除籍謄本
甲第4号証　　　　陳述書
甲第5号証　　　　調停不成立証明書
証拠説明書

添　付　書　類

戸籍謄本

調停不成立証明書
訴訟委任状

附　属　書　類
訴状（副本）　　　　　　　　1通
甲第1ないし5号証（写し）　各1通
証拠説明書（副本）　　　　　1通

【書式3-14】 答弁書——【書式3-13】に対する答弁書例

東京家庭裁判所家事第6部○係　平成○年（家ホ）第○○号　離縁取消請求事件
原　告　　甲野一郎
被　告　　乙野花子

答　弁　書

平成○年○月○日

東京家庭裁判所家事第6部○係　　御中

被告訴訟代理人弁護士　　　関　東　次　郎　㊞

〒○○○-○○○○　東京都○○区○○町○丁目○番○号○○ビル3階
（送達場所）
電　話　00-0000-0000
ＦＡＸ　00-0000-0000
被告訴訟代理人弁護士　　　関　東　次　郎

第1　請求の趣旨に対する答弁
　1　原告の請求を棄却する。
　2　訴訟費用は原告の負担とする。
　　との判決を求める。

第2　請求の原因に対する認否
　1　請求原因1の事実は認める。
　2　請求原因2の事実のうち，(1)及び(2)の事実は認め，(3)の事実は否認する。
　3　請求原因3の事実は認める。

第3　被告の主張
　1　期限徒過による取消権の消滅
　　原告が被告の話が法的に違うことを知ったのは，原告が弁護士に相談に行った平成○年○月○日ではなく，平成○年○月○日である。
　　すなわち，被告は，原告に対し，春子が死亡した場合は原告と被告との養子縁組も当然に解消となると言った後，再度，弁護士に確認したと

第5節　協議上の離縁取消しの訴え

ころ，法的にはそうではなく，被告の勘違いであったことが判明した。このため，被告は，平成○年○月○日，原告に勘違いであったことを伝えた（乙1）。

　ところが，原告は，それから6か月以上が経過した平成○年○月○日になって，初めて離縁取消しの調停を申し立てたのであるから，民法812条，747条2項により，もはや離縁を取り消すことができないというべきである。

　よって，原告の請求は理由がないので，原告の請求は棄却されるべきである。

証　拠　方　法

乙第1号証　陳述書
証拠説明書

添　付　書　類

訴訟委任状
（答弁書副本，書証写し及び証拠説明書副本は原告代理人に直送済み）

第3章　養子縁組関係事件

第6節　養親子関係の存否の確認の訴え

1　意義および性質

　養親子関係の存否の確認の訴えとは、養子縁組無効、養子縁組取消し、協議離縁無効および協議離縁取消し以外の事由に基づいて、法律上の縁組関係の存否について争いがある場合に、その存否の確認を求める訴えである。
　養親子関係存否確認の訴えは、養子縁組無効や、養子縁組取消し、協議離縁無効、協議離縁取消しの訴えではまかなえないこと、すなわち養親子関係存否確認の訴えによらざるを得ないことを首肯させる確認の利益が必要となる。
　法的性質は、確認訴訟である。

2　要件事実

(1)　養親子関係存在確認の訴えの場合
① 　当事者間に養子縁組が成立していること
② 　養親子関係の存在に争いがあること（確認の利益）

(2)　養親子関係不存在確認の訴えの場合
① 　当事者間の縁組関係が解消されたこと、または当事者の縁組関係がそもそも成立していないこと
② 　現在養親子関係が存在しないことについて争いがあること（確認の利益）

3　当事者等

(1)　原告適格
① 　縁組（離縁）当事者の一方（養親または養子）（人訴法12条1項）
② 　代諾権者（養子が15歳未満の場合）　　養子となる者が15歳未満の場合は、その法定代理人がこれに代わって縁組の承諾をすることになっており（民法797条）、養親が養子縁組の存在について争っている場合には、

第6節　養親子関係の存否の確認の訴え

当該代諾権者が原告となって養親子関係存在確認の訴えをすることができる。

同様に、養子が15歳未満の場合は、離縁後に当該養子の法定代理人となるべき者が協議離縁の代諾をすることとなっており（民法811条2項）、養親が協議離縁について争っている場合には、当該代諾権者が原告となって養親子関係不存在確認の訴えをすることができる。

③　確認の利益を有する第三者（当該縁組または離縁の効力により相続権を害されることとなる親族等）（人訴法12条2項）

(2) 被告適格

① 縁組（離縁）当事者の他方（養子または養親）（人訴法12条1項）
② 代諾権者（養子が15歳未満の場合）
③ 検察官（相手方となるべき者がすでに死亡している場合）（同条3項）
④ 縁組（離縁）当事者の双方（第三者が原告となる場合）（同条2項。ただし、縁組（離縁）当事者の一方が死亡している場合は、生存しているもう一方の当事者のみを被告とすれば足りる（同項）。縁組（離縁）当事者の双方が死亡している場合は検察官を被告とする（同条3項））。

〈表3-6〉原告適格・被告適格

原告	被告	備考	条文
養親(養子)	養子(養親)	通常の場合	人訴法12条1項
代諾権者	養親	養子が15歳未満の場合	人訴法12条1項、民法797条・811条2項
養親	代諾権者	養子が15歳未満の場合	
養親(養子)	検察官	相手方が死亡している場合	人訴法12条3項
代諾権者			
第三者	養親および養子（または代諾権者）	縁組（離縁）の当事者がいずれも生存している場合	人訴法12条2項
第三者	養親（または養子もしくは代諾権者）	縁組（離縁）の一方当事者が死亡している場合	人訴法12条2項

| 第三者 | 検察官 | 縁組（離縁）当事者がいずれも死亡している場合 | 人訴法12条3項 |

※　当事者が成年被後見人の場合は、成年後見人が原告または被告となる（人訴法14条1項本文）。
※　縁組（離縁）当事者の一方が成年被後見人で、その成年後見人が相手方である場合には、成年後見監督人が原告または被告となり、当該成年後見人を相手方として訴訟を追行する（同条2項）。

(3)　原告または被告が訴訟係属中に死亡した場合

　㋐　原告が死亡した場合

訴訟は当然に終了し、原告の相続人等は訴訟手続を受継しない（人訴法27条2項）。

　㋑　被告が死亡した場合

被告が縁組（離縁）当事者の一方のみの場合は、検察官が受継する（人訴法26条2項）。

　㋒　被告が縁組（離縁）当事者双方の場合において、縁組（離縁）当事者の一人が死亡した場合

もう一方の当事者のみが被告となって訴訟が追行される（同条1項）。

　㋓　被告が縁組（離縁）当事者双方の場合において、縁組（離縁）当事者の双方が死亡した場合

検察官が受継する（人訴法26条2項）。

4　利害関係人の補助参加

訴訟の結果について利害関係を有する第三者は、訴訟に補助参加することができる（民訴法42条）。

養子または養親が死亡した後に養親子関係存在確認の訴えが提起された場合には、裁判所は、原則としてその相続人に対して訴訟係属の通知をする（人訴法28条、人訴規則16条・別表16項）。

養子または養親が死亡した後に、養親子関係不存在確認の訴えが提起された場合には、裁判所は、養子の代襲者で養親の相続人である者または相続人

となるべき者に対して訴訟係属の通知をする（人訴法28条、人訴規則16条・別表17項）。

また、検察官を被告とする場合には、裁判所は、被告を補助させるため、決定により利害関係人を訴訟に参加させることができる（人訴法15条）。

5　訴状作成のポイント

養子縁組無効確認等の訴えではまかなえない事由があることを明確にする必要がある。

また、確認の利益があることについても、具体的に主張する必要がある。

第3章 養子縁組関係事件

【書式3-15】 訴状(1)――養親子関係存在確認

訴　　　状

平成○年○月○日

東京家庭裁判所　御中

　　　　原告訴訟代理人弁護士　　　東　京　太　郎　㊞

　　本籍　東京都○○区○○町○丁目○番地
　　住所　〒000-0000　東京都○○区○○町○丁目○番○号
　　　　原　　　告　　　甲　野　健　太　郎

　　　　〒000-0000　東京都○○区○○町○丁目○番○号○○ビル○号
　　　　　　　　　　　　　　　　　　　　　　（送達場所）
　　　　　　　　　　電　話　00-0000-0000
　　　　　　　　　　ＦＡＸ　00-0000-0000
　　　　原告訴訟代理人弁護士　　　東　京　太　郎

　　本籍　東京都○○区○○町○丁目○番地
　　住所　〒000-0000　東京都○○区○○町○丁目○番○号
　　　　被　　　告　　　甲　野　一　　　郎

養親子関係存在確認請求事件
　　訴訟物の価額　　　160万円
　　貼用印紙額　　　1万3000円

第1　請求の趣旨
　1　平成○年○月○日東京都○○区長に対する届出によってなされた原告と被告との養子縁組に基づく原告と被告との養親子関係は存在することを確認する。
　2　訴訟費用は被告の負担とする。
　　との判決を求める。

第2　請求の原因
　1　当事者

252

(1) 原告は，昭和○年○月○日生まれの男性であり，被告は昭和○年○月○日生まれの男性である（甲1）。
(2) 原告と被告は，平成○年○月○日，養子縁組をした（甲1）。
2 ところが，被告は，酩酊状態の中で養子縁組届に署名押印してしまったものであり，縁組意思がなかったと主張して，養子縁組の事実を否定し，原告に対する扶養義務を果たさない（甲2）。
3 しかしながら，被告が養子縁組届に署名押印した際，被告が酩酊していた事実はない。このことは，養子縁組届の筆跡が整然としていることからも明らかである（甲2，3）。
4 よって，原告は，人事訴訟法2条3号に基づき，原被告間に養親子関係が存在していることの確認を求める。

証　拠　方　法

甲第1号証　　戸籍謄本
甲第2号証　　陳述書
甲第3号証　　養子縁組届記載事項証明書
証拠説明書

添　付　書　類

戸籍謄本
調停不成立証明書
訴訟委任状

附　属　書　類

訴状（副本）　　　　　1通
甲第1ないし3号証（写し）　各1通
証拠説明書（副本）　　1通

第3章　養子縁組関係事件

【書式3-16】　答弁書(1)──【書式3-15】に対する答弁書例

東京家庭裁判所家事第6部○係　平成○年（家ホ）第○○号　養親子関係存在確認請求事件
原　告　　甲　野　健太郎
被　告　　甲　野　一　郎

答　弁　書

平成○年○月○日

東京家庭裁判所家事第6部○係　　御中

　　　　　　被告訴訟代理人弁護士　　　関　　東　　次　　郎　㊞

〒000-0000　東京都○○区○○町○丁目○番○号○○ビル3階
（送達場所）
電　話　00-0000-0000
FAX　00-0000-0000
被告訴訟代理人弁護士　　　関　　東　　次　　郎

第1　請求の趣旨に対する答弁
　1　原告の請求を棄却する。
　2　訴訟費用は原告の負担とする。
　　との判決を求める。

第2　請求の原因に対する認否
　1　請求原因1(1)の事実は認め，(2)の事実は否認する。
　2　請求原因2の事実は認める。
　3　請求原因3の事実は否認する。

第3　被告の主張
　　　被告は，甥である原告から，かねてから自分を養子にしてくれと頼まれていたが，原告が定職についていなかったことや，多額の借金があったこと，生活態度も芳しくなかったことから，養子にすることを断ってきた（乙1）。
　　　ところが，原告は，平成○年○月○日，被告宅にやってきて，午後7時ころから午後11時ころまでの間，被告に大量の酒を飲ませた。このた

254

め，被告は，前後不覚の状態に陥り，気がついたのは翌朝であった。ところが，原告は，それから3日後の同月○日になって突然現れ，養子になったのだから被告には原告を扶養する義務があると言って，原告に資金援助をするよう求めてきた。被告には，養子縁組届に署名押印した記憶がないが，原告から示された養子縁組届には確かに被告の署名押印がなされている。しかしながら，同署名押印は，被告が酩酊状態の中，原告から署名押印させられたものと推察され，被告には縁組意思がない。

したがって，原被告間の養子縁組は無効であり，原被告間には養親子関係は存在しないから，原告の請求は速やかに棄却されるべきである。

証　拠　方　法

乙第1号証　　　陳述書
証拠説明書

添　付　書　類

訴訟委任状
(答弁書副本，書証写し及び証拠説明書副本は原告代理人に直送済み)

第3章　養子縁組関係事件

【書式3-17】　訴状(2)——養親子関係不存在確認

訴　　　　　状

平成○年○月○日

東京家庭裁判所　御中

　　　　　原告訴訟代理人弁護士　　　東　京　太　郎　㊞

　　本籍　東京都○○区○○町○丁目○番地
　　住所　〒000-0000　東京都○○区○○町○丁目○番○号
　　　　　原　　　　告　　　甲　野　花　子

　　　　　〒000-0000　東京都○○区○○町○丁目○番○号○○ビル○○号
　　　　　　　　　　　　　　　　　　　　　　　　（送達場所）
　　　　　　　　　　　電　話　00-0000-0000
　　　　　　　　　　　ＦＡＸ　00-0000-0000
　　　　　原告訴訟代理人弁護士　　　東　京　太　郎

　　本籍　東京都○○区○○町○丁目○番地
　　住所　〒000-0000　東京都○○区○○町○丁目○番○号
　　　　　被　　　　告　　　乙　野　一　郎

養親子関係不存在確認請求事件
　訴訟物の価額　　　160万円
　貼用印紙額　　　　1万3000円

第1　請求の趣旨
　1　平成○年○月○日東京都○○区長に対する届出によってなされた原告と被告との養子縁組に基づく原告と被告との養親子関係は存在しないことを確認する。
　2　訴訟費用は被告の負担とする。
　　との判決を求める。

第2　請求の原因
　1　当事者

(1)　原告は，昭和○年○月○日生まれの女性であり，被告は昭和○年○月○日生まれの男性である（甲1，2）。
　(2)　原告と被告は，平成○年○月○日，養子縁組したが，平成○年○月○日，協議離縁した（以下「本件離縁」という。甲1，2）。
2　ところが，被告は，本件離縁は，原告が被告に無断で離縁届をしたものであって無効である旨主張して，被告を扶養するよう執拗に求めている（甲3）。
3　しかしながら，原告が被告に無断で離縁届を提出した事実はなく，原告は，被告の同意を得て，被告署名押印欄に原告が代筆して押印したものである（甲3，4）。
4　よって，原告は，人事訴訟法2条3号に基づき，原被告間の養親子関係が存在しないことの確認を求める。

証　拠　方　法

甲第1，2号証	戸籍謄本
甲第3号証	陳述書
甲第4号証	協議離縁届記載事項証明書
証拠説明書	

添　付　書　類

戸籍謄本
調停不成立証明書
訴訟委任状

附　属　書　類

訴状（副本）	1通
甲第1ないし4号証（写し）	各1通
証拠説明書（副本）	1通

第3章　養子縁組関係事件

【書式3-18】　答弁書(2)──【書式3-17】に対する答弁書例

東京家庭裁判所家事第6部○係　平成○年（家ホ）第○○号　養親子関係不存在確認請求事件
原　告　　甲　野　花　子
被　告　　乙　野　一　郎

答　弁　書

平成○年○月○日

東京家庭裁判所家事第6部○係　　御中

　　　　被告訴訟代理人弁護士　　　関　東　次　郎　㊞

〒000-0000　東京都○○区○○町○丁目○番○号○○ビル3階
(送達場所)
電　話　00-0000-0000
ＦＡＸ　00-0000-0000
被告訴訟代理人弁護士　　　関　東　次　郎

第1　請求の趣旨に対する答弁
　1　原告の請求を棄却する。
　2　訴訟費用は原告の負担とする。
　との判決を求める。

第2　請求の原因に対する認否
　1　請求原因1(1)の事実は認め，(2)の事実は否認する。
　2　請求原因2の事実は認める。
　3　請求原因3の事実は否認する。

第3　被告の主張
　　被告が原告に対して離縁届に署名押印することに同意した事実はなく，本件離縁届は，原告が被告に無断で署名押印して提出したものである（乙1）。
　　したがって，原被告間の離縁は無効であり，原被告間にはなお養親子関係が存在するので，原告の請求は速やかに棄却されるべきである。

第6節　養親子関係の存否の確認の訴え

証　拠　方　法

乙第1号証　　　陳述書
証拠説明書

添　付　書　類

訴訟委任状
(答弁書副本，書証写し及び証拠説明書副本は原告代理人に直送済み)

第4章　請求の併合・反訴・訴えの変更

第1節　請求の併合

1　請求の併合の可否

　人事訴訟においても、請求の客観的併合は、同種の訴訟手続による場合にすることができ（民訴法136条）、請求の主観的併合は、民事訴訟法38条の要件を満たす場合にすることができるが、原則として、数個の請求がいずれも人事訴訟（人事に関する訴え）に係る請求でない限り、請求の併合はできない。

　また、数個の請求がいずれも人事訴訟に係る請求であり、かつ、民事訴訟法38条の要件を満たしていても、当該家庭裁判所がその請求のいずれについても管轄（人訴法4条）を有しているのではない場合には、その数個の請求が、数人からのまたは数人に対する一の人事に関する訴えで数個の身分関係の形成または存否の確認を目的とする数個の請求であり、かつ、民事訴訟法38条前段の要件（訴訟の目的である権利または義務が数人について共通であるとき、または同一の事実上および法律上の原因に基づくとき）を満たす場合に限り、その数個の請求を併合して、一の請求について管轄権を有する家庭裁判所に訴えを提起することができる（人訴法5条）。

　以上の原則の例外として、人事訴訟に係る請求と当該請求の原因である事実によって生じた損害の賠償に関する請求（以下、「関連損害賠償請求」という。たとえば、不貞行為を離婚原因として離婚を請求した際に、その不貞行為を不法行為として、不法行為に基づく損害賠償請求を行う場合など）とは、一の訴えですることができる（人訴法17条1項）。また、すでに人事訴訟に関する請求が家庭裁判所に係属している場合には、その家庭裁判所に当該人事訴訟の関連損害賠償請求に係る訴えを提起することができ（同条2項）、この場合には、裁判所は、これらの訴えの口頭弁論を併合しなければならない（同条3項・

8条2項)。

　また、家庭裁判所にすでに人事訴訟が係属し、その人事訴訟の関連損害賠償請求に係る訴訟が他の第1審裁判所に係属していた場合に、その第1審裁判所が当該訴訟を上記の家庭裁判所に移送したときは、その家庭裁判所は、これらの訴訟の口頭弁論を併合しなければならない（人訴法8条1項・2項）。

2　手　続

　請求の併合は、受訴裁判所の職権によりされるものである。したがって、当事者には申立権がないが、原始的併合以外の場合には、受訴裁判所の職権発動を促すべく、併合の上申が行われることが多い。

3　上申書作成のポイント

　併合上申書には、併合が必要的である場合（人訴法8条2項・17条3項）は、その場合に該当する事情を具体的に記載する。また、併合について受訴裁判所の裁量がある場合は、併合を行うことによる利点があること（審理の促進、時間・費用の節減、判断の統一など）や、併合を行うことによる欠点（審理の遅滞、事案の複雑化など）がないことを、当該事案の具体的事情に即して記載する。

第4章　請求の併合・反訴・訴えの変更

【書式4-1】　上申書——請求の併合

東京家庭裁判所家事第6部○係　平成○年（家へ）第○○号　慰謝料請求事件
原　　告　　　甲野　一郎
被　　告　　　乙山　大輔

上　申　書

平成○年○月○日

東京家庭裁判所家事第6部○係　御中

　　　　　　原告訴訟代理人弁護士　　　東　京　太　郎　㊞

1　御庁に係属中の頭書事件は，原告が，被告に対し，原告の妻である甲野花子（以下「花子」という。）と被告が不貞行為に及んだことを不法行為として，慰謝料請求をしているものである。

2　御庁には，原告と花子との間の離婚等請求事件（平成○年（家ホ）第○○号。以下「別事件」という。）が係属している。別事件は，原告が，花子に対し，上記不貞行為等を原因とする離婚（民法770条1項1号及び5号），それに伴う財産分与に加え，上記不貞行為等により離婚を余儀なくされたことに基づく慰謝料請求をしているものである。

3　頭書事件は，人事訴訟に係る請求の原因である事実によって生じた損害の賠償に関する請求を目的とする訴え（人事訴訟法17条2項）として，当該人事訴訟である別事件の係属する御庁に訴えが提起された事件であるから，人事訴訟法17条3項，8条2項により，頭書事件と別事件は併合して審理されるべきである。また，頭書事件と別事件とは，実質的にも，事案，争点及び立証の内容を同じくするものである。

4　よって，原告は，頭書事件を別事件に併合されるよう，本書をもって上申する。

以　上

第2節 反　訴

1　反訴の要件

　人事訴訟においても、反訴を提起することができる。民事訴訟では、反訴請求の目的と本訴の目的である請求または防御の方法が関連することが要件となり、また、反訴の提起により著しく訴訟手続を遅滞させることとなるときには、反訴の提起ができないほか（民訴法146条1項）、控訴審においては、相手方の同意がないと反訴が提起できないが（同法300条1項）、人事訴訟では、人事訴訟に係る請求の範囲内である限り、これらの規定にかかわらず、第1審または控訴審の口頭弁論の終結に至るまで、反訴を提起することができる（人訴法18条）。

2　手　続

　訴えの提起と基本的に同様である。

3　貼用印紙額

　原則として、反訴請求に応じた額の印紙を貼付する必要があるが、本訴において離婚請求がされていて、かつ、反訴においても離婚請求を行う場合には、反訴請求に応じて計算された貼用印紙額から、本訴の離婚請求分の貼用印紙額相当額（1万3000円）を控除した額の印紙を貼付すれば足りる。

4　予備的反訴

　本訴が離婚請求である場合などには、原告の離婚請求が認容されることを条件として、予備的に反訴を提起することが可能である（【書式4-4】参照）。本訴の離婚請求は争いつつ、これが認められた場合には離婚に伴う慰謝料を請求するとの予備的反訴は、しばしば見受けられる（あわせて、予備的に財産分与等の附帯処分の申立てが行われることも少なくない）。

第4章 請求の併合・反訴・訴えの変更

5 反訴状作成のポイント

　基本的に訴状と同様であるが、すでに本訴における答弁等で主張している事情を重ねて主張することになる場合が多いので、たとえば、離婚原因については最低限必要な要件事実のみを記載するなど、できるだけ簡潔に記載することが望ましい。

第2節　反訴

【書式4-2】　反訴状(1)──離婚、親権者指定、養育費、慰謝料、財産分与を求めている事案

本訴　東京家庭裁判所家事第6部〇係　平成〇年（家ホ）第〇〇号　離婚等請求事件

反　訴　状

平成〇年〇月〇日

東京家庭裁判所家事第6部〇係　御中

　　　　　　反訴原告（本訴被告）訴訟代理人弁護士　　　霞　　華　子　㊞

　　本籍　東京都〇〇区〇〇町〇丁目〇番地
　　　　　〒000-0000　東京都〇〇区〇〇町〇丁目〇番〇号
　　　　　反訴原告（本訴被告）　　　甲　野　花　子

　　　　　〒000-0000　東京都〇〇区〇〇町〇丁目〇番〇号〇〇ビル〇〇号
　　　　　　　　　　　　　　　　　　　　　　　　　（送達場所）
　　　　　　　　　　　　電　話　00-0000-0000
　　　　　　　　　　　　ＦＡＸ　00-0000-0000
　　　　　同訴訟代理人弁護士　　　霞　　　華　　　子

　　本籍　反訴原告（本訴被告）に同じ
　　住所　〒000-0000　東京都〇〇区〇〇町〇丁目〇番〇号
　　　　　反訴被告（本訴原告）　　　甲　野　一　郎

離婚等反訴請求事件
　　訴訟物の価額　　500万円
　　貼用印紙額　　　1万9400円
　　予納郵便切手　　6000円

第1　請求の趣旨
　1　反訴原告と反訴被告とを離婚する。
　2　反訴原告と反訴被告との間の長男太郎（平成〇年〇月〇日生）の親権者を反訴原告と定める。

265

3　反訴被告は，反訴原告に対し，長男太郎の養育費として，本判決確定の日から同人が成人に達する日の属する月まで，1か月当たり○万円を，毎月末日限り支払え。
　　4　反訴被告は，反訴原告に対し，500万円及びこれに対する本判決確定の日の翌日から支払済みまで年5分の割合による金員を支払え。
　　5　反訴被告は，反訴原告に対し，財産分与として，相当額及びこれに対する本判決確定の日の翌日から支払済みまで年5分の割合による金員を支払え。
　　6　訴訟費用は，反訴被告の負担とする。
　　との判決を求める。

第2　請求の原因
　1　当事者
　　　反訴原告（本訴被告）と反訴被告（本訴原告）は，平成○年○月○日に婚姻した夫婦であり，平成○年○月○日には，長男の太郎をもうけた。
　2　離婚原因
　　(1)　本訴において，反訴被告は，反訴原告に対し，反訴原告の家事の放棄や浪費等が原因で婚姻関係が破綻したと主張して，離婚を求めている。しかし，本訴の答弁書において既に主張したとおり，反訴原告が家事を放棄したり，浪費をしたという事実はない。反訴原告も，反訴被告と反訴原告の婚姻関係が既に破綻していると主張するものであるが，その原因は，反訴原告にはなく，むしろ，次に主張するような反訴被告の暴力にある（乙1）。
　　(2)　反訴被告は，婚姻の当初から，反訴原告に対し，例えば，夕飯のおかずが好みのものでなかったというだけで暴力をふるうなど，何か不満があると反訴原告のせいにして，繰り返し暴力をふるっていた。暴力の程度は，初めのころは平手で頬を軽く叩く程度であったが，徐々に，拳で顔面を殴ったり，腹部や大腿部を足蹴にするようになり，別居前の1年間は，診断書のあるものだけをとってみても，以下のとおり，非常に激しいものであった。
　　　ア　平成○年○月○日
　　　　　長男の習い事がいつもより若干遅めに終わったため，午後7時ころに反訴原告が長男を連れて帰宅すると，反訴被告が既に帰宅しており，反訴原告らが家に入ったとたん，「何で俺より帰ってくるのが

遅いんだ。メシも食えないじゃないか」などと絡んだ上，長男の目の前で，拳で反訴原告の顔面を殴打し，倒れ込んだ反訴原告の腹部や大腿部を繰り返し足蹴にし，反訴原告が，長男の習い事が予定外に遅くなったこと，既に夕食は作ってあり，すぐに食べられる状態であることなどを訴えても，暴行をやめなかった。このため，反訴原告は，加療約2週間を要する顔面，腰部，腹部，大腿部打撲の傷害を負った（乙2）。

　イ　同年○月○日
　　反訴被告は，反訴原告に毎月生活費として5万円だけを渡し，残りの給与はすべて自分で管理しているが，反訴原告が，5万円では必要な物品の購入も難しいから，少しでもいいので生活費を増額してくれないかと訴えたところ，反訴被告は，「これでやりくりできないのはお前の能力がないからだ。俺の給料が低いと言いたいのか。生意気なやつだ」などと言って，反訴原告に殴りかかり，倒れた反訴原告に馬乗りになって，繰り返し反訴原告の顔面を殴打した。このため，反訴原告は，全治○か月の鼻骨骨折等の重傷を負った（乙3，4）。

　ウ　同年○月○日
　　上記のような暴行に耐えきれず，反訴原告が，長男を連れて別居したいと反訴被告に申し出たところ，反訴被告は，「俺を笑い者にしたいのか。ふざけやがって。二度とそんなことを言い出せないようにしてやる」と怒鳴り，リビングにあった椅子を持ち上げて反訴原告に投げつけた上，泣き叫んで止めようとする長男に目もくれず，反訴原告の腹部を繰り返し足蹴にし，さらに，「どこかに行って頭を冷やしてこい」などと言って，反訴原告を家の外に出し，かぎを閉めてしまった。反訴原告は，たまたまズボンのポケットに電子マネー機能付きの携帯電話と玄関のかぎを持っていたため，近所のファミリーレストランで時間をつぶした後，反訴被告が眠ったころを見計らって帰宅し，身の回りの荷物をバックに入れた上，長男を起こし，二人で反訴原告の実家に帰り，以後別居している。この際の反訴被告の暴行により，反訴原告は，加療約2週間を要する腹部打撲の傷害を負った（乙5）。

(3)　上記のようにして開始された別居は，既に約2年10か月に及んでいる。

(4) 以上のとおり，反訴被告と反訴原告の婚姻関係は，反訴被告の度重なる暴力によって破綻したものであり，民法770条1項5号の婚姻を継続し難い重大な事由がある。
3 慰謝料について
　上記のとおり，反訴被告の暴力により婚姻関係が破綻し，反訴原告は離婚を余儀なくされ，多大な精神的苦痛を受けた。したがって，少なくとも離婚に伴う慰謝料として500万円が支払われるべきである。
4 親権者の指定について
　上記2のような事実によれば，反訴被告には，親権者としての適格性がない。他方，反訴原告は，同居時から一貫して長男の養育を担い，別居後は専ら長男の監護養育を行っている。したがって，反訴原告が，長男の親権者として指定されるべきである。
5 養育費について
　反訴被告の年収は，別居時に反訴原告が把握していた限りでは，約◯◯◯万円であり，反訴原告の年収は，昨年分の源泉徴収票（乙6）のとおり◯◯◯万円であるから，東京・大阪養育費等研究会の提案する算定方式及び算定表（判例タイムズ1111号285頁以下）によれば，14歳未満である長男の養育費として，1か月◯万円が支払われるべきである。
6 財産分与について
　別居時の反訴原告名義の財産は，預金◯万円のみである（乙7）。反訴被告名義の財産については，生活費以外の給与をすべて反訴被告が管理していたため，反訴原告はその詳細を知らないが，相当程度の額の預貯金は存在したはずである。したがって，反訴原告は，相当額の財産分与を求める。
7 よって，反訴原告は，反訴被告に対し，民法770条1項5号に基づき，長男の親権者を反訴原告と指定しての離婚を求めるとともに，判決確定の日から長男が成人に達する日の属する月まで1か月◯万円の養育費の支払並びに相当額の財産分与及びこれに対する遅延損害金の支払を求め，さらに，民法709条，710条に基づき，離婚に伴う慰謝料として500万円及びこれに対する遅延損害金の支払をそれぞれ求める。

　　　　　　　　　　証　拠　方　法

乙第1号証　　陳述書
乙第2，3号証　　診断書

乙第4号証　写真
乙第5号証　診断書
乙第6号証　源泉徴収票
乙第7号証　預金通帳
証拠説明書

　　　　　　　　　　　附　属　書　類
反訴状（副本）　　　　　　1通
乙第1ないし7号証（写し）　各1通
証拠説明書（副本）　　　　1通

第4章　請求の併合・反訴・訴えの変更

【書式4-3】　反訴状(2)——損害賠償を求めている事案

本訴　東京家庭裁判所家事第6部○係　平成○年（家ホ）第○○号　離婚請求事件

　　　　　　　　　　　　反　訴　状

　　　　　　　　　　　　　　　　　　　　　　　　平成○年○月○日
東京家庭裁判所家事第6部○係　御中

　　　　　　　反訴原告（本訴被告）訴訟代理人弁護士　　　霞　　華　子　㊞

　　本籍　○○県○○市○○町○丁目○番地
　　住所　〒000-0000　東京都○○区○○町○丁目○番○号
　　　　　反訴原告（本訴被告）　　　甲　野　花　子

　　　　　〒000-0000　東京都○○区○○町○丁目○番○号○○ビル○○号
　　　　　　　　　　　　　　　　　　　　　　　　　　　　（送達場所）
　　　　　　　　　　　　　電　話　00-0000-0000
　　　　　　　　　　　　　ＦＡＸ　00-0000-0000
　　　　　同訴訟代理人弁護士　　　霞　　華　子

　　本籍　反訴原告（本訴被告）に同じ
　　住所　〒000-0000　東京都○○区○○町○丁目○番○号
　　　　　反訴被告（本訴原告）　　　甲　野　一　郎

損害賠償反訴請求事件
　　訴訟物の価額　　300万円
　　貼用印紙額　　　2万円
　　予納郵便切手　　6000円

第1　請求の趣旨
　1　反訴被告は，反訴原告に対し，300万円及びこれに対する反訴状送達の日の翌日から支払済みまで年5分の割合による金員を支払え。
　2　訴訟費用は，反訴被告の負担とする。
との判決及び第1項につき仮執行宣言を求める。

第2 請求の原因

1 本訴において，反訴被告は，反訴原告に対し，反訴原告が突然家を出てから別居が継続し，夫婦関係の修復に向けた行動を双方が全くとっていないことなどから，婚姻関係が破綻したと主張して，離婚を求めている。しかし，別居が開始され，その後夫婦関係が修復していないのは，以下のような反訴被告の不貞行為に理由がある（乙1）。

   (1) 反訴被告は，平成○年○月ころから，自宅で携帯電話ばかり気にするようになり，反訴原告との会話もほとんどしなくなったため，反訴原告が浮気を疑い，同年○月○日に，ダイニングのテーブルの上に置いたままになっていた反訴被告の携帯電話を確認すると，反訴被告から，乙野冬美に対し，「昨日の夜は楽しかった。また泊まりに行こう」という内容のメールが送られており，乙野からも，これに応ずるメールが返信されていた。確かにその前日，反訴被告は，仕事のため徹夜になると言って帰宅していなかったので，反訴原告は，反訴被告の不貞行為を確信した。

   (2) 同年○月○日，調査会社の報告書（乙2）のとおり，反訴被告と乙野は，ホテルに宿泊して，再び不貞行為に及んだ。

   (3) 同年○月○日，反訴原告が，反訴被告に上記報告書を突き付け，不貞について問いつめたところ，反訴被告はこれを認めたが，乙野とは別れるつもりはないなどと述べたため，反訴原告は愛想をつかし，同日，荷物をまとめて自宅を出て，以後反訴被告と別居している。

2 以上によれば，反訴被告と乙野との不貞行為によって，反訴被告と反訴原告の婚姻関係は破綻したのであり，反訴被告は有責配偶者であって，その離婚請求は信義則に反し認められないし，上記の反訴被告と乙野との間で繰り返された不貞行為は，それ自体，反訴原告に対する不法行為に該当する。

   そして，上記の不貞行為を知ったことにより，反訴原告は大きなショックを受けたこと，反訴被告は，現在も乙野と交際を続け，同棲していることなどの事情にも鑑みると，上記不法行為により反訴原告が受けた精神的苦痛を慰謝するため，少なくとも300万円が支払われるべきである。

3 よって，反訴原告は，反訴被告に対し，その不貞行為自体を民法709条，710条の不法行為として，300万円の慰謝料及びこれに対する反訴状送達の日の翌日からの遅延損害金の支払を求める。

第4章　請求の併合・反訴・訴えの変更

　　　　　　　　　証　拠　方　法
　乙第1号証　陳述書
　乙第2号証　調査報告書
　証拠説明書

　　　　　　　　　附　属　書　類
　反訴状（副本）　　　　1通
　乙第1，2号証（写し）　各1通
　証拠説明書（副本）　　各1通

【書式4-4】 反訴状(3)——慰謝料、財産分与を求めている事案（予備的反訴）

本訴　東京家庭裁判所家事第6部○係　平成○年（家ホ）第○○号　離婚請求事件

反訴状（予備的反訴）

平成○年○月○日

東京家庭裁判所家事第6部○係　御中

　　　　　反訴原告（本訴被告）訴訟代理人弁護士　　　霞　　華　子　㊞

　本籍　○○県○○市○○町○丁目○番地
　住所　〒000-0000　東京都○○区○○町○丁目○番○号
　　　　反訴原告（本訴被告）　　　甲　野　花　子

　　　　〒000-0000　東京都○○区○○町○丁目○番○号○○ビル○○号
　　　　　　　　　　　　　　　　　　　　　　　　　（送達場所）
　　　　　　　　　　　　電　話　00-0000-0000
　　　　　　　　　　　　ＦＡＸ　00-0000-0000
　　　　同訴訟代理人弁護士　　　霞　　　華　　　子

　本籍　反訴原告（本訴被告）に同じ
　住所　〒000-0000　東京都○○区○○町○丁目○番○号
　　　　反訴被告（本訴原告）　　　甲　野　一　郎

損害賠償等反訴請求事件
　　訴訟物の価額　　300万円
　　貼用印紙額　　　2万1200円
　　予納郵便切手　　6000円

第1　請求の趣旨
　　　本訴原告（反訴被告）の離婚請求が認容されることを条件として，
　1　反訴被告は，反訴原告に対し，300万円及びこれに対する本判決確定の日から支払済みまで年5分の割合による金員を支払え。
　2　反訴被告は，反訴原告に対し，財産分与として，○○万円を支払え。

3　訴訟費用は，反訴被告の負担とする。
　との判決を求める。
第2　請求の原因等
　1　反訴提起の経緯
　　本訴において，反訴被告（本訴原告）は，反訴原告（本訴被告）に対し，別居が長期間継続していることなどから，婚姻を継続し難い重大な事由があるとして，離婚を求めるとともに，財産分与を行うよう求めている。
　　反訴原告は，反訴被告の主張するような離婚原因は存在しないと考えており，反訴被告との夫婦関係の修復を望んでいるが，念のため，反訴被告の離婚請求が認められた場合に備えて，予備的に反訴請求を行うものである。
　2　離婚に伴う慰謝料請求
　　本訴で主張しているとおり，反訴原告と反訴被告が別居したのは，反訴原告が，反訴被告と乙山秋子が仲良さそうに手をつなぎながら歩いているのを目撃し，それ以前の反訴被告の様子から，同人との不貞関係を確信して，これを反訴被告に問いつめたところ，反訴被告は乙山との不貞関係を頑なに否定し，ついには反訴原告を無視するような態度を取ったため，反訴原告は，このまま反訴被告と生活していくことに耐えられなくなり，やむなく自宅を出たものである。その後，反訴原告は，悩んだ末，反訴被告を許して再度やり直そうと決意し，夫婦関係の修復を求めて，反訴被告に電話をしたり，メールを送信するなどしたが，反訴被告は，電話に出ず，メールにも返信しなかった（乙5）。
　　以上によれば，仮に婚姻関係が破綻したとしても，その原因は，乙山と不貞関係を持った反訴被告にあるから，そもそも反訴被告の離婚請求は，有責配偶者による離婚請求として信義則に反し許されないし，仮に離婚が認められるとしても，反訴被告は，離婚を余儀なくさせた不法行為に基づき，反訴原告が受けた精神的苦痛に対する慰謝料を支払う義務がある。
　　そして，上記のような反訴被告と乙山の不貞関係により離婚を余儀なくされた反訴原告の精神的苦痛は非常に大きく，これに対する慰謝料額は，少なくとも300万円を下らない。
　3　財産分与請求

反訴原告と反訴被告が別居した平成○年○月○日時点での反訴原告及び反訴被告名義の財産は，本訴において整理した別紙財産分与対象財産一覧表記載のとおりである。したがって，反訴原告は，反訴被告に対し，双方名義の財産の総合計額の２分の１から反訴原告名義の財産の合計額を差し引いた○○万円を，財産分与として支払うよう請求する。

4　よって，反訴原告は，反訴被告に対し，本訴において反訴被告の離婚請求が認められた場合の予備的反訴として，民法709条，710条に基づき，離婚に伴う慰謝料として300万円及びこれに対する本判決確定の日から支払済みまでの遅延損害金の支払と，財産分与として○○万円の支払をそれぞれ求める。

(別紙財産分与対象財産一覧表は省略)

証　拠　方　法

乙第５号証　　　陳述書
証拠説明書

附　属　書　類

反訴状（副本）　　１通
乙第５号証（写し）　１通
証拠説明書（副本）　１通

第4章 請求の併合・反訴・訴えの変更

第3節 訴えの変更

1 訴えの変更の要件

　人事訴訟においても、訴えの変更を行うことができる。民事訴訟では、請求の基礎に変更がないことが要件となっており、また、訴えの変更により著しく訴訟手続を遅滞させることとなるときには、訴えの変更ができず（民訴法143条1項）、裁判所は、訴えの変更が不当であると認めるときは、変更を許さない旨の決定をしなければならないが（同条4項）、人事訴訟においては、これらの規定の適用がなく、請求の基礎の同一性を欠いても、また、第1審または控訴審の口頭弁論の終結に至るまでの間、訴えの変更をすることができるし、裁判所が、訴えの変更を不当としてこれを許さない旨の決定をすることも許されない（人訴法18条）。

2 手　続

　民事訴訟と基本的に同様であり、申立ては書面でしなければならない（民訴法143条2項）。

3 貼用印紙額

　訴えの変更後の請求に応じて計算した貼用印紙額と、すでに納められている印紙額とに差額がある場合には、その差額分の印紙を貼付する。

4 その他実情等

　附帯処分は、本来的・実質的には家事審判事項であり、例外的に訴訟手続により離婚等の効力発生と同時に権利義務の具体的内容の形成をすることが認められたものにすぎず、裁判所も、当事者の主張する申立ての趣旨に拘束されない（第1章第4節Ⅰ2参照）。したがって、当事者が附帯処分として求める処分の内容を変更したい場合でも、それは訴えの変更（または附帯処分申立ての変更）には該当しないから、訴えの変更の手続をとる必要はなく、

276

単にその旨の主張を準備書面等で行えば足りる。

　人事訴訟において、訴えを交換的に変更することは、ほとんど見受けられず、追加的な訴えの変更が見受けられる程度である。具体的には、人事訴訟に係る請求の原因である事実によって生じた損害の賠償に関する請求（関連損害賠償請求。人訴法17条）としての慰謝料請求につき、新たに請求する場合（請求の追加）や、請求金額を増額する場合（請求の拡張）などがあげられる。

5　申立書作成のポイント

　変更前の請求の趣旨を記載し、変更前の請求の理由のうち変更する箇所の指摘を行ったうえ、変更後の請求の趣旨および理由を記載すると、比較対照することができて、変更の内容がわかりやすい。また、このような記載のみでは変更をした理由・背景がわかりにくい場合には、その点も申立書に記載すると、事案の把握と審理の円滑な進行につながる。

第4章　請求の併合・反訴・訴えの変更

【書式4-5】　申立書——訴えの変更

東京家庭裁判所家事第6部○係　平成○年（家ホ）第○○号　離婚等請求事件
原　告　　甲　野　一　郎
被　告　　甲　野　花　子

訴えの変更申立書

平成○年○月○日

東京家庭裁判所家事第6部○係　御中

　　　　　原告訴訟代理人弁護士　　　東　京　太　郎　㊞

訴訟物の価額　　300万円
追納印紙額　　　7000円

　頭書事件について，原告は，次のとおり請求の趣旨及び原因を変更する。

1　請求の趣旨の変更
　(1)　従前の請求の趣旨
　　　「1　原告と被告とを離婚する。
　　　　2　被告は，原告に対し，財産分与として，1000万円及び本判決確定の日の翌日から支払済みまで年5分の割合による金員を支払え。
　　　　3　訴訟費用は被告の負担とする。」
　(2)　変更後の請求の趣旨
　　　「1　原告と被告とを離婚する。
　　　　2　被告は，原告に対し，財産分与として，700万円及び本判決確定の日の翌日から支払済みまで年5分の割合による金員を支払え。
　　　　3　被告は，原告に対し，慰謝料として，300万円及び本判決確定の日から支払済みまで年5分の割合による金員を支払え。
　　　　4　訴訟費用は被告の負担とする。」
3　請求の原因の変更
　(1)　訴状「第2　請求の原因」の4項5行目以降に，「以上に加え，上記2の事情によれば，慰謝料的財産分与として，300万円が支払われるべきである。したがって，合計1000万円が財産分与として支払われるべきである。」とあるのを，次のとおり変更する。
　　　「したがって，財産分与として，700万円が支払われるべきである。

また，上記2の事情によれば，被告の不貞行為によって婚姻関係が破綻し，離婚を余儀なくされ，原告は多大な精神的苦痛を受けたから，不法行為に基づく慰謝料として，300万円が支払われるべきである。」
(2)　訴状「第2　請求の原因」の5項を，次のとおり変更する。
　　「よって，原告は，被告に対し，民法770条1項5号に基づき，離婚を求めるとともに，財産分与として700万円及びこれに対する本判決確定の日の翌日から支払済みまでの年5分の割合による遅延損害金を支払うこと，民法709条，710条に基づき，離婚に伴う慰謝料として300万円及びこれに対する本判決確定の日から支払済みまでの年5分の割合による遅延損害金を支払うことをそれぞれ求める。」

　　　　　　　　　　附　属　書　類
訴えの変更申立書副本　1通

㊟　当初は財産分与の請求の中で慰謝料的財産分与を主張していたが，慰謝料的財産分与の部分について，離婚に伴う慰謝料請求に変更した事案である。

第5章　渉外人事訴訟事件

第1節　渉外人事訴訟事件の概要

1　渉外人事訴訟事件とは

渉外人事訴訟事件とは、当事者の国籍、住居所、婚姻挙行地等の法律関係を構成する諸要素の少なくとも一つが、複数の国に関係を有する人事訴訟事件をいう。

2　国際裁判管轄

国際裁判管轄とは、どこの国の裁判所に当該渉外事件について裁判をする権限があるかという問題であるが、これを直接規定する条文はなく、条理に従って国際裁判管轄の有無が決せられる。

3　準拠法

準拠法とは、渉外人事訴訟事件に適用される実質法のことをいう。

準拠法の選択方法を指定する法律は、法の適用に関する通則法（平成18年法律第78号。以下、「通則法」という）や、扶養義務の準拠法に関する法律（昭和61年法律第84号。以下、「扶養準拠法」という）等がある。

4　手続法

渉外人事訴訟事件の手続については、国際法上、「手続は法廷地法による」との一般原則が妥当するので、実体法の準拠法が外国法となった場合でも、日本の裁判所で審理がなされる場合は、手続法としては日本法が適用される。

第2節　婚姻関係事件

1　国際裁判管轄

　国際裁判管轄を定める明文上の規定はなく、条理に従って決せられる。
　婚姻関係事件の国際裁判管轄について指針となる最高裁判例としては、以下のものがある。
①　最判昭和39・3・25民集18巻3号486頁
　　同最高裁判決は、原被告とも外国人の事案について、「離婚の国際的裁判管轄権の有無を決定するにあたっても、被告の住所がわが国にあることを原則とすべきことは、訴訟手続上の正義の要求にも合致し、また、いわゆる跛行婚の発生を避けることにもなり、相当に理由のあることではある。しかし、他面、原告が遺棄された場合、被告が行方不明である場合その他これに準ずる場合においても、いたずらにこの原則に膠着し、被告の住所がわが国になければ、原告の住所がわが国に存していても、なお、わが国に離婚の国際的裁判管轄権が認められないとすることは、わが国に住所を有する外国人で、わが国の法律によっても離婚の請求権を有すべき者の身分関係に十分な保護を与えないこととなり、国際私法生活における正義公平の理念にもとる結果を招来することとなる」と判示し、被告の住所地国に国際裁判管轄があることを原則としつつも、原告が遺棄された場合や被告が行方不明である場合等については、被告の住所地国でない場合にも、例外的に原告の住所地国に国際裁判管轄が認められると判示した。
②　最判平成8・6・24民集50巻7号1451頁
　　同最高裁判決は、日本に居住する日本人原告と外国に居住する外国人被告の事案について、「離婚請求訴訟においても、被告の住所は国際裁判管轄の有無を決定するに当たって考慮すべき重要な要素であり、被告が我が国に住所を有する場合に我が国の管轄が認められることは、当然というべきである。しかし、被告が我が国に住所を有しない場合であっ

ても、原告の住所その他の要素から離婚請求と我が国との関連性が認められ、我が国の管轄を肯定すべき場合のあることは、否定し得ないところであり、どのような場合に我が国の管轄を肯定すべきかについては、国際裁判管轄に関する法律の定めがなく、国際的慣習法の成熟も十分とは言い難いため、当事者間の公平や裁判の適正・迅速の理念により条理に従って決定するのが相当である。そして、管轄の有無の判断に当たっては、応訴を余儀なくされることによる被告の不利益に配慮すべきことはもちろんであるが、他方、原告が被告の住所地国に離婚請求訴訟を提起することにつき法律上又は事実上の障害があるかどうか及びその程度をも考慮し、離婚を求める原告の権利の保護に欠けることのないよう留意しなければならない」と判示した。

以上によれば、婚姻関係事件の国際裁判管轄は、①被告の住所地を原則とするが、②㋐原告が悪意で遺棄された場合や、㋑被告が行方不明の場合、㋒原告の住所その他の要素から離婚請求と原告の住所地国との関連性が認められ、原告の住所地国の管轄を肯定すべき場合等については、原告の住所地国にも国際裁判管轄が認められると解される。

2 準拠法

(1) 婚姻無効、婚姻取消しの訴え

婚姻が有効に成立するためには、①実質的要件（婚姻意思等）を備えるとともに、②形式的要件（婚姻の方式が適法であること）も備える必要がある。

㋐ 実質的要件

通則法は、婚姻の実質的要件について、「婚姻の成立は、各当事者につき、その本国法による」と規定している（通則法24条1項）。

したがって、たとえば、日本人夫と中国人妻の婚姻の場合は、日本人夫については日本法を、中国人妻については中国法をそれぞれ適用してその実質的成立要件の有無を判断することになる。

そして、当事者の一方または双方について、それぞれの本国法に照らし、婚姻の実質的要件を満たさない場合は、婚姻は無効または取消しとなる。

実質的要件には、当事者の一方のみに要求されるもの（一方的成立要件。

たとえば、婚姻意思、婚姻適齢、父母の同意等）と、双方に要求されるもの（双方的成立要件。たとえば、重婚の禁止、近親婚の禁止等）があり、双方的成立要件については、当事者の双方が要件を満たさなければ、婚姻は無効または取り消される（たとえば、妻の本国法では重婚が婚姻取消事由とされているのに対し、夫の本国法では重婚を禁止していない場合（イスラム圏等）、重婚禁止は双方的成立要件なので、婚姻は妻の本国法により取り消すことができる）。

　実質的要件違反の効果がそれぞれの本国法により異なる場合（たとえば、一方の本国法では婚姻が無効となり、他方の本国法では取消原因となる場合）は、効力が重いほう（無効と取消しであれば無効）が適用される。

　　(イ)　形式的要件

　通則法は、形式的要件について、「婚姻の方式は、婚姻挙行地の法による」（通則法24条2項）と規定するとともに、「前項〔編注：通則法24条2項〕の規定にかかわらず、当事者の一方の本国法に適合する方式は、有効とする。ただし、日本において婚姻が挙行された場合において、当事者の一方が日本人であるときは、この限りでない」（同条3項）と規定している。

　したがって、婚姻の方式については、①婚姻挙行地または当事者の一方の本国法に適合すれば原則として有効であるが、②婚姻挙行地が日本で、当事者の一方が日本人であるときは、日本の方式でなければ婚姻は有効でない。

　(2)　離婚、離婚無効、離婚取消しの訴え

　　(ア)　離婚、離婚無効、離婚取消しの準拠法

　離婚の効力は、①夫婦の本国法が同一であるときはその法により、②その法がない場合において夫婦の常居所地法が同一であるときはその法により、③そのいずれの法もないときは夫婦に最も密接な関係がある地の法によるとされている（通則法27条本文・25条）。

　したがって、たとえば、①同一国人同士の夫婦の場合は当該本国法が準拠法となり、②異国籍同士の夫婦であるが、双方の常居所地がいずれも日本国である場合は日本法が準拠法となり、③異国籍同士の夫婦で、常居所地も同一でないが、夫婦にとって最も密接な関係がある地が日本国であれば日本法が適用される。

　ただし、夫婦の一方が日本に常居所を有する日本人であるときは、日本法

が適用される（通則法27条ただし書）。

　したがって、日本人と外国人の離婚事件の場合、当該日本人が日本に常居所を有する場合は日本法が適用される。

　協議離婚の方式（形式的要件）については、親族関係についての法律行為の方式について定めた通則法34条により、離婚について適用すべき法（通則法27条・25条参照）によるが（同法34条1項）、行為地法に適合する方式も有効となる（同条2項）。

　　(イ)　離婚に伴う親権者の指定の準拠法

　親子間の法律関係は、①子の本国法が父または母の本国法（父母の一方が死亡し、または知れない場合にあっては、他の一方の本国法）と同一である場合には子の本国法により、②その他の場合には子の常居所地法による（通則法32条）。

　したがって、たとえば、子と父が日本人で、母が韓国人の場合は、日本法が適用される。

　なお、未成年者か否かについては、子の本国法によって決まる（通則法4条1項）。

　　(ウ)　養育費の準拠法

　養育費については、①扶養権利者の常居地法によるとされ、②扶養権利者の常居地法によればその者が扶養義務者から扶養を受けることができないときは、当事者の共通本国法により、③これによっても扶養権利者が扶養義務者から扶養を受けることができないときは、日本法によるとされており（扶養準拠法2条）、扶養権利者が極力扶養を受けられるよう配慮されている。

　　(エ)　離婚に伴う慰謝料請求の準拠法

　人事訴訟に附帯して請求される慰謝料請求には、①離婚を余儀なくされたことによる慰謝料請求と、②個々の不法行為そのものを原因とする慰謝料請求がある。

　このうち、上記①の準拠法は、離婚と不可分のものなので、離婚についての準拠法である通則法27条が適用されるとするのが通説・判例である（最判昭和59・7・20民集38巻8号1051頁）。

　上記②の準拠法については、①と同様に通則法27条によるとする説と、不

法行為について規律した通則法17条（加害行為地法等）によるとする説がある。

　(オ)　**離婚に伴う財産分与請求の準拠法**

　財産分与も離婚の効力の問題であるので、離婚についての準拠法である通則法27条が適用されるとするのが通説・判例である（最判昭和59・7・20民集38巻8号1051頁）。

　(カ)　**年金分割に関する準拠法**

　年金分割は、日本の社会保障に関するものなので、当事者の国籍等にかかわらず、日本法が適用される。

第5章　渉外人事訴訟事件

【書式5-1】　訴状(1)――婚姻無効確認請求①（外国人の被告が所在不明の事案）

訴　　　　　状

平成○年○月○日

東京家庭裁判所　御中

　　　　　　原告訴訟代理人弁護士　　　東　京　太　郎　㊞

　　本籍　東京都○○区○○町○丁目○番地
　　住所　〒000-0000　東京都○○区○○町○丁目○番○号
　　　　　原　　　告　　　甲　野　一　郎

　　　　　〒000-0000　東京都○○区○○町○丁目○番○号○○ビル○号
　　　　　　　　　　　　　　　　　　　　　　　　　　　（送達場所）
　　　　　　　　　　　　電　話　00-0000-0000
　　　　　　　　　　　　ＦＡＸ　00-0000-0000
　　　　　原告訴訟代理人弁護士　　　東　京　太　郎

　　国　籍　中　国
　　住居所　不明（最後の住所地　東京都○○区○○町○番○号）
　　　　　被　　　告　　　○　　　　○　　　　○

婚姻無効確認請求事件
　　訴訟物の価額　　　160万円
　　貼用印紙額　　　　1万3000円

第1　請求の趣旨
　1　平成○年○月○日東京都○○区長に対する届出によってなされた原告と被告との婚姻は無効であることを確認する。
　2　訴訟費用は被告の負担とする。
　　との判決を求める。

第2　請求の原因
　1　当事者
　　　原告は，昭和○年○月○日生まれの日本人男性であり，被告は19○○年

286

○月○日生まれの中国人女性である（甲1，2）。
2　国際裁判管轄
　　国際裁判管轄は，原則として被告の住所地国であるが，原告が遺棄された場合，被告が行方不明の場合その他これに準ずる場合には，日本の裁判所に国際裁判管轄が認められる（最高裁昭和39年3月25日大法廷判決・民集18巻3号486頁）。
　　そして，本件の場合，被告は行方不明となっているので，日本の裁判所に国際裁判管轄が認められる。
3　準拠法
　　婚姻の成立については，法の適用に関する通則法24条1項により，各当事者につき，その本国法によることになるところ，原告は日本人であるので，日本法に基づき婚姻が無効であれば，原被告間の婚姻は無効となる。
4　婚姻届の偽造等
　(1)　原告と被告については，平成○年○月○日東京都○○区長に対する届出によって，戸籍上は婚姻した夫婦として記載されている（甲1，3）。
　(2)　しかしながら，原告は被告と何らの面識もなく，被告と婚姻した事実もない。上記婚姻届は，被告が在留資格を得るため婚姻届を偽造し，原告に無断で提出したものであって，無効である（甲4）。
5　よって，原告は，民法742条1号，人事訴訟法2条1号により，原被告間の婚姻が無効であることの確認を求める。

　　　　　　　　　　　　証　拠　方　法
甲第1号証　　戸籍謄本
甲第2号証　　住民票写し
甲第3号証　　婚姻届記載事項証明書
甲第4号証　　陳述書
証拠説明書
証拠申出書

　　　　　　　　　　　　添　付　書　類
戸籍謄本
住民票写し

第5章　渉外人事訴訟事件

公示送達申立書
所在調査報告書
訴訟委任状

附　属　書　類

訴状（副本）　　　　　　　　　1通
甲第1ないし4号証（写し）　各1通
証拠説明書（副本）　　　　　　1通
証拠申出書（副本）　　　　　　1通

【書式5-2】 訴状(2)——婚姻無効確認請求②（当事者が日本人と外国人の場合）

訴　　　状

平成○年○月○日

東京家庭裁判所　御中

　　　　　原告訴訟代理人弁護士　　　東　京　太　郎　㊞

　本籍　東京都○○区○○町○丁目○番地
　住所　〒000-0000　東京都○○区○○町○丁目○番○号
　　　　原　　　　告　　　甲　野　一　郎

　　　　〒000-0000　東京都○○区○○町○丁目○番○号○○ビル○○号
　　　　　　　　　　　　　　　　　　　　　　（送達場所）
　　　　　　　　　　　電　話　00-0000-0000
　　　　　　　　　　　ＦＡＸ　00-0000-0000
　　　　原告訴訟代理人弁護士　　　東　京　太　郎

　国籍　大韓民国
　住所　〒000-0000　東京都○○区○○町○丁目○番○号
　　　　被　　　告　　　　○　　　　　　○　　　○

婚姻無効確認請求事件
　訴訟物の価額　　160万円
　貼用印紙額　　　1万3000円

第1　請求の趣旨
　1　平成○年○月○日東京都○○区長に対する届出によってなされた原告と被告との婚姻は無効であることを確認する。
　2　訴訟費用は被告の負担とする。
　との判決を求める。

第2　請求の原因
　1　当事者
　　原告は，昭和○年○月○日生まれの日本人男性であり，被告は1900年

○月○日生まれの韓国人女性である（甲１，２）。
2　準拠法

　　婚姻の成立については，法の適用に関する通則法24条１項により，各当事者につき，その本国法によることになるところ，原告は日本人であるので，日本法に基づき婚姻が無効であれば，原被告間の婚姻は無効となる。
3　戸籍上の記載

　　原告と被告については，平成○年○月○日東京都○○区長に対する届出によって，戸籍上は婚姻した夫婦として記載されている（甲１，３）。

　　しかしながら，上記婚姻届は，以下のとおり，被告が婚姻届を偽造し，原告に無断で提出したものであって，無効である。
4　被告による婚姻届の偽造等
　(1)　原告と被告は，平成○年○月ころ知り合い，同年○月ころから同棲するようになった。

　　　　しかしながら，原告は，次第に被告に対する愛情が冷め，平成○年○月ころから，乙野花子と交際するようになった。そして，原告は，同年○月○日，被告に対して別れ話を切り出し，乙野と結婚したい旨伝えたところ，被告は逆上し，原告に対してガラスコップを投げ付けた上，乙野と結婚できないようにしてやると叫んで家を出た（甲４）。
　(2)　そして，被告は，原告に無断で婚姻届に原告名義で署名押印し，同年○月○日，○○区長に対して婚姻届を提出した（甲３）。
5　以上によれば，本件婚姻届は，被告が原告に無断で提出したものであり，原告には婚姻意思がなかったのであるから，原被告間の婚姻は無効である。

　　よって，原告は，民法742条１号，人事訴訟法２条１号により，原被告間の婚姻が無効であることの確認を求める。

証　拠　方　法

甲第１号証　　戸籍謄本
甲第２号証　　住民票写し
甲第３号証　　婚姻届記載事項証明書
甲第４号証　　陳述書
証拠説明書

添　付　書　類

戸籍謄本
住民票写し
調停不成立証明書
訴訟委任状

附　属　書　類

訴状（副本）　　　　　　　　1通
甲第1ないし4号証（写し）　各1通
証拠説明書（副本）　　　　　1通

第5章　渉外人事訴訟事件

【書式5-3】　訴状(3)──婚姻取消請求（当事者が日本人と外国人の場合）

訴　　　　状

平成○年○月○日

東京家庭裁判所　御中

　　　　　原告訴訟代理人弁護士　　東　京　太　郎　㊞

本籍　東京都○○区○○町○丁目○番地
住所　〒000-0000　東京都○○区○○町○丁目○番○号
　　　原　　　告　　甲　野　一　郎

　　　〒000-0000　東京都○○区○○町○丁目○番○号○○ビル○○号
　　　　　　　　　　　　　　　　　　　　　　　　　（送達場所）
　　　　　　　　　　電　話　00-0000-0000
　　　　　　　　　　ＦＡＸ　00-0000-0000
　　　原告訴訟代理人弁護士　　東　京　太　郎

国籍　中　国
住所　〒000-0000　東京都○○区○○町○丁目○番○号
　　　被　　　告　　　○　　　　○　　　　○

婚姻取消請求事件
　訴訟物の価額　　160万円
　貼用印紙額　　　1万3000円

第1　請求の趣旨
　1　平成○年○月○日東京都○○区長に対する届出によってなされた原告と被告との婚姻を取り消す。
　2　訴訟費用は被告の負担とする。
　　との判決を求める。

第2　請求の原因
　1　当事者
　　原告は，昭和○年○月○日生まれの日本人男性であり，被告は1900年

○月○日生まれの中国人女性である（甲1，2）。
2　準拠法
　　婚姻の成立については，法の適用に関する通則法24条1項により，各当事者につき，その本国法によることになるところ，原告は日本人であるので，日本法に基づき婚姻取消事由があれば，原告は原被告間の婚姻を取り消すことができる。
3　婚　姻
　　原告と被告は，平成○年○月○日，婚姻の届出をした（甲1，3）。
　　しかしながら，本件婚姻は，以下のとおり，被告が在留資格を得るため，原告を欺罔して成立させたものである。
4　被告による欺罔行為（甲4）
　(1)　原告は，かねてから結婚したいと望んでいたところ，平成○年○月ころ，結婚相手を周旋していた中国人ブローカーから，中国人女性である被告を紹介された。
　　　このため，原告は，中国○○省に赴いて初めて被告と会い，平成○年○月○日，被告と婚姻する旨の届出をした。
　(2)　ところが，被告は，原告との婚姻届を提出したその日から行方をくらまし，風俗店で働き始めた。原告は，同月○日，ようやく被告の所在を突き止め，被告を問いただしたところ，被告は，当初から原告と結婚する意思はなく，日本の在留資格を得るために原告を欺罔して婚姻届を提出したことを認めた。
5　詐欺について知った後3か月以内での調停申立て
　　このため，原告は，それから3か月以内の日である同年○月○日，被告を相手方として，婚姻取消しの調停を申し立てたが（東京家庭裁判所平成○年（家イ）第○○号），被告が出頭しなかったため不成立となった（甲5）。
6　よって，原告は，被告に対し，民法747条及び人事訴訟法2条1号に基づき，婚姻の取消しを求める。

証　拠　方　法

甲第1号証　　戸籍謄本
甲第2号証　　住民票写し
甲第3号証　　婚姻届記載事項証明書
甲第4号証　　陳述書

第5章　渉外人事訴訟事件

甲第5号証　　調停不成立証明書
証拠説明書

添　付　書　類

戸籍謄本
住民票写し
調停不成立証明書
訴訟委任状

附　属　書　類

訴状（副本）　　　　　　　　1通
甲第1ないし5号証（写し）　各1通
証拠説明書（副本）　　　　　1通

【書式5-4】 訴状(4)——離婚請求（外国人の被告が所在不明の事案）

訴　　　　状

平成○年○月○日

東京家庭裁判所　御中

　　　　　原告訴訟代理人弁護士　　　東　　京　　太　　郎　㊞

　　本籍　東京都○○区○○町○丁目○番地
　　住所　〒000-0000　東京都○○区○○町○丁目○番○号
　　　　　原　　　　　告　　　甲　野　一　郎

　　　　　〒000-0000　東京都○○区○○町○丁目○番○号○○ビル○○号
　　　　　　　　　　　　　　　　　　　　　　　　　（送達場所）
　　　　　　　　　　　　　電　話　00-0000-0000
　　　　　　　　　　　　　ＦＡＸ　00-0000-0000
　　　　　原告訴訟代理人弁護士　　　東　　京　　太　　郎

　　国　籍　フィリピン
　　住居所　不明（最後の住所地　東京都○○区○○町○番○号）
　　　　　被　　　　告　　　○　　　　○　　　　○

離婚請求事件
　　訴訟物の価額　　160万円
　　貼用印紙額　　　1万3000円

第1　請求の趣旨
　1　原告と被告とを離婚する。
　2　訴訟費用は被告の負担とする。
　　との判決を求める。

第2　請求の原因
　1　当事者
　(1)　原告は，昭和○年○月○日生まれの日本人男性であり，被告は1900年○月○日生まれのフィリピン人女性である（甲1，2）。

295

(2) 原告と被告は，平成○年○月○日，婚姻した（甲1）。
2 国際裁判管轄
　　国際裁判管轄は，原則として被告の住所地国であるが，原告が遺棄された場合，被告が行方不明の場合その他これに準ずる場合には，日本の裁判所に国際裁判管轄が認められる（最高裁昭和39年3月25日大法廷判決・民集18巻3号486頁）。
　　そして，本件の場合，被告は行方不明となっているので，日本の裁判所に国際裁判管轄が認められる。
3 準拠法
　　夫婦の一方が日本に常居所を有する日本人である場合の離婚請求訴訟は，法の適用に関する通則法27条ただし書により，日本法が準拠法となるところ，原告は日本に常居所を有する日本人であるので，本件では日本法が適用される。
4 悪意の遺棄
　　被告は，平成○年○月ころから外泊することが多くなり，平成○年○月○日に家を出てから今日に至るまで，5年6か月もの間，所在不明の状態である（甲3）。
　　このように，被告が，長期間にわたり，正当な理由もなく同居義務を果たしていないことは，悪意の遺棄に当たるとともに，婚姻を継続し難い重大な事由に該当する。
5 よって，原告は，民法770条1項2号，5号に基づき被告との離婚を求める。

証　拠　方　法

甲第1号証　　戸籍謄本
甲第2号証　　住民票写し
甲第3号証　　陳述書
証拠説明書
証拠申出書

添　付　書　類

戸籍謄本
住民票写し
公示送達申立書

所在調査報告書
訴訟委任状

附　属　書　類

訴状（副本）	1通
甲第1ないし3号証（写し）	各1通
証拠説明書（副本）	1通
証拠申出書（副本）	1通

第5章　渉外人事訴訟事件

【書式5-5】　訴状(5)――離婚等請求①（当事者が日本人と外国人の場合で、離婚、慰謝料を求める事案）

訴　　　　状

平成○年○月○日

東京家庭裁判所　御中

　　　　　　　原告訴訟代理人弁護士　　　東　京　太　郎　㊞

　　本籍　東京都○○区○○町○丁目○番地
　　住所　〒000-0000　東京都○○区○○町○丁目○番○号
　　　　　原　　　　告　　　甲　野　花　子

　　　　　〒000-0000　東京都○○区○○町○丁目○番○号○○ビル○○号
　　　　　　　　　　　　　　　　　　　　　　　　　　　（送達場所）
　　　　　　　　　　　　電　話　00-0000-0000
　　　　　　　　　　　　ＦＡＸ　00-0000-0000
　　　　　原告訴訟代理人弁護士　　　東　京　太　郎

　　国籍　韓　国
　　住所　〒000-0000　東京都○○区○○町○丁目○番○号
　　　　　被　　　　告　　　○　　　　○　　　　○

離婚等請求事件
　訴訟物の価額　　300万円
　貼用印紙額　　　２万円

第１　請求の趣旨
　１　原告と被告とを離婚する。
　２　被告は，原告に対し，300万円及びこれに対する本判決確定の日から支払済みまで年５分の割合による金員を支払え。
　３　訴訟費用は被告の負担とする。
　　との判決を求める。

第２　請求の原因

1 当事者
 (1) 原告は，昭和〇年〇月〇日生まれの日本人女性であり，被告は1900年〇月〇日生まれの韓国人男性である（甲1，2）。
 (2) 原告と被告は，平成〇年〇月〇日に婚姻した（甲1）。
2 準拠法
　夫婦の一方が日本に常居所を有する日本人である場合の離婚請求訴訟は，法の適用に関する通則法（以下「通則法」という。）27条ただし書により，日本法が準拠法となるところ，原告は日本に常居所を有する日本人であるので，本件では日本法が適用される。
　同様に，離婚に伴う慰謝料請求についても，通則法27条ただし書により，日本法が準拠法となる。
3 被告による不貞行為
　被告は，平成〇年〇月ころから，帰宅が遅くなり，時折外泊するようになった。このため，原告は不審に思い，被告の携帯電話を確認したところ，若い女性（後になって乙野秋子であることが判明した。）と性交する様子が動画に収められていた。そして，原告が被告を問い詰めたところ，乙野と複数回肉体関係を持ったことを認めた（甲3，4）。
4 別　居
　このため，原告は，平成〇年〇月〇日，実家に戻り，以後，3年6か月間にわたって別居生活を続けている（甲3）。
5 離婚原因
　以上のとおり，原告と被告との婚姻関係は，被告の不貞により破綻しており，民法770条1項1号，5号所定の離婚事由が存在する。
6 慰謝料
　また，原告は，上記3記載のとおり，被告による不貞のため離婚を余儀なくされ，精神的に多大な苦痛を被った。
　原告が被った精神的苦痛を金銭に換算すると300万円を下らない。
7 したがって，原告は，民法770条1項1号，5号に基づき，被告との離婚を求めるとともに，被告に対し，同法709条，710条に基づき，離婚に伴う慰謝料として300万円及びこれに対する本判決確定の日から支払済みまで民法所定の年5分の割合による遅延損害金を支払うことをそれぞれ求める。

証　拠　方　法

第5章　渉外人事訴訟事件

甲第1号証　　戸籍謄本
甲第2号証　　住民票写し
甲第3号証　　陳述書
甲第4号証　　携帯画像の写真
証拠説明書

添　付　書　類

戸籍謄本
住民票写し
調停不成立証明書
訴訟委任状

附　属　書　類
訴状（副本）　　　　　　　　１通
甲第1ないし4号証（写し）　　各１通
証拠説明書（副本）　　　　　１通

【書式5-6】 訴状(6)——離婚等請求②（当事者が日本人と外国人の場合で、離婚、親権者指定、養育費の支払いを求める事案）

訴　　　状

平成○年○月○日

東京家庭裁判所　御中

　　　　　原告訴訟代理人弁護士　　　東　京　太　郎　㊞

　　本籍　東京都○○区○○町○丁目○番地
　　住所　〒000-0000　東京都○○区○○町○丁目○番○号
　　　　　原　　　　告　　　甲　野　一　郎

　　　　　〒000-0000　東京都○○区○○町○丁目○番○号○○ビル○○号
（送達場所）
　　　　　　　　　　　電　話　00-0000-0000
　　　　　　　　　　　ＦＡＸ　00-0000-0000
　　　　　原告訴訟代理人弁護士　　　東　京　太　郎

　　国籍　中　国
　　住所　〒000-0000　東京都○○区○○町○丁目○番○号
　　　　　被　　　　告　　　○　　　　○

離婚等請求事件
　　訴訟物の価額　　　160万円
　　貼用印紙額　　　　1万4200円

第1　請求の趣旨
　1　原告と被告とを離婚する。
　2　原告と被告との間の長男太郎（平成○年○月○日生）の親権者を原告と定める。
　3　被告は，原告に対し，本判決確定の日から，前項の未成年者が満20歳に達する日の属する月までの間，毎月末日限り，月額○万円を支払え。
　4　訴訟費用は被告の負担とする。
　　との判決を求める。

第5章　渉外人事訴訟事件

第2　請求の原因
 1　当事者等
  (1)　原告は，昭和○年○月○日生まれの日本人男性であり，被告は1900年○月○日生まれの中国人女性である（甲1，2）。
  (2)　原告と被告は，平成○年○月○日に婚姻し，平成○年○月○日，長男太郎をもうけた（甲1）。なお，太郎は，日本国籍を有している（甲1）。
 2　準拠法
　　夫婦の一方が日本に常居所を有する日本人である場合の離婚請求訴訟は，法の適用に関する通則法（以下「通則法」という。）27条ただし書により，日本法が準拠法となるところ，原告は日本に常居所を有する日本人であるので，本件では日本法が適用される。
　　また，親権者の指定については，子の本国法が父又は母の本国法と同一である場合には，通則法32条により子の本国法が適用されるところ，太郎及び原告はいずれも日本国籍を有するので，準拠法は日本法となる。
　　養育費については，扶養義務の準拠法に関する法律2条1項により，扶養権利者の常居所地法が適用されるところ，太郎は日本を常居所地としているので，日本法が適用される。
 3　離婚原因
　　原告と被告は，平成○年○月ころから不仲となり，被告は，ことあるごとに原告を激しくののしるなどした。そして，被告は，平成○年○月○日，原告と太郎を残して家を出，以後，5年以上にわたって原告と別居生活を続けている（甲3）。
　　以上によれば，原告と被告との婚姻関係は既に破綻しているというべきであり，民法770条1項5号所定の離婚事由が存在する。
 4　親権（甲3）
  (1)　原告は，太郎が生まれて以降，一貫して太郎の監護養育に主体的に関わってきており，被告と別居した後も，引き続き太郎の監護養育を適切に行っている。太郎は順調に成長しており，原告との関係も良好で，原告の監護状況には何の問題もない。
  (2)　一方，被告は，上記3のとおり，平成○年○月○日，太郎を残して家を出，以後5年以上にわたり太郎と会ってすらいない。
  (3)　以上によれば，太郎の親権者については，原告と定めるのが相当である。

5　養育費
　(1)　原告は，現在，○○株式会社に勤務しており，平成○年の年収は○○○万円である（甲4）。
　(2)　一方，被告は，現在，○○株式会社に勤務しており，平成○年の年収は○○○万円である（甲5）。
　(3)　以上を前提に，東京・大阪養育費等研究会が提唱する算定方式（判例タイムズ第1111号285頁）を基に算定すると，被告が負担すべき養育費は，判決確定の日から太郎が満20歳に達する日の属する月までの間，毎月末日限り，月額○万円が相当である。
6　よって，原告は，被告に対し，民法770条1項5号に基づき離婚を求めるとともに，同法819条2項に基づき太郎の親権者を原告と定めること，同法771条，766条に基づき太郎の養育費として本判決確定の日から太郎が満20歳に達する日の属する月までの間，毎月末日限り，月額○万円を支払うことをそれぞれ求める。

証　拠　方　法

甲第1号証　　戸籍謄本
甲第2号証　　住民票写し
甲第3号証　　陳述書
甲第4号証　　源泉徴収票
甲第5号証　　所得証明書
証拠説明書

添　付　書　類

戸籍謄本
住民票写し
調停不成立証明書
訴訟委任状

附　属　書　類

訴状（副本）　　　　　　　1通
甲第1ないし5号証（写し）　各1通
証拠説明書（副本）　　　　1通

【書式5-7】 訴状(7)――離婚等請求③（当事者が日本人と外国人の場合で、離婚、財産分与を求める事案）

訴　　　状

平成○年○月○日

東京家庭裁判所　御中

　　　　　　　原告訴訟代理人弁護士　　　東　京　太　郎　㊞

　　本籍　東京都○○区○○町○丁目○番地
　　住所　〒000-0000　東京都○○区○○町○丁目○番○号
　　　　　原　　　　　告　　甲　野　花　子

　　　　　〒000-0000　東京都○○区○○町○丁目○番○号○○ビル○○号
　　　　　　　　　　　　　　　　　　　　　　　　　（送達場所）
　　　　　　　　　　　　　　電　話　00-0000-0000
　　　　　　　　　　　　　　ＦＡＸ　00-0000-0000
　　　　　原告訴訟代理人弁護士　　　東　京　太　郎

　　国籍　アメリカ合衆国
　　住所　〒000-0000　東京都○○区○○町○丁目○番○号
　　　　　被　　　　　告　　○　　　　○　　　○

離婚等請求事件
　　訴訟物の価額　　　160万円
　　貼用印紙額　　　　1万4200円

第1　請求の趣旨
　1　原告と被告とを離婚する。
　2　被告は，原告に対し，1200万円及びこれに対する本判決確定の日の翌日から支払済みまで年5分の割合による金員を支払え。
　3　訴訟費用は被告の負担とする。
　　との判決を求める。

第2　請求の原因

1　当事者
 (1)　原告は，昭和○年○月○日生まれの日本人女性であり，被告は1900年○月○日生まれのアメリカ人男性である（甲1，2）。
 (2)　原告と被告は，平成○年○月○日に婚姻した。なお，原告と被告との間に子供はいない（甲1）。
2　準拠法
　　夫婦の一方が日本に常居所を有する日本人である場合の離婚請求訴訟は，法の適用に関する通則法（以下「通則法」という。）27条ただし書により，日本法が準拠法となるところ，原告は日本に常居所を有する日本人であるので，本件では日本法が適用される。
　　同様に，離婚に伴う財産分与請求についても，通則法27条ただし書により，日本法が準拠法となる。
3　離婚原因
　　原告と被告は，平成○年ころから，性格の不一致や価値観の違い等のため，度々口論となり，被告は，平成○年○月○日，原告を残して家を出て行った。そして，原告と被告は，以後，5年以上にわたって別居生活を続けている（甲3）。
　　以上によれば，原告と被告との婚姻関係は既に破綻しているというべきであり，民法770条1項5号所定の離婚事由が存在する。
4　財産分与
　　原告と被告が別居した平成○年○月○日時点で，原告名義の財産は，○○銀行○○支店の預金600万円があり，被告名義の財産は，○○銀行○○支店の預金3000万円があった（甲4，5）。
　　したがって，原被告間の夫婦共有財産は3600万円であるので，被告は，原告に対し，その2分の1である1800万円から原告名義の預金600万円を控除した1200万円を財産分与すべきである。
5　よって，原告は，被告に対し，民法770条1項5号に基づき，離婚を求めるとともに，民法768条に基づき，財産分与として1200万円を支払うことを求める。

　　　　　　　　　証　拠　方　法

甲第1号証　　　戸籍謄本
甲第2号証　　　住民票写し
甲第3号証　　　陳述書

第5章 渉外人事訴訟事件

甲第4号証　　預金通帳
甲第5号証　　取引履歴
証拠説明書

　　　　　　　　　添　付　書　類
戸籍謄本
住民票写し
調停不成立証明書
訴訟委任状

　　　　　　　　　附　属　書　類
訴状（副本）　　　　　　1通
甲第1ないし5号証（写し）　各1通
証拠説明書（副本）　　　　1通

【書式5-8】 訴状(8)——離婚等請求④（当事者が韓国人同士の事案）

訴　　　　状

平成○年○月○日

東京家庭裁判所　御中

　　　　　　原告訴訟代理人弁護士　　　東　　京　　太　　郎　㊞

　　国籍　韓　国
　　住所　〒000-0000　東京都○○区○○町○丁目○番○号
　　　　原　　　　　告　　　○　　　○　　　○

　　　　　〒000-0000　東京都○○区○○町○丁目○番○号○○ビル○号
　　　　　　　　　　　　　　　　　　　　　　　　　　（送達場所）
　　　　　　　　　　　　電　話　00-0000-0000
　　　　　　　　　　　ＦＡＸ　00-0000-0000
　　　　　原告訴訟代理人弁護士　　　東　　京　　太　　郎

　　国籍　韓　国
　　住所　〒000-0000　東京都○○区○○町○丁目○番○号
　　　　被　　　　　告　　　○　　　○　　　○

離婚等請求事件
　　訴訟物の価額　　　300万円
　　貼用印紙額　　　２万2400円

第１　請求の趣旨
　１　原告と被告とを離婚する。
　２　原告と被告との間の長男Ａ（20○○年○月○日生）の親権者を原告と定める。
　３　被告は，原告に対し，本判決確定の日から，前項の未成年者が満20歳に達する日の属する月までの間，毎月末日限り，月額○○万円を支払え。
　４　被告は，原告に対し，300万円を支払え。
　５　被告は，原告に対し，400万円を支払え。
　６　訴訟費用は被告の負担とする。

との判決を求める。
第2 請求の原因
 1 当事者等
  (1) 原告は，19○○年○月○日生まれの韓国人女性であり，被告は19○○年○月○日生まれの韓国人男性である（甲1，2）。
  (2) 原告と被告は，19○○年○月○日に婚姻し，20○○年○月○日，長男Aをもうけた（甲1，2）。
 2 準拠法
  (1) 夫婦の本国法が同一である場合の離婚請求訴訟は，法の適用に関する通則法（以下「通則法」という。）27条本文，25条により，共通本国法が準拠法となるところ，本件では，原告及び被告がいずれも韓国人なので準拠法は韓国法となる。
  (2) また，親権者の指定については，通則法32条により，子の本国法が父又は母の本国法と同一である場合には子の本国法が適用されるところ，本件では，A，原告及び被告がいずれも韓国人なので，準拠法は韓国法となる。
  (3) 養育費については，扶養義務の準拠法に関する法律2条1項により，扶養権利者の常居所地法が適用されるところ，Aは日本を常居所地としているので，日本法が適用される。
  (4) 夫婦の本国法が同一である場合の離婚に伴う慰謝料請求については，通則法27条本文，25条により，共通本国法が準拠法となるところ，本件では，原告及び被告がいずれも韓国人なので，準拠法は韓国法となる。
  (5) 夫婦の本国法が同一である場合の離婚に伴う財産分与については，通則法27条本文，25条により，共通本国法が準拠法となるところ，本件では，原告及び被告がいずれも韓国人なので，準拠法は韓国法となる。
 3 離婚原因
   被告は，平成○年○月ころから帰宅が遅くなり，時折外泊するようになった。このため，原告は不審に思い，被告の携帯電話を確認したところ，若い女性（後になって○○○であることが判明した。）と性交する様子が動画に収められていた。そして，原告が被告を問い詰めたところ，○○○と複数回肉体関係を持ったことを認めた（甲3，4）。
   このため，原告は，平成○年○月○日，Aを連れて家を出，以後，3年6か月間にわたって別居生活を続けている（甲3）。
   以上のとおり，原告と被告との婚姻関係は，被告の不貞により破綻して

おり，韓国民法840条6号所定の婚姻を継続し難い重大な事由が存在する。
4　慰謝料
　　また，原告は，上記3記載のとおり，被告による不貞のため離婚を余儀なくされ，精神的に多大な苦痛を被った。
　　原告が被った精神的苦痛を金銭に換算すると300万円を下らない。
5　親権（甲3）
　(1)　原告は，Aが生まれて以降，一貫してAの監護養育に主体的に関わってきており，被告と別居した後も，引き続きAの監護養育を適切に行っている。Aは順調に成長しており，原告との関係も良好で，原告の監護状況には何の問題もない。
　(2)　一方，被告は，Aの養育にも積極的でなく，Aとは既に3年6か月間も離れて生活しているが，その間，Aとの面会すら求めていない。
　(3)　以上によれば，Aの親権者については，原告と定めるのが相当である。
6　養育費
　(1)　原告は，現在，○○株式会社に勤務しており，平成○年の年収は◯◯◯万円である（甲5）。
　(2)　一方，被告は，現在，○○株式会社に勤務しており，平成○年の年収は◯◯◯万円である（甲6）。
　(3)　以上を前提に，東京・大阪養育費等研究会が提唱する算定方式（判例タイムズ第1111号285頁）を基に算定すると，被告が負担すべき養育費は，判決確定の日からAが満20歳に達する日の属する月までの間，毎月末日限り，月額○万円が相当である。
7　財産分与
　　原告と被告が別居した際の，原告名義の財産としては，○○銀行○○支店の400万円の預金があったのに対し，被告名義の財産は，○○銀行○○支店の1200万円の預金があった（甲7，8）。
　　したがって，被告は，原告に対し，夫婦双方の協力で得た財産1600万円の半分である800万円から原告名義の財産を控除した400万円を財産分与すべきである。
8　よって，原告は，韓国民法840条6号に基づき，被告との離婚を求めるとともに，同法909条5項に基づき，Aの親権者を原告と定めること，被告に対し，Aの養育費として本判決確定の日からAが満20歳に達する日の属する月までの間，毎月末日限り，月額◯◯万円を支払うこと，韓国民

法843条，806条に基づき，離婚に伴う慰謝料として300万円を支払うこと，韓国民法839条の2第2項に基づき400万円の財産分与をすることをそれぞれ求める。

証　拠　方　法

甲第1，2号証	住民票写し
甲第3号証	陳述書
甲第4号証	携帯画像の写真
甲第5号証	源泉徴収票
甲第6号証	所得証明書
甲第7号証	預金通帳
甲第8号証	取引履歴
証拠説明書	

添　付　書　類

住民票写し
調停不成立証明書
訴訟委任状

附　属　書　類

訴状（副本）	1通
甲第1ないし8号証（写し）	各1通
証拠説明書（副本）	1通

【書式5-9】　訴状(9)——離婚等請求事件⑤（当事者が中国人同士の場合）

訴　　　状

平成○年○月○日

東京家庭裁判所　御中

　　　　　原告訴訟代理人弁護士　　　東　　京　　太　　郎　㊞

　　国籍　中　国
　　住所　〒000-0000　東京都○○区○○町○丁目○番○号
　　　　　原　　　　　告　　　　　○　　　○　　　○

　　　　　〒000-0000　東京都○○区○○町○丁目○番○号○○ビル○号
　　　　　　　　　　　　　　　　　　　　　　　　　（送達場所）
　　　　　　　　　　　　電　話　00-0000-0000
　　　　　　　　　　　　ＦＡＸ　00-0000-0000
　　　　　原告訴訟代理人弁護士　　　東　　京　　太　　郎

　　国籍　中　国
　　住所　〒000-0000　東京都○○区○○町○丁目○番○号
　　　　　被　　　　　告　　　　　○　　　○　　　○

離婚等請求事件
　　訴訟物の価額　　　300万円
　　貼用印紙額　　　　２万2400円

第１　請求の趣旨
　１　原告と被告とを離婚する。
　２　原告と被告との間の長男Ａ（20○○年○月○日生）の監護者（撫養者）を原告と定める。
　３　被告は，原告に対し，本判決確定の日から，前項の未成年者が満20歳に達する日の属する月までの間，毎月末日限り，月額○万円を支払え。
　４　被告は，原告に対し，300万円を支払え。
　５　被告は，原告に対し，400万円を支払え。
　６　訴訟費用は被告の負担とする。

第5章　渉外人事訴訟事件

との判決を求める。
第2　請求の原因
 1　当事者等
  (1)　原告は，19○○年○月○日生まれの中国人女性であり，被告は19○○年○月○日生まれの中国人男性である（甲1，2）。
  (2)　原告と被告は，19○○年○月○日に婚姻し，20○○年○月○日，長男Aをもうけた（甲1，2）。
 2　準拠法
  (1)　夫婦の本国法が同一である場合の離婚請求訴訟は，法の適用に関する通則法（以下「通則法」という。）27条本文，25条により，共通本国法が準拠法となるところ，本件では，原告及び被告がいずれも中国人なので準拠法は中国法となる。
  (2)　また，監護者（撫養者）の指定については，通則法32条により，子の本国法が父又は母の本国法と同一である場合には子の本国法が適用されるところ，本件では，A，原告及び被告はいずれも中国人なので，準拠法は中国法となる。
  (3)　養育費については，扶養義務の準拠法に関する法律2条1項により，扶養権利者の常居地法が適用されるところ，Aは日本を常居地としているので，日本法が適用される。
  (4)　夫婦の本国法が同一である場合の離婚に伴う慰謝料請求については，通則法27条本文，25条により，共通本国法が準拠法となるところ，本件では，原告及び被告がいずれも中国人なので，準拠法は中国法となる。
  (5)　夫婦の本国法が同一である場合の離婚に伴う財産分与については，通則法27条本文，25条により，共通本国法が準拠法となるところ，本件では，原告及び被告がいずれも中国人なので，準拠法は中国法となる。
 3　離婚原因
  (1)　被告は，些細なことで激高する性格で，結婚当初から原告に対して度々暴力を振るっていた。別居前1年間に限っても，被告は，原告に対して以下のような暴力を振るった。
   (ア)　平成○年○月○日
    原告は，Aがピアノに興味を持っていることから，Aにピアノを習わせたいと言ったところ，被告は，月謝も高いしピアノの教師になるわけでもないので必要ないと言って頑なに拒否した。そして，そのことを巡って口論になった際，被告は，原告の顔面を手拳で2

回殴打した。その結果，原告は，前歯を折られたほか，加療２週間の顔面打撲の傷害を負った（甲３，４）。
　(ｲ)　同年○月○日
　　　被告は，原告が夕食時にビールを用意しておかなかったと言って腹を立て，今すぐ買ってこいと怒鳴った。これに対し，被告は，夜だし，大雨も降っているので今日は勘弁して欲しいと言ったところ，被告は，味噌汁椀を原告に投げ付けた上，原告の頬を平手で２度叩き，大雨の中，原告にビールを買いに行かせた（甲３）。
　(ｳ)　同年○月○日
　　　被告は，深夜，酒に酔って帰宅し，眠っている原告を起こして会社の愚痴を言い始めた。このため，原告は，明日も仕事があるので早く寝ようと言ったところ，被告は，原告の態度が気に入らないと言って怒鳴り始め，ガラスコップを原告に投げ付けた上，原告の髪を掴んで引きずり回し，土下座して謝れと喚き散らした。そして，被告の怒鳴り声に目を覚ましたＡの面前で原告の腹部を足蹴りにし，原告の頭部を手拳で殴打した。原告は，殺されるのではないかと恐怖を感じ，Ａを連れて深夜タクシーに乗って実家に避難した。その後，原告は病院で診察を受けた結果，加療２週間の頭部及び腹部打撲傷と診断された（甲３，５）。
(2)　このため，原告は，平成○年○月○日，Ａを連れて家を出，以後，３年６月間にわたって別居生活を続けている（甲３）。
(3)　以上のような被告の行為は，家庭内暴力（中国婚姻法32条３項２号）に該当するとともに，夫婦感情の破綻を引き起こしている状況（同項５号）にも該当し，離婚事由があるというべきである。
４　慰謝料
　また，原告は，上記３記載のとおり，被告による暴力のため離婚を余儀なくされ，精神的に多大な苦痛を被った。
　原告が被った精神的苦痛を金銭に換算すると300万円を下らない。
５　監護者（撫養者）の指定（甲３）
(1)　原告は，Ａが生まれて以降，一貫してＡの監護養育に主体的に関わってきており，被告と別居した後も，引き続きＡの監護養育を適切に行っている。Ａは順調に成長しており，原告との関係も良好で，原告の監護状況には何の問題もない。
(2)　一方，被告は，Ａの養育にも積極的でなく，Ａとは既に３年６か月

間も離れて生活しているが，その間，Aとの面会すら求めていない。
　(3)　以上によれば，Aの監護者（撫養者）については，原告と定めるのが相当である。
6　養育費
　(1)　原告は，現在，○○株式会社に勤務しており，平成○年の年収は◯◯◯万円である（甲6）。
　(2)　一方，被告は，現在，○○株式会社に勤務しており，平成○年の年収は◯◯◯万円である（甲7）。
　(3)　以上を前提に，東京・大阪養育費等研究会が提唱する算定方式（判例タイムズ第1111号285頁）を基に算定すると，被告が負担すべき養育費は，判決確定の日からAが満20歳に達する日の属する月までの間，毎月末日限り，月額○万円が相当である。
7　財産分与
　原告名義の財産としては，○○銀行○○支店の400万円の預金があるのに対し，被告名義の財産は，○○銀行○○支店の1200万円の預金がある（甲8，9）。
　したがって，被告は，原告に対し，夫婦の総財産の半分である800万円から原告名義の財産を控除した400万円を財産分与すべきである。
8　よって，原告は，中国婚姻法32条3項2号，5号に基づき，被告との離婚を求めるとともに，同法36条3項後段に基づき，Aの監護者（撫養者）を原告と定めること，被告に対し，Aの養育費として本判決確定の日から太郎が満20歳に達する日の属する月までの間，毎月末日限り，月額○万円を支払うこと，同法46条3号に基づき，離婚に伴う慰謝料として300万円を支払うこと，同法39条1項後段，41条後段に基づき400万円の財産分与をすることをそれぞれ求める。

証　拠　方　法

甲第1，2号証	住民票写し
甲第3号証	陳述書
甲第4，5号証	診断書
甲第6号証	源泉徴収票
甲第7号証	所得証明書
甲第8号証	預金通帳
甲第9号証	取引履歴

証拠説明書
　　　　　　　　　　添　付　書　類
住民票写し
調停不成立証明書
訴訟委任状

　　　　　　　　　　附　属　書　類
訴状（副本）　　　　　　1通
甲第1ないし9号証（写し）　各1通
証拠説明書（副本）　　　　1通

第5章　渉外人事訴訟事件

【書式5-10】　訴状(10)——離婚無効確認請求（当事者が日本人と外国人の事案）

訴　　　　　状

平成○年○月○日

東京家庭裁判所　御中

　　　　　原告訴訟代理人弁護士　　　東　京　太　郎　㊞

　　本籍　東京都○○区○○町○丁目○番地
　　住所　〒000-0000　東京都○○区○○町○丁目○番○号
　　　　　原　　　　告　　　甲　野　一　郎

　　　　　〒000-0000　東京都○○区○○町○丁目○番○号○○ビル○号
　　　　　　　　　　　　　　　　　　　　　　　　　　（送達場所）
　　　　　　　　　　　　電　話　00-0000-0000
　　　　　　　　　　　ＦＡＸ　00-0000-0000
　　　　　原告訴訟代理人弁護士　　　東　京　太　郎

　　国籍　韓　国
　　住所　〒000-0000　東京都○○区○○町○丁目○番○号
　　　　　被　　　　告　　　○　　　　○

離婚無効確認請求事件
　　訴訟物の価額　　　160万円
　　貼用印紙額　　　1万3000円

第1　請求の趣旨
　1　平成○年○月○日東京都○○区長に対する届出によってなされた原告と被告との離婚は無効であることを確認する。
　2　訴訟費用は被告の負担とする。
　　との判決を求める。

第2　請求の原因
　1　当事者
　　(1)　原告は，昭和○年○月○日生まれの日本人男性であり，被告は19○○

316

年○月○日生まれの韓国人女性である（甲1，2）。
　(2)　原告と被告は，平成○年○月○日，婚姻した（甲1）。
2　準拠法
　　夫婦の一方が日本に常居所を有する日本人である場合の離婚については，法の適用に関する通則法27条ただし書により，日本法が準拠法となるところ，原告は日本に常居所を有する日本人であるので，本件では日本法が適用される。したがって，日本法に基づき離婚が無効であれば，原被告間の離婚は無効となる。
3　戸籍上の記載
　　原告と被告については，平成○年○月○日東京都○○区長に対する届出によって，戸籍上は協議離婚した旨記載されている（甲1，3）。
　　しかしながら，上記離婚届は，以下のとおり，被告が離婚届を偽造し，原告に無断で提出したものであって，無効である。
4　被告による離婚届の偽造等
　　被告は，平成○年○月ころから，丙野三郎と不貞するようになり，同○年○月ころから，原告に対して，好きな人ができたので別れて欲しいと言って，繰り返し離婚を求めてきた。これに対して，原告は，被告の申出を拒絶してきたところ，被告は，原告の名義を冒用して離婚届を偽造した上，平成○年○月○日，丙野と婚姻する旨の届出をした（甲1，4，5）。
5　以上によれば，本件離婚届は，被告が原告に無断で提出したものであり，原告には離婚意思がなかったのであるから，原被告間の離婚は無効である。
　　よって，原告は，人事訴訟法2条1号により，原被告間の離婚が無効であることの確認を求める。

　　　　　　　　　　　　　証　拠　方　法
甲第1号証　　　除籍謄本
甲第2号証　　　住民票写し
甲第3号証　　　協議離婚届記載事項証明書
甲第4号証　　　陳述書
甲第5号証　　　戸籍謄本
証拠説明書

第 5 章　渉外人事訴訟事件

添　付　書　類

戸籍謄本
住民票写し
調停不成立証明書
訴訟委任状

附　属　書　類

訴状（副本）　　　　　　　　　1通
甲第1ないし5号証（写し）　各1通
証拠説明書（副本）　　　　　　1通

第3節　親子関係事件

1　国際裁判管轄

　国際裁判管轄を定める明文上の規定はなく、条理に従って決せられる。
　親子関係事件についても、離婚事件の国際裁判管轄について判断した最判昭和39・3・25民集18巻3号486頁および最判平成8・6・24民集50巻7号1451頁（第2節1参照）に準じ、①被告の住所地を原則とするが、②⑦被告が行方不明の場合や、④原告の住所その他の要素から当該請求と原告の住所地国との関連性が認められ、原告の住所地国の管轄を肯定すべき場合等については、原告の住所地国にも国際裁判管轄が認められると解される。

2　準拠法

(1)　嫡出否認の訴え

　通則法28条1項は、嫡出推定について、夫婦の一方の本国法で子の出生の当時におけるものにより子が嫡出となるべきときは、その子は、嫡出である子とすると規定している。
　これは、子ができるだけ嫡出子としての身分を取得しやすいようにとの配慮に基づくものであり、夫婦のうちのどちらか一方の本国法で嫡出推定がなされれば、他方の本国法で嫡出推定がなされなくても、子は嫡出子として推定されることになる。
　したがって、嫡出否認の場合は、夫婦それぞれの本国法による嫡出推定をいずれも否認できなければ、子の嫡出性を否認することはできない。
　たとえば、夫婦の一方の本国法がA国法、他方の本国法がB国法の場合で、嫡出推定が働くのがA国法のみであれば、A国法による嫡出性が否認できれば足りるが、A国法およびB国法のいずれによっても嫡出推定が働く場合は、A国法およびB国法のいずれについても嫡出性を否認する必要がある。

(2)　認知、認知無効、認知取消しの訴え

　認知については、①実質的要件（認知意思等）を備えるとともに、②形式

319

的要件（認知の方式が適法であること）も備える必要がある。

(ア) 実質的要件

　嫡出でない子の親子関係の成立は、①子の出生の当時における父（または母）の本国法によるとされているほか、②認知の当時における認知する者の本国法または③認知の当時における子の本国法によるとされている（通則法29条2項・1項）。

　このように、認知については、上記三つの場合のいずれの方法によっても認知ができるようになっており、可能な限り認知が容易にできるように配慮されている。

　もっとも、子は、認知によって親を扶養する等の義務も負う可能性もあるので、認知の当時における子の本国法によれば、子または第三者の承諾または同意を認知の要件としている場合には、その要件も備えなければならないと規定し（通則法29条2項後段・1項後段）、子の負担にも配慮がなされている。

　したがって、認知無効および認知取消しの訴えについては、上記①〜③の本国法のうち複数の本国法で認知が認められる場合は、これらすべての本国法によって認知の無効または取消しが認められない限り、当該認知を無効としまたは取り消すことはできない。

　たとえば、子の出生の当時における父の本国法がA国法、認知の当時における子の本国法がB国法である場合において、A国法およびB国法のいずれにおいても認知が認められる場合は、A国法およびB国法のいずれによっても認知の無効または取消しが認められない限り、認知を無効としまたは取り消すことはできない。

　また、A国法では認知が無効に、B国法では認知が取消事由となる場合には、効力の弱い、取消事由となるにとどまる。

(イ) 形式的要件

　認知の形式的要件（認知の方式）については、通則法34条により、①認知の成立について適用すべき法（上記(ア)①〜③の各法）または②認知がなされた際の行為地法のいずれかにより有効であればよいが、いずれの要件も満たさない場合は、認知は無効または取り消しうるものとなる。

(3) 父を定める訴え

　通則法は、嫡出推定について、①夫婦の一方の本国法で子の出生の当時におけるものにより子が嫡出となるべきときは、その子は、嫡出である子とすると規定するとともに（通則法28条1項）、②夫が子の出生前に死亡したときは、その死亡の当時における夫の本国法を、①の夫の本国法とみなすと規定している（同条2項）。

　したがって、たとえば、A国人の妻がB国人の前夫と離婚後、C国人の後夫と婚姻し、子どもを出産した場合、子どもの出生時における夫婦の一方の本国法は、A国法およびC国法であるので、A国法およびC国法によって、嫡出推定の有無が決せられる。

　この場合、たとえば、A国法によれば、前夫の子として推定され、C国法によれば、後夫の子として推定されることがありうるが、この場合は、条理に従って決せられる。

(4) 実親子関係存否確認の訴え

　実親子関係存否確認の訴えの準拠法について、最高裁判所は、「親子関係の成立という法律関係のうち嫡出性取得の問題を一個の独立した法律関係として規定している旧法例17条、18条（通則法28条、29条）の構造上、親子関係の成立が問題になる場合には、まず嫡出親子関係の成立についての準拠法により嫡出親子関係が成立するかどうかを見た上、そこで嫡出親子関係が否定された場合には、右嫡出とされなかった子について嫡出以外の親子関係の成立の準拠法を別途見いだし、その準拠法を適用して親子関係の成立を判断すべきである」と判示した（最判平成12・1・27民集54巻1号1頁）。

　したがって、実親子関係存否確認の訴えについては、まず、①通則法28条により、同条所定の準拠法で嫡出親子関係の成否について検討し、②これにより嫡出親子関係が否定された場合には、通則法29条により、同条所定の準拠法で嫡出以外の親子関係の成否について検討とすることになる。

【書式5-11】 訴状(1)――嫡出否認請求①（日本人と韓国人夫婦の事案）

訴　　　　状

平成○年○月○日

東京家庭裁判所　御中

　　　　　　原告訴訟代理人弁護士　　　東　京　太　郎　㊞

　　本籍　東京都○○区○○町○丁目○番地
　　住所　〒000-0000　東京都○○区○○町○丁目○番○号
　　　　　原　　　　告　　　甲　野　一　郎

　　住所　〒000-0000　東京都○○区○○町○丁目○番○号○○ビル○号
（送達場所）
　　　　　　　　　　　電　話　00-0000-0000
　　　　　　　　　　　ＦＡＸ　00-0000-0000
　　　　原告訴訟代理人弁護士　　　東　京　太　郎

　　本籍　東京都○○区○○町○丁目○番地
　　住所　〒000-0000　東京都○○区○○町○丁目○番○号
　　　　　被　　　　告　　　甲　野　太　郎
平成○年○月○日生
　　国籍　韓　国
　　住所　被告と同じ
　　　　　被告法定代理人親権者母　　　　　　A

嫡出否認請求事件
　　訴訟物の価額　　160万円
　　貼用印紙額　　　1万3000円

第1　請求の趣旨
　1　被告が原告の嫡出子であることを否認する。
　2　訴訟費用は被告の負担とする。
　　との判決を求める。

第2　請求の原因
　1　当事者等
　　(1)　原告は昭和○年○月○日生まれの日本人男性であり，被告の法定代理人親権者母であるAは，1900年○月○日生まれの韓国人女性である（甲1，2）。
　　(2)　原告とAは，平成○年○月○日に結婚し，Aは，原告との婚姻中である平成○年○月ころ懐妊し，平成○年○月○日，被告を出産した（甲1）。
　　(3)　被告は，戸籍上，原告とAの間の長男として記載されている（甲1）。
　2　準拠法
　　法の適用に関する通則法28条は，夫婦の一方の本国法で子の出生の当時におけるものにより子が嫡出となるべきときは，その子は嫡出である子とされる旨規定しているところ，原告の本国法である日本民法772条1項及びAの本国法である韓国民法844条1項は，いずれも妻が婚姻中に懐胎した子は夫の子として推定される旨規定しているので，被告は，いずれによっても原告の嫡出子として推定される。
　3　しかしながら，被告は，実際は原告の子ではなく，Aが氏名不詳の男性と不貞をして懐胎した子である。
　4　DNA鑑定の結果
　　原告は，本件訴訟に先立ち，原告と被告との血縁関係を確定するため，DNA鑑定を依頼したところ，原告と被告との血縁関係はないとの結果が出た（甲3）。
　5　したがって，被告が原告の子でないことは明らかなので，被告が原告の嫡出子であることを否認するとの判決を求める。

証　拠　方　法

甲第1号証　　戸籍謄本
甲第2号証　　住民票写し
甲第3号証　　DNA鑑定書
証拠説明書

添　付　書　類

戸籍謄本
調停不成立証明書

第5章　渉外人事訴訟事件

```
訴訟委任状
                    附　属　書　類
  訴状（副本）            1通
  甲第1，第2号証（写し）    各1通
  証拠説明書（副本）        1通
```

第3節　親子関係事件

【書式5-12】　訴状(2)——嫡出否認請求②（韓国人夫婦の事案）

訴　　　　状

平成〇年〇月〇日

東京家庭裁判所　御中

　　　　　　原告訴訟代理人弁護士　　　　東　　京　　太　　郎　㊞

　　国籍　韓　国
　　住所　〒000-0000　東京都〇〇区〇〇町〇丁目〇番〇号
　　　　　原　　　　　告　　　　〇　　　　〇　　　　〇

　　　　　〒000-0000　東京都〇〇区〇〇町〇丁目〇番〇号〇〇ビル〇〇号
　　　　　　　　　　　　　　　　　　　　　　　　　　（送達場所）
　　　　　　　　　　　電　話　00-0000-0000
　　　　　　　　　　　ＦＡＸ　00-0000-0000
　　　　　原告訴訟代理人弁護士　　　　東　　京　　太　　郎

　　国籍　韓　国
　　住所　〒000-0000　東京都〇〇区〇〇町〇丁目〇番〇号
　　　　　被　　　　　告　　　　〇　　　　〇　　　　〇
　　　　　　　　　　　　　　　　　　　2000年〇月〇日生
　　国籍及び住所　被告と同じ
　　　　　被告法定代理人親権者母　　　　　　　A

嫡出否認請求事件
　　訴訟物の価額　　160万円
　　貼用印紙額　　　1万3000円

第1　請求の趣旨
　1　被告が原告の嫡出子であることを否認する。
　2　訴訟費用は被告の負担とする。
　　との判決を求める。

第2　請求の原因

325

1 当事者等
 (1) 原告は1900年○月○日生まれの韓国人男性であり，被告の法定代理人親権者母であるAは，1900年○月○日生まれの韓国人女性である（甲1，2）。
 (2) 原告とAは，2000年○月○日に結婚し，Aは，原告との婚姻中である2000年○月ころ懐妊し，2000年○月○日，被告を出産した（甲1，3）。
2 準拠法
  法の適用に関する通則法28条は，夫婦の一方の本国法で子の出生の当時におけるものにより子が嫡出となるべきときは，その子は嫡出である子とされる旨規定しているところ，原告及びAの本国法である韓国民法844条1項は，妻が婚姻中に懐胎した子は夫の子として推定される旨規定しているので，被告は原告の嫡出子として推定される。
3 しかしながら，被告は，実際は原告の子ではなく，Aが氏名不詳の男性と不貞をして懐胎した子である。
4 DNA鑑定の結果
  原告は，本件訴訟に先立ち，原告と被告との血縁関係を確定するため，DNA鑑定を依頼したところ，原告と被告との血縁関係はないとの結果が出た（甲4）。
5 したがって，被告が原告の子でないことは明らかなので，被告が原告の嫡出子であることを否認するとの判決を求める。

証　拠　方　法

甲第1，2号証　　　住民票写し
甲第3号証　　　陳述書
甲第4号証　　　DNA鑑定書
証拠説明書

添　付　書　類

住民票写し
調停不成立証明書
訴訟委任状

附　属　書　類

訴状（副本）　　　　　　　　　1通

第3節　親子関係事件

| 甲第1ないし4号証（写し） | 各1通 |
| 証拠説明書（副本） | 1通 |

第5章　渉外人事訴訟事件

【書式5-13】　訴状(3)──認知請求事件①（外国人の子と日本人父の事案）

訴　　　状

平成○年○月○日

東京家庭裁判所　御中

　　　　原告訴訟代理人弁護士　　　東　京　太　郎　㊞

　　国籍　韓　国
　　住所　〒000-0000　東京都○○区○○町○丁目○番○号
　　　　原　　　　　告　　　○　　　○　　　○
　　　　　　　　　　　　　　　20○○年○月○日生

　　国籍及び住所　原告と同じ
　　　　原告法定代理人親権者母　　　　　　○

　　　　〒000-0000　東京都○○区○○町○丁目○番○号○○ビル○○号
　　　　　　　　　　　　　　　　　　　　　　　　（送達場所）
　　　　　　　　　　　　電　話　00-0000-0000
　　　　　　　　　　　　ＦＡＸ　00-0000-0000
　　　　原告訴訟代理人弁護士　　　東　京　太　郎

　　本籍　東京都○○区○○町○丁目○番地
　　住所　〒000-0000　東京都○○区○○町○丁目○番○号
　　　　被　　　　告　　　乙　野　二　郎

認知請求事件
　　訴訟物の価額　　160万円
　　貼用印紙額　　　1万3000円

第1　請求の趣旨
　1　原告が被告の子であることを認知する。
　2　訴訟費用は被告の負担とする。
　　との判決を求める。

第2　請求の原因

1 当事者等
 (1) 原告の法定代理人親権者母であるA（以下「A」という。）は，1900年○月○日生まれの韓国人女性であり，被告は，昭和○年○月○日生まれの日本人男性である（甲1，2）。
 (2) Aは，平成○年○月ころから被告と交際するようになり，被告と肉体関係を持った結果，平成○年○月ころ懐妊し，平成○年○月○日，原告を出産した（甲2）。
2 準拠法
　認知訴訟において，認知すべき者が日本人である場合の準拠法は，法の適用に関する通則法29条2項により，日本法となる。
3 DNA鑑定の結果
　原告は，本件訴訟に先立ち，原告と被告との血縁関係を確定するため，DNA鑑定を依頼したところ，原告が被告の子であるとの結果が出た（甲3）。
4 以上によれば，原告が生物学上，被告の子であることは明らかであるところ，被告は頑なに原告を認知することを拒否している。
　したがって，原告は，民法787条に基づき原告が被告の子であることを認知するとの判決を求める。

証　拠　方　法

甲第1号証　　戸籍謄本
甲第2号証　　住民票写し
甲第3号証　　DNA鑑定書
証拠説明書

添　付　書　類

戸籍謄本
住民票写し
調停不成立証明書
訴訟委任状

附　属　書　類

訴状（副本）　　　　　　1通
甲第1ないし3号証（写し）　各1通
証拠説明書（副本）　　　　1通

第5章　渉外人事訴訟事件

【書式5-14】　訴状(4)——認知請求②（日本人の子と外国人父の事案）

訴　　　　状

平成〇年〇月〇日

東京家庭裁判所　御中

　　　　　原告訴訟代理人弁護士　　　　東　京　太　郎　㊞

　　　本籍　東京都〇〇区〇〇町〇丁目〇番地
　　　住所　〒000-0000　東京都〇〇区〇〇町〇丁目〇番〇号
　　　　　　原　　　告　　　甲　野　健　太　郎
　　　　　　　　　　　　　　　　平成〇年〇月〇日生

　　　本籍及び住所　原告と同じ
　　　　　　原告法定代理人親権者母　　甲　野　花　子

　　　　　　〒000-0000　東京都〇〇区〇〇町〇丁目〇番〇号〇〇ビル〇〇号
　　　　　　　　　　　　　　　　　　　　　　　　　　（送達場所）
　　　　　　　　　　　電　話　00-0000-0000
　　　　　　　　　　　ＦＡＸ　00-0000-0000
　　　　　　原告訴訟代理人弁護士　　　東　京　太　郎

　　　国籍　韓　国
　　　住所　〒000-0000　東京都〇〇区〇〇町〇丁目〇番〇号
　　　　　　原　　　告　　　〇　　　〇　　　〇

認知請求事件
　　訴訟物の価額　　　160万円
　　貼用印紙額　　　1万3000円

第1　請求の趣旨
　1　原告が被告の子であることを認知する。
　2　訴訟費用は被告の負担とする。
　　との判決を求める。

第2　請求の原因

330

1　当事者等
(1)　原告の法定代理人親権者母である甲野花子（以下「花子」という。）は，昭和〇年〇月〇日生まれの日本人女性であり，被告は，1900年〇月〇日生まれの韓国人男性である（甲1，2）。
(2)　花子は，平成〇年〇月ころから被告と交際するようになり，被告と肉体関係を持った結果，平成〇年〇月ころ懐妊し，平成〇年〇月〇日，原告を出産した（甲1）。
2　準拠法
　　認知訴訟において，子が日本人である場合の準拠法は，法の適用に関する通則法29条2項により，日本法となる。
3　DNA鑑定の結果
　　原告は，本件訴訟に先立ち，原告と被告との血縁関係を確定するため，DNA鑑定を依頼したところ，原告が被告の子であるとの結果が出た（甲3）。
4　以上によれば，原告が生物学上，被告の子であることは明らかであるところ，被告は頑なに原告を認知することを拒否している。
　　したがって，原告は，民法787条に基づき原告が被告の子であることを認知するとの判決を求める。

証　拠　方　法

甲第1号証　　　戸籍謄本
甲第2号証　　　住民票写し
甲第3号証　　　DNA鑑定書
証拠説明書

添　付　書　類

戸籍謄本
住民票写し
調停不成立証明書
訴訟委任状

附　属　書　類

訴状（副本）　　　　　　1通
甲第1ないし3号証（写し）　各1通
証拠説明書（副本）　　　　1通

【書式5-15】 訴状(5)――認知請求③（韓国人の子と韓国人父の事案）

訴　　　　　状

平成○年○月○日

東京家庭裁判所　御中

　　　　　原告訴訟代理人弁護士　　　東　京　太　郎　㊞

　　　国籍　韓　国
　　　住所　〒000-0000　東京都○○区○○町○丁目○番○号
　　　　　　原　　　　　告　　　　○　　　　○　　○
　　　　　　　　　　　　　　　　　　　　　2000年○月○日生

　　　国籍及び住所　原告と同じ
　　　　　　原告法定代理人親権者母　　　　○

　　　　　　〒000-0000　東京都○○区○○町○丁目○番○号○○ビル○○号
　　　　　　　　　　　　　　　　　　　　　　　　　（送達場所）
　　　　　　　　　　　　電　話　00-0000-0000
　　　　　　　　　　　　ＦＡＸ　00-0000-0000
　　　　　原告訴訟代理人弁護士　　　東　京　太　郎

　　　国籍　韓　国
　　　住所　〒000-0000　東京都○○区○○町○丁目○番○号
　　　　　　被　　　　　告　　　　○　　　　○　　○

認知請求事件
　訴訟物の価額　　160万円
　貼用印紙額　　　1万3000円

第1　請求の趣旨
　1　原告が被告の子であることを認知する。
　2　訴訟費用は被告の負担とする。
　　との判決を求める。

第2　請求の原因

1 当事者等
 (1) 原告の法定代理人親権者母であるA(以下「A」という。)は,1900年○月○日生まれの韓国人女性であり,被告は,1900年○月○日生まれの韓国人男性である(甲1,2)。
 (2) Aは,平成○年○月ころから被告と交際するようになり,被告と肉体関係を持った結果,平成○年○月ころ懐妊し,平成○年○月○日,原告を出産した(甲1)。
2 準拠法
  認知訴訟において,子が韓国人である場合の準拠法は,法の適用に関する通則法29条2項により,韓国法となる。
3 DNA鑑定の結果
  原告は,本件訴訟に先立ち,原告と被告との血縁関係を確定するため,DNA鑑定を依頼したところ,原告が被告の子であるとの結果が出た(甲3)。
4 以上によれば,原告が生物学上,被告の子であることは明らかであるところ,被告は頑なに原告を認知することを拒否している。
  したがって,原告は,原告が被告の子であることを認知するとの判決を求める。

証 拠 方 法

甲第1,2号証　　住民票写し
甲第3号証　　　　DNA鑑定書
証拠説明書

添 付 書 類

住民票写し
調停不成立証明書
訴訟委任状

附 属 書 類

訴状(副本)　　　　　　1通
甲第1ないし3号証(写し)　各1通
証拠説明書(副本)　　　　1通

第5章　渉外人事訴訟事件

【書式5-16】　訴状(6)——親子関係不存在確認請求①（日本人母の出産した子が韓国人父を被告として親子関係不存在確認を請求する事案）

訴　　　　状

平成○年○月○日

東京家庭裁判所　御中

　　　　　　原告訴訟代理人弁護士　　　東　京　太　郎　㊞

　　本籍　出生届未了
　　住所　〒000-0000　東京都○○区○○町○丁目○番○号
　　　　　原　　　　　　　告　　甲野健太郎こと健太郎
　　　　　　　　　　　　　　　　　　平成○年○月○日生

　　本籍　東京都○○区○○町○丁目○番地
　　住所　原告と同じ
　　　　　原告法定代理人親権者母　　　甲　野　花　子

　　　　　〒000-0000　東京都○○区○○町○丁目○番○号○○ビル○○号
　　　　　　　　　　　　　　　　　　　　　　（送達場所）
　　　　　　　　　　　　電　話　00-0000-0000
　　　　　　　　　　　　ＦＡＸ　00-0000-0000
　　　　　原告訴訟代理人弁護士　　　東　京　太　郎

　　国籍　韓　国
　　住所　〒000-0000　東京都○○区○○町○丁目○番○号
　　　　　被　　　　　　　告　　　○　　　　○　　　　○

親子関係不存在確認請求事件
　　訴訟物の価額　　　160万円
　　貼用印紙額　　　1万3000円

第1　請求の趣旨
　1　原告と被告との間に親子関係が存在しないことを確認する。
　2　訴訟費用は被告の負担とする。
　　との判決を求める。

334

第2　請求の原因
　1　当事者等
　　(1)　原告の法定代理人親権者母である甲野花子（以下「花子」という。）は昭和〇年〇月〇日生まれの日本人女性であり，被告は1900年〇月〇日生まれの韓国人男性である（甲1，2）。
　　(2)　花子は，平成〇年〇月〇日，被告と婚姻したが，その後不仲となり，平成23年1月から被告と別居生活を続けた末，平成24年6月1日，被告と離婚した（甲1）。
　　(3)　花子は，同年12月1日，原告を出産した（甲3，4）。
　2　準拠法
　　法の適用に関する通則法28条は，夫婦の一方の本国法で子の出生の当時におけるものにより子が嫡出となるべきときは，その子は嫡出である子とされる旨規定しているところ，花子の本国法である日本民法772条及び被告の本国法である韓国民法844条2項は，いずれも婚姻解消の日から300日以内に生まれた子は，婚姻中に懐胎したものと推定され，婚姻中に懐胎した子は夫の子として推定される旨規定しているので，原告は，いずれによっても被告の嫡出子として推定される。
　3　原告と被告との間に親子関係がないこと
　　しかしながら，花子は，平成23年1月以降，被告と性交渉をしたことがなく，原告は，花子が別居中に交際するようになった丙野三郎との間の子である（甲5）。
　4　花子は，原告が離婚後300日以内に出生した子なので，原告が被告の嫡出子とされてしまうことを避けるため，未だ出生届をしていない。
　5　よって，原告は，被告との親子関係不存在の確認を求める。

証　拠　方　法

甲第1号証　　戸籍謄本
甲第2号証　　住民票写し
甲第3号証　　出生証明書
甲第4号証　　母子手帳
甲第5号証　　陳述書
証拠説明書

添　付　書　類

第5章　渉外人事訴訟事件

戸籍謄本
調停不成立証明書
訴訟委任状

　　　　　　　　　　　附　属　書　類
訴状（副本）　　　　　　　1通
甲第1ないし5号証（写し）　各1通
証拠説明書（副本）　　　　1通

【書式5-17】 訴状(7)──親子関係不存在確認請求②（韓国人父母と子の事案）

訴　　　状

平成〇年〇月〇日

東京家庭裁判所　御中

　　　　　原告訴訟代理人弁護士　　　東　京　太　郎　㊞

　　国籍　出生届未了
　　住所　〒000-0000　東京都〇〇区〇〇町〇丁目〇番〇号
　　　　　原　　　　　告　　　　〇　　　〇　　　〇
　　　　　　　　　　　　　　　　　　　20〇〇年〇月〇日生

　　国籍　韓　国
　　住所　原告と同じ
　　　　　原告法定代理人親権者母　　　〇

　　　　　〒000-0000　東京都〇〇区〇〇町〇丁目〇番〇号〇〇ビル〇〇号
　　　　　　　　　　　　　　　　　　　　　　　　（送達場所）
　　　　　　　　　　　電　話　00-0000-0000
　　　　　　　　　　　ＦＡＸ　00-0000-0000
　　　　　原告訴訟代理人弁護士　　　東　京　太　郎

　　国籍　韓　国
　　住所　〒000-0000　東京都〇〇区〇〇町〇丁目〇番〇号
　　　　　被　　　　　告　　　　〇　　　〇　　　〇

親子関係不存在確認請求事件
　　訴訟物の価額　　160万円
　　貼用印紙額　　　1万3000円

第1　請求の趣旨
　1　原告と被告との間に親子関係が存在しないことを確認する。
　2　訴訟費用は被告の負担とする。
　　との判決を求める。

第2　請求の原因
　1　当事者等
　　(1)　原告の法定代理人親権者母であるＡ（以下「Ａ」という。）は1900年〇月〇日生まれの韓国人女性であり，被告は1900年〇月〇日生まれの韓国人男性である（甲1，2）。
　　(2)　Ａは，平成〇年〇月〇日，被告と婚姻したが，その後不仲となり，平成23年1月から被告と別居生活を続けた末，平成24年6月1日，被告と離婚した（甲3）。
　　(3)　Ａは，同年12月1日，原告を出産した（甲1，4，5）。
　2　準拠法
　　法の適用に関する通則法28条は，夫婦の一方の本国法で子の出生の当時におけるものにより子が嫡出となるべきときは，その子は嫡出である子とされる旨規定しているところ，Ａ及び被告の本国法である韓国民法844条2項は，婚姻解消の日から300日以内に生まれた子は，婚姻中に懐胎したものと推定され，婚姻中に懐胎した子は夫の子として推定される旨規定しているので，原告は，被告の嫡出子として推定される。
　3　原告と被告との間に親子関係がないこと
　　しかしながら，Ａは，平成23年1月以降，被告と性交渉をしたことがなく，原告は，Ａが別居中に交際するようになった丙野三郎との間の子である（甲3）。
　4　Ａは，原告が離婚後300日以内に出生した子なので，原告が被告の嫡出子とされてしまうことを避けるため，未だ出生届をしていない。
　5　よって，原告は，被告との親子関係不存在の確認を求める。

証　拠　方　法

甲第1，2号証　　　住民票写し
甲第3号証　　　　　陳述書
甲第4号証　　　　　出生証明書
甲第5号証　　　　　母子手帳
証拠説明書

添　付　書　類

住民票写し
調停不成立証明書

訴訟委任状

　　　　　　　　　　　附　属　書　類
訴状（副本）　　　　　　1通
甲第1ないし5号証（写し）　各1通
証拠説明書（副本）　　　　1通

第5章　渉外人事訴訟事件

第4節　養子縁組関係事件

1　国際裁判管轄

　国際裁判管轄を定める明文上の規定はなく、条理に従って決せられる。

　養子縁組関係事件についても、離婚事件の国際裁判管轄について判断した最判昭和39・3・25民集18巻3号486頁および最判平成8・6・24民集50巻7号1451頁（第2節1参照）に準じ、①被告の住所地を原則とするが、②㋐原告が遺棄された場合や、㋑被告が行方不明の場合、㋒原告の住所その他の要素から当該請求と原告の住所地国との関連性が認められ、原告の住所地国の管轄を肯定すべき場合等については、原告の住所地国にも国際裁判管轄が認められると解される。

2　準拠法

(1)　養子縁組無効、養子縁組消しの訴え

　養子縁組が有効に成立するためには、①実質的要件（縁組意思等）を備えるとともに、②形式的要件（縁組の方式が適法であること）も備える必要がある。

㋐　実質的要件

　通則法は、養子縁組の実質的要件について、「養子縁組は、縁組の当時における養親となるべき者の本国法による」と規定している（通則法31条1項前段）。これは、養子が縁組後に生活していくのは養親の本国であることが通常であることや、養子縁組により養子は養親家族の構成員となること等のためである。

　もっとも、養子縁組により、養子に不当な不利益を与えることは相当でないので、通則法31条1項後段は、「この場合において、養子となるべき者の本国法によればその者若しくは第三者の承諾若しくは同意又は公的機関の許可その他の処分があることが養子縁組の成立の要件であるときは、その要件をも満たさなければならない」と規定し、養子に対する配慮がされている。

　したがって、たとえば、日本人養親が韓国人養子と養子縁組をする場合、

340

準拠法は日本法となるが、同時に韓国法の保護要件を満たす必要がある場合がある。

　(イ)　**形式的要件**

　養子縁組の形式的要件（養子縁組の方式）については、通則法34条により、①縁組の成立について適用すべき養親の本国法もしくは、②縁組がなされた際の行為地法のいずれかにより有効であればよいが、いずれの要件も満たさない場合は、養子縁組は無効または取り消しうるものとなる。

第5章　渉外人事訴訟事件

【書式5-18】　訴状(1)——養子縁組無効確認請求①（当事者が日本人と外国人の場合で、被告が所在不明の事案）

訴　　　状

平成○年○月○日

東京家庭裁判所　御中

　　　　　原告訴訟代理人弁護士　　　東　京　太　郎　㊞

　　本籍　東京都○○区○○町○丁目○番地
　　住所　〒000-0000　東京都○○区○○町○丁目○番○号
　　　　　原　　　　　告　　甲　野　三　郎

　　　　　〒000-0000　東京都○○区○○町○丁目○番○号○○ビル○○号
　　　　　　　　　　　　　　　　　　　　　　　　　（送達場所）
　　　　　　　　　　　　電　話　00-0000-0000
　　　　　　　　　　　　ＦＡＸ　00-0000-0000
　　　　　原告訴訟代理人弁護士　　　東　京　太　郎

　　国　籍　中　国
　　住居所　不明（最後の住所地　東京都○○区○○町○丁目○番○号）
　　　　　　被　　　　　告　　　　○　　　　○　　○

養子縁組無効確認請求事件
　訴訟物の価額　　160万円
　貼用印紙額　　　1万3000円

第1　請求の趣旨
　1　平成○年○月○日東京都○○区長に対する届出によってなされた原告と被告との養子縁組は無効であることを確認する。
　2　訴訟費用は被告の負担とする。
　　との判決を求める。

第2　請求の原因
　1　当事者

342

原告は，昭和○年○月○日生まれの日本人男性であり，被告は1900年○月○日生まれの中国人女性である（甲1，2）。
2　国際裁判管轄
　　国際裁判管轄は，原則として被告の住所地国であるが，原告が遺棄された場合，被告が行方不明の場合その他これに準ずる場合には，日本の裁判所に国際裁判管轄が認められる（最高裁昭和39年3月25日大法廷判決・民集18巻3号486頁）。
　　そして，本件の場合，被告は行方不明となっているので，日本の裁判所に国際裁判管轄が認められる。
3　準拠法
　　養子縁組については，法の適用に関する通則法31条1項本文により，縁組の当時における養親となるべき者の本国法が準拠法となるところ，戸籍上，養親と記載されている原告は日本人であるので，日本法に基づき養子縁組が無効であれば，原被告間の養子縁組は無効となる。
4　養子縁組届の偽造等
(1)　原告と被告については，平成○年○月○日東京都○○区長に対する届出によって，戸籍上は養子縁組した親子として記載されている（甲1，3）。
(2)　しかしながら，原告は被告と何らの面識もなく，被告と養子縁組した事実もない。上記養子縁組届は，被告が在留資格を得るため養子縁組届を偽造し，原告に無断で提出したものであって，無効である（甲4）。
5　よって，原告は，民法802条1号，人事訴訟法2条3号に基づき，原被告間の養子縁組が無効であることの確認を求める。

　　　　　　　　　　　証　拠　方　法
甲第1号証　　　戸籍謄本
甲第2号証　　　住民票写し
甲第3号証　　　養子縁組届記載事項証明書
甲第4号証　　　陳述書
証拠説明書
証拠申出書

　　　　　　　　　　　添　付　書　類

第5章　渉外人事訴訟事件

戸籍謄本
住民票写し
公示送達申立書
所在調査報告書
訴訟委任状

附　属　書　類

訴状（副本）　　　　　　　　　1通
甲第1ないし4号証（写し）　　各1通
証拠申出書（副本）　　　　　　1通
証拠説明書（副本）　　　　　　1通

【書式5-19】 訴状(2)——養子縁組無効確認請求②（当事者が日本人と外国人の事案）

訴　　　　状

平成○年○月○日

東京家庭裁判所　御中

　　　　　原告訴訟代理人弁護士　　　東　京　太　郎　㊞

　本籍　東京都○○区○○町○丁目○番地
　住所　〒000-0000　東京都○○区○○町○丁目○番○号
　　　　原　　　告　　　甲　野　三　郎

　　　　〒000-0000　東京都○○区○○町○丁目○番○号○○ビル○○号
　　　　　　　　　　　　　　　　　　　　　　　　（送達場所）
　　　　　　　　　　電　話　00-0000-0000
　　　　　　　　　　ＦＡＸ　00-0000-0000
　　　　原告訴訟代理人弁護士　　　東　京　太　郎

　国籍　韓　国
　住所　〒000-0000　東京都○○区○○町○丁目○番○号
　　　　被　　　告　　　○　　　　　○

養子縁組無効確認請求事件
　訴訟物の価額　　160万円
　貼用印紙額　　　1万3000円

第1　請求の趣旨
　1　平成○年○月○日東京都○○区長に対する届出によってなされた原告と被告との養子縁組は無効であることを確認する。
　2　訴訟費用は被告の負担とする。
　　との判決を求める。

第2　請求の原因
　1　当事者

原告は，昭和○年○月○日生まれの日本人男性であり，被告は1900年○月○日生まれの韓国人女性である（甲1，2）。
2 準拠法
　養子縁組については，法の適用に関する通則法31条1項本文により，縁組の当時における養親となるべき者の本国法が準拠法となるところ，戸籍上，養親と記載されている原告は日本人であるので，日本法に基づき養子縁組が無効であれば，原被告間の養子縁組は無効となる。
3 戸籍上の記載
　原告と被告については，平成○年○月○日東京都○○区長に対する届出によって，戸籍上は養子縁組した親子として記載されている（甲1，3）。
　しかしながら，上記養子縁組届は，以下のとおり，被告が養子縁組届を偽造し，原告に無断で提出したものであって，無効である。
4 被告による養子縁組届の偽造等（甲3，4）
　原告は，平成○年○月ころ，韓国クラブに勤務していた被告と知り合い，時折，一緒に食事をするなどしていた。そうしたところ，原告は，被告から，消費者金融から多額の借入れがあり，ブラックリストに載っているのでこれ以上借金ができない，ブラックリストから外れるために，養子縁組をして欲しいと懇請された。
　しかしながら，原告は，そのような動機で養子縁組することには賛成できなかったので，これを断ったが，その後も被告は執拗に原告に養子縁組を求め，平成○年○月ころ，原告の家に来て勝手に原告の印鑑を持ち出した。
　そして，被告は，原告に無断で養子縁組届に原告名を署名押印し，同年○月○日，○○区長に対して養子縁組届を提出した。
5 以上によれば，上記養子縁組届は，被告が原告に無断で提出したものであり，原告には縁組意思がなかったのであるから，原被告間の養子縁組は無効である。
　よって，原告は，民法802条1号，人事訴訟法2条3号に基づき，原被告間の養子縁組が無効であることの確認を求める。

証　　拠　　方　　法

甲第1号証　　戸籍謄本
甲第2号証　　住民票写し

甲第３号証　　養子縁組届記載事項証明書
甲第４号証　　陳述書
証拠説明書

添　付　書　類

戸籍謄本
住民票写し
調停不成立証明書
訴訟委任状

附　属　書　類

訴状（副本）　　　　　　　１通
甲第１ないし４号証（写し）　各１通
証拠説明書（副本）　　　　１通

(2) 離縁、離縁無効、離縁取消しの訴え

(ア) 離縁、離縁無効、離縁取消しの準拠法

　離縁については、離縁の当時における養親の本国法が準拠法となる（通則法31条2項・1項前段）。

　また、形式的要件（離縁の方式）については、通則法34条により、①離縁について適用すべき養親の本国法もしくは、②離縁がなされた際の行為地法のいずれかにより有効であればよいが、いずれの要件も満たさない場合は、離縁は無効または取り消しうるものとなる。

(イ) 離縁に伴う慰謝料請求の準拠法

　人事訴訟に附帯して請求される慰謝料請求には、①離縁を余儀なくされたことによる慰謝料請求と、②個々の不法行為そのものを原因とする慰謝料請求がある。

　このうち、上記①の準拠法は、離縁と不可分のものなので、離縁についての準拠法である通則法31条が適用されると解される。

　上記②の準拠法については、①と同様に通則法31条によるとする説と、不法行為について規律した通則法17条（加害行為地法等）によるとする説がある。

【書式5-20】　訴状(1)——離縁請求①（当事者が日本人と外国人の場合で、被告が所在不明の事案）

訴　　　　状

平成○年○月○日

東京家庭裁判所　御中

　　　　　原告訴訟代理人弁護士　　　東　京　太　郎　㊞

　　本籍　東京都○○区○○町○丁目○番地
　　住所　〒000-0000　東京都○○区○○町○丁目○番○号
　　　　　原　　　告　　　甲　野　三　郎

　　　　　〒000-0000　東京都○○区○○町○丁目○番○号○○ビル○○号
　　　　　　　　　　　　　　　　　　　　　　　　　　　（送達場所）
　　　　　　　　　　　電　話　00-0000-0000
　　　　　　　　　　　ＦＡＸ　00-0000-0000
　　　　　原告訴訟代理人弁護士　　　東　京　太　郎

　　国　籍　韓　国
　　住居所　不明（最後の住所　○○○○○○○）
　　　　　　被　　　　告　　　○　　　　○　　　○

離縁請求事件
　　訴訟物の価額　　　160万円
　　貼用印紙額　　　1万3000円

第1　請求の趣旨
　1　原告と被告とを離縁する。
　2　訴訟費用は被告の負担とする。
　　との判決を求める。

第2　請求の原因
　1　当事者
　(1)　原告は，昭和○年○月○日生まれの日本人男性であり，被告は19○○

第5章　渉外人事訴訟事件

　　　　年○月○日生まれの韓国人男性である（甲1，2）。
　　⑵　原告と被告は，平成○年○月○日，養子縁組した（甲1）。
　2　国際裁判管轄
　　　国際裁判管轄は，原則として被告の住所地国であるが，原告が遺棄された場合，被告が行方不明の場合その他これに準ずる場合には，日本の裁判所に国際裁判管轄が認められる（最高裁昭和39年3月25日大法廷判決・民集18巻3号486頁）。
　　　そして，本件の場合，被告は行方不明となっているので，日本の裁判所に国際裁判管轄が認められる。
　3　準拠法
　　　離縁については，法の適用に関する通則法31条2項，1項前段により，養親の本国法が準拠法となるところ，養親である原告は日本人であるので，日本法が準拠法となる。
　4　離縁事由
　　⑴　原告と被告は，平成○年○月○日，養子縁組をしたが，被告は，原告と養子縁組後，度々原告に金銭を無心するとともに，平成○年○月○日から同年○月○日までの間，原告に無断で原告のキャッシュカードを使用して，総額200万円を引き出した（甲3，4）。
　　⑵　このため，原告は，被告にキャッシュカードの件を問いただしたところ，被告は，同月○日，突然家を出て行き，以後，3年2か月間にわたって行方不明になっている（甲4）。
　5　以上によれば，原被告間には，縁組を継続し難い重大な事由があるので，原告は，民法814条1項3号，人事訴訟法2条3号に基づき，被告との離縁を求める。

　　　　　　　　　　　　　証　拠　方　法

甲第1号証　　戸籍謄本
甲第2号証　　住民票写し
甲第3号証　　預金通帳
甲第4号証　　陳述書
証拠説明書
証拠申出書

　　　　　　　　　　　　　添　付　書　類

第4節　養子縁組関係事件

戸籍謄本
住民票写し
公示送達申立書
所在調査報告書
訴訟委任状

　　　　　　　　　　　附　属　書　類
訴状（副本）　　　　　　　1通
甲第1ないし4号証（写し）　各1通
証拠申出書（副本）　　　　1通
証拠説明書（副本）　　　　1通

【書式5-21】 訴状(2)——離縁請求②（日本人養父と外国人養子の事案）

訴　　　　状

平成○年○月○日

東京家庭裁判所　御中

　　　　　原告訴訟代理人弁護士　　　東　京　太　郎　㊞

　本籍　東京都○○区○○町○丁目○番地
　住所　〒000-0000　東京都○○区○○町○丁目○番○号
　　　　原　　　告　　　甲　野　三　郎

　　　　〒000-0000　東京都○○区○○町○丁目○番○号○○ビル○○号
　　　　　　　　　　　　　　　　　　　　　　　　　　（送達場所）
　　　　　　　　　　　　電　話　00-0000-0000
　　　　　　　　　　　ＦＡＸ　00-0000-0000
　　　　原告訴訟代理人弁護士　　　東　京　太　郎

　国籍　フィリピン
　住所　東京都○○区○○町○丁目○番○号
　　　　被　　　告　　　○　　　　○　　　　○

離縁等請求事件
　　訴訟物の価額　　300万円
　　貼用印紙額　　　2万円

第1　請求の趣旨
　1　原告と被告とを離縁する。
　2　被告は，原告に対し，300万円及びこれに対する本判決確定の日から支払済みまで年5分の割合による金員を支払え。
　3　訴訟費用は被告の負担とする。
　　との判決を求める。

第2　請求の原因
　1　当事者等

(1) 原告は，昭和○年○月○日生まれの日本人男性であり，被告は1900年○月○日生まれのフィリピン人男性である（甲1，2）。
(2) 原告は，平成○年○月○日，被告の母Ａと婚姻するとともに，Ａが前夫との間にもうけた子である被告と養子縁組をした（甲1）。
2　準拠法
　離縁については，法の適用に関する通則法（以下「通則法」という。）31条2項，1項前段により，養親の本国法が準拠法となるところ，養親である原告は日本人であるので，日本法が準拠法となる。
　また，離縁に伴う慰謝料請求についても，通則法31条2項，1項前段により，養親である原告の本国法である日本法が準拠法となる。
3　離縁事由
(1) Ａは，平成○年○月○日，原告及び被告を残して家出し，以後10年間にわたって行方不明の状態である（甲3）。
(2) 原告は，Ａが行方不明となった後も被告を養育し，被告を大学まで出してやったにもかかわらず，被告は，平成○年○月，突然会社を辞め，無為徒食の生活を送るようになった。そして，被告は，平成○年○月ころから，原告に金を無心するようになり，平成○年○月○日，原告がもうこれ以上金は出せないと言ったところ，突然，原告の顔面を手拳で多数回殴打し，全治2か月間を要する鼻骨骨折等の傷害を負わせた（甲3，4）。
(3) 以上によれば，原被告間には，縁組を継続し難い重大な事由があるというべきである。
4　慰謝料
　また，原告は，長年にわたって被告を養育してきたにもかかわらず，被告による上記行為によって離縁を余儀なくされた。原告が被った精神的苦痛は甚大であり，これを金銭に換算すると，慰謝料は300万円が相当である。
5　よって，原告は，民法814条1項3号，人事訴訟法2条3号に基づき，被告との離縁を求めるとともに，民法709条，710条に基づき，離縁に伴う慰謝料として，300万円及びこれに対する本判決確定の日から支払済みまで民法所定の年5分の割合による遅延損害金の支払を求める。

証　拠　方　法

甲第1号証　　戸籍謄本

第5章　渉外人事訴訟事件

甲第2号証　　住民票写し
甲第3号証　　陳述書
甲第4号証　　診断書
証拠説明書

添　付　書　類

戸籍謄本
住民票写し
調停不成立証明書
訴訟委任状

附　属　書　類

訴状（副本）　　　　　　　　1通
甲第1ないし4号証（写し）　各1通
証拠説明書（副本）　　　　　1通

第6章　その他関連手続

第1節　訴訟上の救助

　人事訴訟における訴訟上の救助について、その要件や手続は、民事訴訟の場合と同様である。

　申立書には、民事訴訟法82条1項に該当することを記載したうえ、疎明資料も同時に提出する。

　資力に関する疎明資料としては、無収入の場合には非課税証明書等の収入がないことを示す資料を、生活保護を受けている場合にはその受給証明書を提出する。収入はあるが、生活に著しい支障を生ずることを主張する場合には、収入額を示す資料（源泉徴収票、給与明細書等）と、支出の明細がわかる資料（家計簿、収支状況表、領収証等）を提出する。この場合には、客観的な資料を補充するものとして、本人の陳述書を提出することも考えられる。

　いずれの場合にも、民事法律扶助の援助開始決定証明書を提出するのみでは、訴訟上の救助が付与されることはほとんどない。

　勝訴の見込みに関する疎明資料としては、訴状の写しを提出するほか、本案において証拠をできるだけ提出しておくことが望ましい。

第6章　その他関連手続

【書式6-1】　訴訟救助申立書(1)——無収入の事案

訴訟救助申立書

平成○年○月○日

東京家庭裁判所家事第6部　御中

　　　　　申立人代理人弁護士　　　東　京　太　郎　㊞

　　　住所　東京都○○区○○町○丁目○番○－○○○号
　　　　申　立　人（原　告）　　　甲　野　花　子

　　　住所　東京都××区××町×丁目×番
　　　　相　手　方（被　告）　　　甲　野　一　郎

　上記当事者間の御庁平成○年（家ホ）第○○号離婚等請求事件について，申立人は，貧困のため訴訟費用を支払う資力がなく，かつ，本案につき申立人に勝訴の見込みがないとはいえないので，訴訟上の救助を付与されるよう申し立てます。

疎　明　方　法

疎甲第1号証　　　非課税証明書
疎甲第2号証　　　民事法律扶助の援助開始決定証明書
疎甲第3号証　　　訴状写し

【書式6-2】 訴訟救助申立書(2)——生活保護を受けている事案

訴訟救助申立書

平成○年○月○日

東京家庭裁判所家事第6部　御中

　　　　　申立人代理人弁護士　　　東　　京　　太　　郎　㊞

　　住所　東京都○○区○○町○丁目○番○－○○○号
　　　　　申　立　人（原告）　　　甲　野　花　子

　　住所　東京都××区××町×丁目×番
　　　　　相　手　方（被告）　　　甲　野　一　郎

　上記当事者間の御庁平成○年（家ホ）第○○号離婚等請求事件について，申立人は，貧困のため訴訟費用を支払う資力がなく，かつ，本案につき申立人に勝訴の見込みがないとはいえないので，訴訟上の救助を付与されるよう申し立てます。

疎　明　方　法

疎甲第1号証　　生活保護受給証明書
疎甲第2号証　　民事法律扶助の援助開始決定証明書
疎甲第3号証　　家計収支状況表
疎甲第4号証　　訴状写し

第6章　その他関連手続

【書式6-3】　訴訟救助申立書(3)――収入があるが、生活に著しい支障を生じる事案

訴訟救助申立書

平成○年○月○日

東京家庭裁判所家事第6部　御中

　　　　　申立人代理人弁護士　　　東　京　太　郎　㊞

　　住所　東京都○○区○○町○丁目○番○－○○○号
　　　　　申　立　人（原　告）　　　甲　野　花　子

　　住所　東京都××区××町×丁目×番
　　　　　相　手　方（被　告）　　　甲　野　一　郎

　　上記当事者間の御庁平成○年（家ホ）第○○号離婚等請求事件について，申立人は，貧困のため訴訟費用の支払により生活に著しい支障を生じ，かつ，本案につき申立人に勝訴の見込みがないとはいえないので，訴訟上の救助を付与されるよう申し立てます。

疎　明　方　法

疎甲第1号証　　源泉徴収票
疎甲第2号証　　給与明細書
疎甲第3号証　　家計簿写し
疎甲第4号証　　家計収支状況表
疎甲第5号証　　陳述書
疎甲第6号証　　民事法律扶助の援助開始決定証明書
疎甲第7号証　　訴状写し

第2節　送達に関する書式

【書式6-4】　送達場所届出書

平成○年（家ホ）第○○号　○○請求事件
原　告　　　甲　野　一　郎
被　告　　　甲　野　花　子

送達場所等の届出

平成○年○月○日
東京家庭裁判所家事第6部○係　御中
氏　名　　　○　○　○　○　㊞

送達場所の届出

　上記事件について，私に対する書類は，次の場所宛へ送達してください。
　　〒000-0000
　　東京都○○区○○町○丁目○番○号

　上記場所は，私の
　　　1　住　所
　　　2　勤務先
　　　3　その他（　　　　　　　）
です。

送達受取人の届出

　私に対する書類の宛名（氏名）は，○○○○宛にしてください。

第6章　その他関連手続

【書式6-5】　就業場所送達の上申書

> 平成○年（家ホ）第○○号　○○請求事件
> 原　告　　　甲　野　一　郎
> 被　告　　　甲　野　花　子
>
> 就業場所送達の上申書
>
> 平成○年○月○日
>
> 東京家庭裁判所家事第6部○係　御中
> 　　　　　　　　　原告（代理人）　　○　　○　　○　　○　㊞
>
> 　上記事件につき，被告への訴状送達は，以下記載の就業先へ送達してください。
>
> 　　　　　就業先
> 　　　　　〒000-0000
> 　　　　　東京都○○区○○町○丁目○番○号
> 　　　　　株式会社○○○内

【書式6-6】 書留郵便に付する上申書

平成○年（家ホ）第○○号　○○請求事件 原　告　　　甲　野　一　郎 被　告　　　甲　野　花　子 　　　　　　　書留郵便に付する送達の上申書 　　　　　　　　　　　　　　　　　　　　　平成○年○月○日 東京家庭裁判所家事第6部○係　御中 　　　　　　　　原告訴訟代理人弁護士　　○　○　○　○　㊞ 　本件につき，被告は，別紙調査報告書記載のとおり居住しているので，同人への送達は，書留郵便に付する送達によってされるよう上申します。 　　　　　　　　　　添　付　書　類 1　住民票写し 2　戸籍附票謄本 3　所在調査報告書

第6章　その他関連手続

【書式6-7】　所在調査報告書

平成○年（家ホ）第○○号　○○請求事件
原　告　　　甲　野　一　郎
被　告　　　甲　野　花　子

　　　　　　　　　　所在調査報告書

　　　　　　　　　　　　　　　　　　　　平成○年○月○日

東京家庭裁判所家事第６部○係　御中
　　　　報告者　原告訴訟代理人弁護士　　○　○　○　○　㊞

　被告甲野花子についての調査報告書は，以下のとおりです。

1　居住に関する調査
　　住所　東京都○○区○○町○丁目○番○号　について
　　①　□　居住している　　□　居住していない
　　②　調査日時　平成○年○月○日　午前・午後　○時○分頃
　　③　実地調査者
　　　　　　□　原告本人　　□　原告代理人（氏名○○○○）
　　　　　　□　社　員（氏名○○○○）
　　　　　　□　その他（氏名○○○○）：原告との関係（○○○○）
　　④　表　札　　□　ある（表札の氏名○○○○）　　□　ない
　　⑤　郵便受け　□　ある　　□　ない
　　　　　　　　　□　郵便物・新聞等の状況は○○○であった
　　⑥　電気メーター
　　　　　　□　動いている　　□　動いていない
　　　　　　□　電力会社の連絡票が付いている（○．○．○付け）
　　⑦　近隣における調査
　　　　氏　　名　　○○○○
　　　　電話番号　　○○－○○○○－○○○○
　　　　聴取内容　　○○○
　　⑧　その他参考事項　　○○○

2　住民票上の住所に関する調査
　　　　□　添付の最新住民票記載のとおり

362

　　　　□　次の住所に居住している（住所）東京都○○区○○町○丁目○番○号
　　　　□　住民票を取得できない（理由）○○
3　勤務先に関する調査
　　　　□　勤務先あり
　　　　　（名　称　○○）
　　　　　（所在地　○○）
　　　　□　勤務先なし
　　　　□　自　営（場所○○）
　　　　□　無　職
　　　　□　その他
　　　　□　勤務先には勤務せず
　　調査日時　　平成○年○月○日　午前・午後　○時○分頃
　　調査方法　　□　電話（発信者○○・受信者○○）
　　理　　由　　□　退職（平成○年○月○日）
　　　　　　　　□　その他（○○）
　　　　　　　　□　勤務先不明

1　前記1の調査によるも判明しない
2　旧勤務先に尋ねても現勤務先は不明
3　その他（○○）
4　その他参考事項
（1～4のうち，該当する番号を○で囲む。）

第6章　その他関連手続

【書式6-8】　再送達の上申書

平成〇年（家ホ）第〇〇号　〇〇請求事件
原　告　　甲　野　一　郎
被　告　　甲　野　花　子

再送達の上申書

平成〇年〇月〇日

東京家庭裁判所家事第6部〇係　御中
　　　　　　　原告訴訟代理人弁護士　　〇　〇　〇　〇　㊞

　被告に対する送達については，再度，
　　□　訴状記載の住所地に
　　□　以下の場所に
　　　　（住所　東京都〇〇区〇〇町〇丁目〇番〇号）
送達してください。

（理由）

364

【書式6-9】 公示送達の申立書

```
平成○年（家ホ）第○○号　○○請求事件
原　告　　　甲　野　一　郎
被　告　　　甲　野　花　子
```

公示送達の申立書

平成○年○月○日

東京家庭裁判所家事第６部○係　御中

　　　　　　　　申立人（原告）　　　○　○　○　○　㊞

　本件につき，被告甲野花子の住所，居所その他送達をすべき場所が知れないため，公示送達をされるよう申し立てます。

添　付　書　類

☐　住民票
☐　戸籍附票
☐　調査報告書
☐　その他

第6章　その他関連手続

第3節　証拠に関する書式

【書式6-10】　鑑定嘱託申出書——DNA鑑定

平成○年（家ホ）第○○号　認知請求事件
原　　告　　　甲　野　花　子
被　　告　　　甲　野　一　郎

鑑定嘱託申出書

平成○年○月○日

東京家庭裁判所家事第6部○係　御中

　　　　　　　原告訴訟代理人弁護士　　　東　京　太　郎　㊞

　標記事件について，原告は次のとおり鑑定嘱託の申出をする。

1　証すべき事実
　　原告と被告に親子関係が認められる事実

2　鑑定事項
　　被告は，生物学的に原告の父親として認められるか。

3　鑑定嘱託先
　　裁判所においてしかるべき鑑定人を選定されたい。

以　上

【書式6-11】 鑑定申出書(1)——筆跡鑑定

平成○年（家ホ）第○○号　婚姻無効確認請求事件 原　告　　　甲　野　一　郎 被　告　　　甲　野　花　子 　　　　　　　　　　　鑑定申出書 　　　　　　　　　　　　　　　　　　　　平成○年○月○日 東京家庭裁判所家事第6部○係　御中 　　　　　原告訴訟代理人弁護士　　　東　京　太　郎　㊞ 　標記事件について，原告は次のとおり鑑定の申出をする。 1　証すべき事実 　　平成○年○月○日付け○○区長に対する婚姻届出書中の届出人欄の筆跡が原告のものでない事実 2　鑑定事項 　　婚姻届出書の筆跡と原告の筆跡との同一性 3　鑑定人 　　裁判所においてしかるべき鑑定人を選定されたい。 　　　　　　　　　　　　　　　　　　　　　　　　　　以　上

第6章　その他関連手続

【書式6-12】　鑑定申出書(2)——不動産鑑定

> 平成○年（家ホ）第○○号　離婚等請求事件
> 原　告　　　甲　野　一　郎
> 被　告　　　甲　野　花　子
>
> 鑑定申出書
>
> 平成○年○月○日
>
> 東京家庭裁判所家事第6部○係　御中
> 　　　　　　原告訴訟代理人弁護士　　東　京　太　郎　㊞
>
> 　標記事件について，原告は次のとおり鑑定の申出をする。
>
> 1　証すべき事実
> 　別紙物件目録記載の不動産の評価額
>
> 2　鑑定事項
> 　別紙物件目録記載の不動産の評価額
>
> 3　鑑定人
> 　裁判所においてしかるべき鑑定人を選定されたい。
>
> 以　上

【書式6-13】 調査嘱託申出書

平成○年（家ホ）第○○号　○○請求事件
原　告　　　甲　野　一　郎
被　告　　　甲　野　花　子

調査嘱託申出書

平成○年○月○日

東京家庭裁判所家事第6部○係　御中

　　　　　　被告訴訟代理人弁護士　　　東　京　太　郎　㊞

標記事件について，被告は次のとおり調査嘱託の申出をする。

1　証すべき事実
　　財産分与の基準時（別居時）である平成○年○月○日時点における原告名義の財産分与の対象となる財産

2　調査嘱託先
　　　〒○○○-○○○○
　　　東京都○○区○○町○丁目○番○号
　　　株式会社○○銀行○○支店

3　調査事項
(1)　原告甲野一郎（住所：東京都○○区○○町○丁目○番○号，生年月日：昭和○年○月○日，読み仮名：コウノイチロウ）名義の平成○年○月○日現在における預金等の有無
(2)　(1)の預金等が存在する場合，その口座番号，口座の種類，取引の種類，平成○年○月○日時点における預金等の残高

以　上

第6章　その他関連手続

【書式6-14】　証拠申出書

平成○年（家ホ）第○○号　離婚等請求事件
原　告　　甲　野　一　郎
被　告　　甲　野　花　子

証拠申出書

平成○年○月○日

東京家庭裁判所家事第6部○係　御中

申立人代理人弁護士　　東　京　太　郎　㊞

次の本人（証人）の尋問を申し出ます。

1　本人（証人）の表示
　　住　　所　　東京都○○区○○町○丁目○番○号
　　被告本人　　甲　野　花　子（同行，主尋問○○分）

2　立証の趣旨
　　原告被告間の婚姻関係が修復可能である事実，平成○年○月以降の別居の原因が原告の不貞行為にある事実等

3　尋問事項
　(1)　婚姻時から平成○年○月までの原告被告の生活状況等
　(2)　別居時である平成○年○月以前から原告が訴外○○○○と不貞行為に及んでいた事実
　(3)　その他これらに関連する一切の事項

以　上

第3節 証拠に関する書式

【書式6-15】 証拠説明書

平成○年（家ホ）第○○号　離婚等請求事件
原　告　　　甲　野　一　郎
被　告　　　甲　野　花　子

証拠説明書

平成○年○月○日

東京家庭裁判所家事第6部○係　御中

原告訴訟代理人弁護士　　　東　京　太　郎　㊞

号　証	標目 （原本・写しの別）	作成年月日	作成者	立証趣旨	備　考
甲1	陳述書	原　本	平成○年○月○日	原　告	被告に不貞行為があった事実等。	
甲2の1 ないし10	写真	原　本	撮影年月日： 平成○年○月○日	撮影者： 原告	被告が訴外○○○○との間で送受信したメールを撮影したもの。被告に不貞行為があった事実。	
甲3	診断書	原　本	平成○年○月○日	医師○○○○	被告の不貞行為により原告がうつ病を発症した事実。	
甲3	調査報告書	原　本	平成○年○月○日	株式会社○○○○	被告が訴外○○○○とホテルに宿泊した写真等。被告に不貞行為があった事実。	

第7章　保全処分等

第1節　保全処分

1　概要

　人事訴訟に関する保全処分（人事訴訟を本案とする保全処分、人事訴訟に係る請求の原因である事実によって生じた損害の賠償に関する請求（関連損害賠償請求。人訴法17条）に係る保全処分）は、民事保全法（平成元年法律第91号）に基づく保全処分であり、その管轄が、民事保全法12条、人事訴訟法30条により、人事訴訟を本案として管轄する家庭裁判所等にあるとされたものである。

　人事訴訟に関する保全処分の被保全権利としては、①人事訴訟の請求に係る権利、②人事訴訟において申立てを行うことができる附帯処分（人訴法32条1項）に係る権利、③関連損害賠償請求に係る権利が考えられる。

　保全処分の種類としては、仮差押え（民保法20条1項）、係争物に関する処分（同法23条1項）、仮の地位を定める仮処分（同条2項）の3種類がある。しかし、人事訴訟に関する仮の地位を定める仮処分は、実務上、ほとんど申し立てられることはない。

2　仮差押命令の申立て

(1)　被保全権利

(ア)　被保全権利の種類

　仮差押命令は、金銭の支払いを目的とする債権を被保全権利とするものである（民保法20条1項）。したがって、関連損害賠償請求としての離婚に伴う慰謝料請求権や、金銭給付の分与方法による財産分与請求権（財産分与に関する処分の申立て（同法32条1項）についての裁判により金銭支払請求権として形成される権利で、人事訴訟の判決で給付の命令（同条2項）がされる可能性が

(イ) 被保全権利の主張・疎明

　離婚に伴う慰謝料請求権を被保全権利として主張する場合には、離婚原因とともに、慰謝料の発生原因として、債務者に婚姻関係破綻のもっぱらまたは主たる原因があることなどを、簡潔に主張する。疎明資料としては、破綻原因を示す客観的資料のほか、債権者本人の陳述書等が考えられる。

　財産分与請求権を被保全権利として主張する場合には、支払金額は、基本的に、①分与対象財産の確定基準時における夫婦双方名義の財産額を合計し、②これを分与割合で除し、③その金額から、債権者名義の財産（負債）の合計額を差し引く、という流れで算定されるものであるから（第1章第4節Ⅲ2(3)(イ)参照）、保全命令の申立てにおいても、基本的には、この算定方法に従った主張・疎明が求められる。債務者の特定の財産のみを指摘し、その半分につき財産分与を受ける権利がある、という主張がされることがあるが、その財産が夫婦の全財産でない限り、この主張のみでは不十分である。

(2) 差押えの対象

(ア) 不動産

　差押え対象となる不動産の価格は、固定資産評価額に基づいて評価されることが多い。ただし、財産分与請求権を被保全権利として主張する場合、当該不動産は、財産分与の対象財産でもあることが多く、その際、当事者の主張する財産分与の金額の計算の中で、当該不動産の価格が、固定資産評価証明書以外の資料（査定書等）に基づいて評価されていることがある。この場合には、当該不動産の差押え対象としての価格も、固定資産評価額ではなく、当該査定書等の資料に基づいて評価されることがある。

　被保全権利として主張する金額（請求債権額）が、当該不動産の価格を下回っている場合でも、当該不動産全体の差押えが認められる場合もある。ただし、この場合、立てるべき担保の額は、当該不動産全体の価格を基に決定されることになる。

(イ) 債　権

　差押え対象となる債権としては、預金債権や給与債権等が考えられるが、これらの差押えは、不動産の仮差押えの場合よりも、債務者に対する影響が

大きいことが少なくないので、実務上、債務者所有の不動産があるときは、オーバーローン等で価値がないと評価される場合を除き、原則として、当該不動産をまず差押え対象とし、当該不動産の価格が請求債権額に満たない場合に初めて債権仮差押命令を発令する、という運用が多いように思われる。もっとも、債権を先に差し押さえても債務者に対する影響が大きくないといえるような事情があれば、不動産仮差押命令を先行させずに、債権仮差押命令が発令されることもある。

3　仮処分の申立て

(1)　被保全権利の種類

係争物に関する仮処分（民保法23条1項）は、特定物の給付請求権の執行を保全するための処分であるから、被保全権利としては、現物分与の方法による財産分与請求権（財産分与に関する処分の申立て（人訴法32条1項）についての裁判により当該物の所有権を帰属させて形成される権利で、人事訴訟の判決で移転登記手続等の給付の命令（同条2項）がされる可能性があるもの）が考えられる。この場合には、不動産の処分禁止の仮処分が申し立てられることが多い。

(2)　被保全権利の主張・疎明

金銭給付が財産分与の原則的な方法であるから、現物分与の方法による財産分与請求権を被保全権利として主張する場合には、特にそのような分与の方法によるべきである事情を主張・疎明する必要がある（第1章第4節Ⅲ2(3)(ア)参照）。たとえば、不動産の現物分与の方法による財産分与請求権を被保全権利として主張する場合には、不動産の所有権を債権者が取得する必要があること、それによって債権者が取得することになる当該不動産の評価額が金銭給付の方法による財産分与を行った場合に命じられるべき支払金額と同額ないしこれを下回っていることなどを主張・疎明する。

(3)　その他

人事訴訟に関する仮の地位を定める仮処分（民保法23条2項）としては、理論的には、養育費仮払いの仮処分（附帯処分である子の監護に関する処分についての裁判により形成される養育費請求権を被保全権利とするもの）や、子の

引渡しの仮処分（親権者の指定に伴う給付の命令による子の引渡しを権利ととらえ、被保全権利とするもの）が考えうる。しかし、前者は、家事審判で婚姻費用の支払いを求めれば足り、そちらのほうが確定的な債務名義を得ることができること、後者は、断行的な仮処分であり高度の疎明が求められるが、民事保全の手続においては家庭裁判所調査官による調査が利用できないこともあり、疎明が困難であることに加え、家庭裁判所調査官による調査を利用できる家事事件手続法上の保全処分を申し立てることも可能であることなどから、ほとんど申し立てられることがない。

4　保全の必要性の疎明

保全の必要性は、債務者の経済状況に関する客観的資料や、債務者の経済状況および債務者による今後の財産処分の見込み等について具体的に記載された債権者本人の陳述書などが、疎明資料として提出されることが多い。

第7章　保全処分等

【書式7-1】　不動産仮差押命令申立書(1)——被保全権利：財産分与請求権、差押物
　　　　　　件：土地および建物

不動産仮差押命令申立書

平成○年○月○日

東京家庭裁判所家事第6部　御中
　　　　　債権者代理人弁護士　　　東　京　太　郎　㊞

　　　　当事者の表示　　別紙当事者目録記載のとおり
　　　　請求債権の表示　別紙請求債権目録記載のとおり

申立ての趣旨

　債権者の債務者に対する上記請求債権の執行を保全するため，債務者所有の別紙物件目録記載の各不動産は，仮に差し押さえる。
との裁判を求める。

申立ての理由

第1　被保全権利
　1　債権者と債務者は，昭和○年○月○日に婚姻の届出をした夫婦である。両名の間には2名の子がいるが，いずれも既に成人している（疎甲1）。
　2　債務者は，婚姻当初から，債権者に対ししばしば暴力をふるい，債権者が頭部から出血し3針縫うけがをしたこともあった。債権者は，それでも，子らが一人前になるまではと思い何とか耐えてきたが，昨年4月に2人目の子が就職し，一人暮らしを始めた後，相変わらず暴力をふるい続ける債務者との生活に耐えられなくなり，同年6月，自宅を出て友人宅に身を寄せ，債務者と別居した（疎甲8）。
　3　その後現在まで1年以上が経過しているが，債務者からは何の連絡もなく，夫婦関係の修復に向けた働きかけもない。むろん，債権者にも，夫婦関係をやり直すつもりはなく，今月○日，債務者を相手方として，御庁に夫婦関係調整調停（平成○年（家イ）第○○号）を申し立てたところであり，離婚の意思は固い。
　4　以上によれば，債権者と債務者の婚姻関係は破綻しており，民法770条1項5号の婚姻を継続し難い重大な事由がある。

第1節　保全処分

　5　別居時点の債権者及び債務者名義の財産については，債権者名義のものは預貯金合計約100万円のみであり（疎甲2，3），債務者名義の財産は，預貯金は不明であるが，不動産として，婚姻後に購入した自宅土地建物があり，その現在の査定額は4800万円である（疎甲4～6）。購入時に借り入れた住宅ローンの別居時の残額は，約700万円弱であった（疎甲7）。
　　したがって，債権者は，債務者に対し，少なくとも2000万円の財産分与請求権を有する。

第2　保全の必要性
　　債務者は，自宅の隣地で町工場を経営しているが，不景気で資金繰りの苦しい状況が続いており，このような状況が続けば，債務者名義の唯一の不動産である自宅土地建物を売却し，経営資金に充ててしまう可能性も十分にあり得る（疎甲8）。したがって，債権者が上記財産分与請求権につき勝訴判決を得ても，その執行が不能又は著しく困難となるから，同債権の執行を保全するため，本申立てに及ぶものである。

疎　明　方　法

疎甲第1号証	戸籍謄本
疎甲第2，3号証	預金通帳
疎甲第4号証	不動産登記記録全部事項証明書（土地）
疎甲第5号証	不動産登記記録全部事項証明書（建物）
疎甲第6号証	不動産価格査定書
疎甲第7号証	ローン残高通知書写し
疎甲第8号証	陳述書

添　付　書　類

委任状	1通
固定資産評価証明書	各1通

当事者目録

〒000-0000　東京都○○区○○町○丁目○番○号
　　　　　　　債　権　者　　甲　野　花　子

〒000-0000　東京都○○区○○町○丁目○番○号○○ビル○○号（送達場所）
　　　　　　　　　　電　話　00-0000-0000
　　　　　　　　　　ＦＡＸ　00-0000-0000
　　　　　　　債権者代理人弁護士　　東　京　太　郎

〒000-0000　東京都○○区○○町○丁目○番○号
　　　　　　　債　務　者　　甲　野　一　郎

請求債権目録

2000万円
　ただし，債権者の債務者に対する離婚に伴う財産分与請求権

物件目録

1　所　　在　　東京都○○区○○町○丁目
　　地　　番　　○○○番
　　地　　目　　宅　地
　　地　　積　　○○.○○平方メートル

2　所　　在　　東京都○○区○○町○丁目○○番地○
　　家屋番号　　○○番○
　　種　　類　　居　宅
　　構　　造　　木造瓦葺2階建
　　床面積　　1階　○○.○○平方メートル
　　　　　　　　2階　○○.○○平方メートル

【書式7-2】 不動産仮差押命令申立書(2)——被保全権利：慰謝料請求権、差押物件：マンションの1室およびその底地所有権（持分）

不動産仮差押命令申立書

平成○年○月○日

東京家庭裁判所家事第6部　御中

　　　　債権者代理人弁護士　　　東　京　太　郎　㊞

　　　当事者の表示　　別紙当事者目録記載のとおり
　　　請求債権の表示　別紙請求債権目録記載のとおり

申立ての趣旨

　債権者の債務者に対する上記請求債権の執行を保全するため，債務者所有の別紙物件目録記載の不動産は，仮に差し押さえる。
との裁判を求める。

申立ての理由

第1　被保全権利
　1　債権者と債務者は，平成○年○月○日に婚姻の届出をした夫婦であり，両名の間には長女春子（平成○年○月○日生）がいる。（疎甲1）
　2　債権者と債務者の婚姻関係は，当初は円満であったが，長女が出生したころから債務者の帰りが遅くなり，そのうち，「長女が夜泣きすると家では眠れないので外泊してそのまま出勤する」などと言って，帰宅しないようになり，その頻度も徐々に増えていった。そのため，平成○年○月○日，不安になった債権者がたまたま債務者の携帯電話を見たところ，債務者は，同僚女性の乙野秋子と頻繁に電話及びメールのやり取りをし，メールの中には債務者と同女の性行為について書かれているものもあり，また，債務者と同女が共に写っている写真が待受け画面に設定されていた。そこで，債務者の不貞行為を確信した債権者がこれを追及すると，債務者は不貞行為を否定せず，もう債権者には興味がなくなった，俺は秋子と結婚するなどと言って，一方的に自宅を出ていった。以後，債権者と債務者は，3年間にわたり別居している。（疎甲3）
　3　以上によれば，債権者と債務者との間には，民法770条1項5号の婚姻を継続し難い重大な事由があるし，上記の不貞関係によって債権者は多

大な精神的苦痛を受けたから，債権者は，債務者に対し，不法行為に基づき，300万円の離婚に伴う慰謝料請求権を有する。

第2　保全の必要性
　債務者の住民票によると，債務者は，現在，上記乙野と，同人所有のマンションに同居しているようであり（疎甲2），債務者にとっては，債権者と同居していた別紙物件目録記載のマンション（以下「本件マンション」という。疎甲4）に関心はない状況である。また，債務者は，3か月前から，本件マンションの住宅ローンを支払わなくなっており（現在は，やむなく債権者が代わりに支払っている。），このままだと，債務者が本件マンションを売却して，売却代金から住宅ローン残額を差し引いた残りを，乙野との生活に費消してしまうおそれも十分にある。なお，債務者には，本件マンションのほかに，めぼしい財産はない。
　したがって，債権者が上記請求債権につき勝訴判決を得ても，その執行が不能又は著しく困難となるから，同債権の執行を保全するため，本申立てに及ぶものである。

疎　明　方　法

疎甲第1号証	戸籍謄本
疎甲第2号証	住民票
疎甲第3号証	陳述書
疎甲第4号証	不動産登記記録全部事項証明書

添　付　書　類

委任状	1通
固定資産評価証明書	各1通

第 1 節　保全処分

当事者目録

〒000-0000　東京都○○区○○町○丁目○番○号
　　　　　　　債　権　者　　　甲　野　花　子

〒000-0000　東京都○○区○○町○丁目○番○号○○ビル○○号 (送達場所)
　　　　　　　　　　　電　話　00-0000-0000
　　　　　　　　　　　FAX　00-0000-0000
　　　　　　　債権者代理人弁護士　　東　京　太　郎

〒000-0000　東京都○○区○○町○丁目○番○号
　　　　　　　債　務　者　　　甲　野　一　郎

請求債権目録

300万円
　ただし，債権者の債務者に対する離婚に伴う慰謝料請求権

物件目録

(一棟の建物の表示)
　　所　　　　在　　○○区○○町○丁目○番地
　　建物の名称　　○○○マンション

(専有部分の建物の表示)
　　家　屋　番　号　　○○町○丁目○○番○の○○
　　建物の名称　　○○○号
　　種　　　　類　　居　宅
　　構　　　　造　　鉄筋コンクリート造○階建
　　床　面　積　　○階部分　00.00平方メートル

(敷地権の表示)

381

第7章　保全処分等

```
　　　土地の符号　　○
　　　所在及び地番　○○区○○町○丁目○番○
　　　地　　　目　　宅　地
　　　地　　　積　　0000.00平方メートル
　　　敷地権の種類　所有権
　　　敷地権の割合　○○○○○○分の○○○○

（附属建物の表示）
　　　符　　　号　　・・・・
　　　種　　　類　　・・・・
　　　構　　　造　　・・・・
　　　床　面　積　　・・・・
```

【書式7-3】 債権仮差押命令申立書(1)——被保全権利：財産分与請求権、差押債
権：預金債権

債権仮差押命令申立書

平成○年○月○日

東京家庭裁判所家事第6部　御中

　　　　債権者代理人弁護士　　　　東　京　太　郎　㊞

　　当事者の表示　　別紙当事者目録記載のとおり
　　請求債権の表示　別紙請求債権目録記載のとおり

申立ての趣旨

　債権者の債務者に対する上記請求債権の執行を保全するため，債務者の第三債務者に対する別紙仮差押債権目録1及び2記載の債権は，仮に差し押さえる。

　第三債務者は，債務者に対し，仮差押えに係る債務の支払をしてはならない。

との裁判を求める。

申立ての理由

第1　被保全権利
　1　債権者と債務者は，平成○年○月○日に婚姻の届出をした夫婦である。両名の間に子はいない（疎甲1）。
　2　債権者と債務者の夫婦関係は，婚姻当初は円満であったが，平成○年○月ころ，債権者が，そろそろ子供がほしいと債務者に話を向けたところ，債務者は，そもそも結婚前から子供はいらないと2人で決めたはずであるなどと述べて拒否し，さらに，そのころから，仕事で疲れているなどと理由をつけて，債権者の夫婦生活の求めにも応じなくなった。このようにして，債権者と債務者の夫婦関係が悪化していった平成○年○月ころ，債務者との夫婦関係に何のメリットも感じなくなった債権者が，債務者に対して離婚を切り出すと，債務者は，そんなに離婚したいなら離婚してもよいが，債権者のせいで離婚するのだから，相当額の財産分与をしてもらうなどと言い放って自宅を出て，以後3年間にわたって別居が継続している。

383

別居後，債権者は，離婚について具体的に話合いをするべく債務者に連絡をしたが，債務者は離婚の話題になると話をそらすため，全く話が進展していない。そのため，債権者は，裁判所を通した解決を図るべく，今月中にも，債務者を相手方とする夫婦関係調整調停を御庁に申し立てる予定である。なお，別居後，債権者と債務者のいずれからも，再び同居する提案や，夫婦関係を修復するための提案は何らされていない。（以上につき，疎甲9）
3　以上によれば，債権者と債務者の婚姻関係は破綻しており，民法770条1項5号の婚姻を継続し難い重大な事由がある。
4　別居時の債権者及び債務者名義の財産は，住居が債権者の勤務会社の社宅であったこともあり，双方の給与収入を原資とする預貯金や有価証券類くらいである。別居時点の債権者名義の預貯金は，合計5万円程度であるが（疎甲2，3），債務者名義の財産は，定期預金等の預貯金合計700万円（疎甲4～6），証券会社の口座の残高305万円（疎甲7）の合計1005万円に上る。したがって，債権者は，債務者に対し，500万円の財産分与請求権を有する。

第2　保全の必要性
　　債務者の現在の住居は賃貸住宅であり（疎甲8），かつ，債務者は，数か月前に，上記の証券会社の口座を解約して，その金額をすべて遊興に使用したと自慢げに債権者に語っており，上記の預貯金のほかにはみるべき資産がない。また，債権者と債務者の共通の友人の話によると，債務者の最近の金遣いの荒さはひどいとのことであり，債務者には稼働による相当程度の収入が見込まれるとはいっても，なお，今後，債務者が上記預貯金を費消してしまう可能性は高く，債権者が判決を得ても，その執行が不能又は著しく困難になるおそれが高い。（疎甲9）
　　したがって，上記財産分与請求権の執行を保全するため，本申立てに及ぶものである。

疎　明　方　法

疎甲第1号証	戸籍謄本
疎甲第2，3号証	預金通帳
疎甲第4，5号証	定期預金証書写し
疎甲第6号証	預金通帳写し

第1節　保全処分

疎甲第7号証	取引残高報告書（○○証券）
疎甲第8号証	不動産登記記録全部事項証明書
疎甲第9号証	陳述書
疎甲第10号証	ホームページ写し（○○銀行○○支店の所在地）
疎甲第11号証	ホームページ写し（××銀行○○支店の所在地）

添　付　書　類

委任状	1通
資格証明書	各1通

当事者目録

〒000-0000　東京都○○区○○町○丁目○番○号
　　　　　　　債　権　者　　　甲　野　一　郎

〒000-0000　東京都○○区○○町○丁目○番○号○○ビル○○号（送達場所）
　　　　　　　　　　　電　話　00-0000-0000
　　　　　　　　　　　ＦＡＸ　00-0000-0000
　　　　　　　債権者代理人弁護士　　　東　京　太　郎

〒000-0000　東京都○○区○○町○丁目○番○号
　　　　　　　債　務　者　　　甲　野　花　子

〒000-0000　東京都○○区○○町○丁目○番○号
　　　　　　　第　三　債　務　者　　　株式会社○○銀行
　　　　　　　同代表者代表取締役　　　○　　○　　○　　○
（送達先）
〒000-0000　東京都○○区○○町○丁目○番○号
　　　　　　　　　　　　　　　株式会社○○銀行○○支店

〒000-0000　東京都○○区○○町○丁目○番○号
　　　　　　　第　三　債　務　者　　　株式会社××銀行

同代表者代表取締役	×　×　×　×
(送達先) 〒○○○-○○○○　東京都○○区○○町○丁目○番○号	
	株式会社××銀行○○支店

請求債権目録

500万円
ただし，債権者の債務者に対する離婚に伴う財産分与請求権

仮差押債権目録1

300万円
ただし，債務者が第三債務者株式会社○○銀行（○○支店扱い）に対して有する下記預金債権のうち，下記に記載する順序に従い，頭書金額に満つるまで

記

1　差押えや仮差押えのない預金とある預金があるときは，次の順序による。
　(1)　先行の差押えや仮差押えのないもの
　(2)　先行の差押えや仮差押えのあるもの

2　円貨建預金と外貨建預金があるときは，次の順序による。
　(1)　円貨建預金
　(2)　外貨建預金
　　ただし，仮差押命令が第三債務者に送達された時点における第三債務者の電信買相場（先物為替予約がある場合にはその予約相場）による換算した金額

3　数種の預金があるときは，次の順序による。
　(1)　定期預金
　(2)　定期積金

(3) 通知預金
(4) 貯蓄預金
(5) 納税準備預金
(6) 普通預金
(7) 別段預金
(8) 当座預金

4　同種の預金が数口あるときは，口座番号の若い順序による。
　なお，口座番号が同一の預金が数口あるときは，預金に付せられた番号の若い順序による。

仮差押債権目録2

200万円
　ただし，債務者が第三債務者株式会社××銀行（○○支店扱い）に対して有する下記預金債権のうち，下記に記載する順序に従い，頭書金額に満つるまで

記
（以下省略）

第7章　保全処分等

【書式7-4】　債権仮差押命令申立書(2)——被保全権利：財産分与請求権および慰謝料請求権、差押債権：給与債権および退職金債権

債権仮差押命令申立書

平成〇年〇月〇日

東京家庭裁判所家事第6部　御中

　　　　債権者代理人弁護士　　　東　京　太　郎　㊞

　　当事者の表示　別紙当事者目録記載のとおり
　　請求債権の表示　別紙請求債権目録記載のとおり

申立ての趣旨

　債権者の債務者に対する上記請求債権の執行を保全するため，債務者の第三債務者に対する別紙仮差押債権目録記載の債権は，仮に差し押さえる。
　第三債務者は，債務者に対し，仮差押えに係る債務の支払をしてはならない。
との裁判を求める。

申立ての理由

第1　被保全権利
　1　債権者と債務者は，昭和〇〇年〇月〇日に婚姻の届出をした夫婦である。両名は3人の子をもうけたが，いずれも成人している（疎甲1）。
　2　債権者と債務者の夫婦関係は，既に10年以上前から冷え切っており，子らが学校に通っていたこともあって，表面上夫婦の形をとっていただけであり，実質的には既に破綻していた。債権者は，3人目の子が大学を卒業し，就職して独立した昨年4月に，債務者に離婚したい旨申し出たところ，債務者は，離婚についてはすぐに同意したものの，離婚したいなら勝手に出ていけ，財産分与も慰謝料の支払もしないと明言した。債権者は，同月〇日に自宅を出て姉の下に身を寄せ，以後1年半以上別居が継続している。（疎甲6）
　　なお，債務者には，既に10年以上前から愛人がおり，上記のとおり夫婦関係が冷え切っていたのも，債務者と愛人との不貞関係に原因がある。現在，債務者は，愛人の自宅に住民票を移し，同人と同居している。（疎甲2，3）

388

3 以上によれば，債権者と債務者との間には，民法770条1項5号の婚姻を継続し難い重大な事由がある。また，上記の不貞関係によって精神的苦痛を受けた債権者は，債務者に対し，不法行為に基づき，少なくとも300万円の離婚に伴う慰謝料請求権を有する。

4 上記別居時の債権者及び債務者名義の財産としては，双方名義の預金のほか，婚姻後に購入した自宅土地建物（債務者名義）が存在したが，同土地建物は，別居後，債務者が少なくとも5000万円以上で売却してしまった（疎甲4，6）。また，債権者名義の別居時の預金残高はほぼ0円である（疎甲5）。現在のところ，別居時の債務者名義の預貯金額は不明であるので，これを仮に0円として計算しても，債権者は，債務者に対し，少なくとも，上記不動産の売却額である5000万円の2分の1である2500万円の財産分与請求権を有する。

第2 保全の必要性

上記のとおり，債務者は，別居後に自宅を売却し，かつ，債務者の同僚の話によれば，その売却代金も含め，愛人に多額の金銭をつぎ込み，最近はその同僚に無心までするようになったとのことであり（疎甲6），現在みるべき資産を有していない。したがって，債務者の給料債権や退職金債権（来年の3月末に債務者は定年退職の予定である。）を差し押さえないと，債権者が上記請求債権についての判決を得ても，その執行が不能又は著しく困難となる。

したがって，上記請求債権の執行を保全するため，本申立てに及ぶものである。

疎　明　方　法

疎甲第1号証　　戸籍謄本
疎甲第2号証　　不動産登記記録全部事項証明書（愛人宅）
疎甲第3号証　　住民票
疎甲第4号証　　不動産登記記録全部事項証明書（旧自宅）
疎甲第5号証　　預金通帳写し
疎甲第6号証　　陳述書

添　付　書　類

委任状　　1通

資格証明書　1通

当事者目録

〒000-0000　東京都○○区○○町○丁目○番○号
　　　　　　　債　権　者　　　甲　野　花　子

〒000-0000　東京都○○区○○町○丁目○番○号○○ビル○○号（送達場所）
　　　　　　　　　　電　話　00-0000-0000
　　　　　　　　　　ＦＡＸ　00-0000-0000
　　　　　　　債権者代理人弁護士　　東　京　太　郎

〒000-0000　東京都○○区○○町○丁目○番○号
　　　　　　　債　務　者　　　甲　野　一　郎

〒000-0000　東京都○○区○○町○丁目○番○号
　　　　　　　第　三　債　務　者　　○○物産株式会社
　　　　　　　同代表者代表取締役　　○　○　○　○

請求債権目録

1000万円
　ただし，離婚に伴う財産分与請求権2500万円の内金700万円及び離婚に伴う慰謝料請求権300万円の合計金

仮差押債権目録

1000万円
　債務者（○○営業所勤務）が本決定送達後，第三債務者から支給される

1　給料（基本給及び諸手当。ただし通勤手当を除く。）から給与所得税，住民税，社会保険料を控除した残額の4分の1（ただし，前記残額が月額44万円を超えるときはその残額から33万円を控除した金額）

2　賞与から1と同じ税金等を控除した残額の4分の1（ただし，前記残額が月額44万円を超えるときはその残額から33万円を控除した金額）

　にして頭書金額に満つるまで

3　上記1及び2による金額が頭書金額に満たないうちに退職したときは，退職金から所得税，住民税を控除した残額の4分の1にして，1及び2と合計して頭書金額に満つるまで

【書式7-5】　不動産仮処分命令申立書

不動産仮処分命令申立書

平成○年○月○日

東京家庭裁判所家事第6部　御中

　　　　　債権者代理人弁護士　　　　東　京　太　郎　㊞

　　　当事者の表示　別紙当事者目録記載のとおり

申立ての趣旨

　債務者は，別紙物件目録記載の不動産について，譲渡並びに質権，抵当権及び賃借権の設定その他一切の処分をしてはならない。
との裁判を求める。

申立ての理由

第1　被保全権利
　1　債権者と債務者は，平成○年○月○日に婚姻の届出をした夫婦であり，両名の間には，長男春男（平成○年○月○日生）及び長女夏子（平成○年○月○日生）がいる（疎甲1）。
　2　債務者は，平成○年○月ころから，会社の部下である乙山華子と交際を開始し，現在まで約15年間にわたり，交際を続けている。債権者は，これにうすうす気づいていたものの，確たる証拠がないため，債務者を問い詰めることはしていなかったが，平成○年ころ，債務者の方から交際を打ち明けられた。債権者が，その際に債務者を強く非難したところ，債務者は数日後に自宅を出ていき，以後，10年以上にわたり別居が継続している。（疎甲14）
　3　以上によれば，債権者と債務者との間には，民法770条1項5号の婚姻を継続し難い重大な事由がある。
　4　上記別居時までに形成された夫婦の財産は，別紙財産分与対象財産一覧表のとおりであり，債務者名義の別紙物件目録記載の不動産（以下「本件不動産」という。）や，双方名義の預貯金・有価証券類がある。債権者名義の財産は，預貯金合計約100万円であり（疎甲2，3），債務者名義の財産は，婚姻直後に購入し，現在債権者及び子らが居住する本件不動産（現在の査定額5000万円。疎甲4～6。住宅ローンは完済している。）

と，預貯金合計2000万円（疎甲7～11），証券会社の口座の残高3100万円（疎甲12）の合計1億0100万円である。
　よって，仮に金銭給付によって財産分与を行うとすると，債務者は債権者に対し，5000万円を支払うべきこととなる。しかし，そうすると，本件不動産は債務者所有のままとなってしまうが，債権者と子らはそこに今後も居住しつづけることを希望しており，本件不動産は，債権者の今後の生活の本拠として必要不可欠なものである（疎甲14）。他方で，債務者は，上記乙山の自宅マンションに住民票を移し（疎甲13），同所に長期間居住しており，本件不動産を現実に使用する必要性はない。また，本件不動産の査定額5000万円は，上記の金銭給付による財産分与の金額と同額である。
　以上によれば，本件においては，財産分与として，本件不動産を債務者から債権者に現物分与するのが相当であり，したがって，債権者は，債務者に対し，離婚に伴う財産分与による本件不動産の所有権移転登記請求権を有することになる。

第2　保全の必要性
　債務者は，上記のとおり，多額の預貯金や有価証券を有しているにもかかわらず，本件不動産の売却を考えているようであり，1週間前に，不動産業者が本件不動産を訪れ，債権者にその旨の話をしていったところである（疎甲14）。
　このような債務者の行動からすると，今後債務者が本件不動産を処分するおそれは大きいというべきである。したがって，債権者は，上記の所有権移転登記請求権の執行を保全するため，本申立てに及ぶものである。

（別紙財産分与対象財産一覧表は省略）

疎　明　方　法

疎甲第1号証	戸籍謄本
疎甲第2号証	預金通帳
疎甲第3号証	預金通帳
疎甲第4号証	不動産登記記録全部事項証明書（土地）
疎甲第5号証	不動産登記記録全部事項証明書（建物）

第7章　保全処分等

疎甲第6号証　　不動産価格査定書
疎甲第7号証　　預金通帳
疎甲第8号証　　預金通帳
疎甲第9号証　　定期預金証書
疎甲第10号証　　取引明細書
疎甲第11号証　　取引明細書
疎甲第12号証　　取引残高報告書（○○証券）
疎甲第13号証　　住民票
疎甲第14号証　　陳述書

添　付　書　類

委任状　　　　　　　　　　1通
固定資産評価証明書　各1通

当事者目録

〒000-0000　東京都○○区○○町○丁目○番○号
　　　　　　　　債　権　者　　　甲　野　花　子

〒000-0000　東京都○○区○○町○丁目○番○号○○ビル○○号 (送達場所)
　　　　　　　　　　　電　話　00-0000-0000
　　　　　　　　　　　Ｆ Ａ Ｘ　00-0000-0000
　　　　　　　　債権者代理人弁護士　　東　京　太　郎

〒000-0000　東京都○○区○○町○丁目○番○号
　　　　　　　　債　務　者　　　甲　野　一　郎

物件目録

1　所　　在　　東京都○○区○○町○丁目
　　地　　番　　○○○番
　　地　　目　　宅　地

地　積　　00.00平方メートル

2　所　在　　東京都○○区○○町○丁目○○番地○
　　家屋番号　　○○番○
　　種　類　　居　宅
　　構　造　　木造瓦葺2階建
　　床面積　　1階　00.00平方メートル
　　　　　　　2階　00.00平方メートル

【書式7-6】 担保取消申立書(1)——債権者による金銭供託の場合

担保取消決定申立書

平成○年○月○日

東京家庭裁判所　御中

申 立 人 代 理 人 弁 護 士 　　東 　　京 　　太 　　郎　㊞

　　　申立人(債権者・担保提供者)　　甲　　野　　花　　子
　　　被申立人(債務者・担保権利者)　甲　　野　　一　　郎

　上記当事者間の東京家庭裁判所平成○年（家リ）第○○号債権仮差押命令申立事件につき，申立人が供託している下記記載1の担保について，下記記載2の事由により，担保取消決定を求める。

記

1　供 託 日　　　平成○年○月○日
　　供託法務局　　東京法務局
　　供 託 金 額　　　金○○万円
　　供 託 番 号　　　平成○年度金第○○号

2　□　担保の事由が消滅したこと（民訴法79条1項）
　　□　担保権利者の同意を得たこと（民訴法79条2項）
　　□　訴訟完結後の権利行使催告（民訴法79条3項）
　　□　本案訴訟未提起，保全命令申立ての取下げ及び執行解放
　　□　本案訴訟提起，保全命令申立ての取下げ及び執行解放
　　□

　(注)　□欄には該当するものにレ点を付す。

【書式7-7】 担保取消申立書(2)——第三者による支払保証委託契約の場合

担保取消決定申立書

平成○年○月○日

東京家庭裁判所家事第6部　御中
　　申立人代理人弁護士　　　東　京　太　郎　㊞

　　申立人(第三者担保提供者)　日本司法支援センター東京地方事務所
　　　　　　　　　　　　　　　同代表者理事　○　○　○　○
　　被申立人(債務者・担保権利者)　　　　　甲　野　一　郎

　甲野花子を債権者，甲野一郎を債務者とする東京家庭裁判所平成○年（家ル）第○○号不動産仮差押命令申立事件につき，申立人が下記記載1の支払保証委託契約を締結することにより立てた担保について，下記記載2の事由により，担保取消決定を求める。

記

1　契　　約　　日　　平成○年○月○日
　　契約の相手方　　株式会社○○銀行（○○店）
　　限度とする金額　　金○○万円

2　□　担保の事由が消滅したこと（民訴法79条1項）
　　□　担保権利者の同意を得たこと（民訴法79条2項）
　　□　訴訟完結後の権利行使催告（民訴法79条3項）
　　□　本案訴訟未提起，保全命令申立ての取下げ及び執行解放
　　□　本案訴訟提起，保全命令申立ての取下げ及び執行解放
　　□

（注）　□欄には該当するものにレ点を付す。

第7章　保全処分等

【書式7-8】　供託原因消滅証明申請書

東京家庭裁判所平成○年（家ロ）第○○号 申立人（債権者・担保提供者）　　　甲　野　花　子 被申立人（債務者・担保権利者）　　　甲　野　一　郎 <center>供託原因消滅証明申請書</center> <div align="right">平成○年○月○日</div>東京家庭裁判所家事第6部　御中 　　　　　　　申立人代理人弁護士　　　東　京　太　郎　㊞ 　東京家庭裁判所平成○年（家リ）第○○号不動産仮差押命令申立事件について，申立人が担保として供託した別紙の供託物は，供託原因が消滅したことを証明してください。 <center>（別紙は省略）</center>
<center>受　領　書</center>上記証明書1通につき，本日正に受領しました。 　　　　　　　　　　平成　　年　　月　　日 　　　　　　　申立人代理人弁護士　　　東　京　太　郎　㊞

398

【書式7-9】 取下書（不動産仮差押命令申立事件についてのもの）

取　下　書

平成〇年〇月〇日

東京家庭裁判所家事第6部　御中
　　　債権者代理人弁護士　　　東　京　太　郎　㊞

　　当事者の表示　別紙当事者目録記載のとおり

　上記当事者間の東京家庭裁判所平成〇年（家リ）第〇〇号不動産仮差押命令申立事件は，債権者の都合により，別紙物件目録記載の物件につき申立ての全部を取り下げる。

（別紙当事者目録，別紙物件目録は省略）

第7章　保全処分等

【書式7-10】　保全異議申立書（財産分与請求権に基づく債権仮差押命令に対するもの）

保全異議申立書

平成○年○月○日

東京家庭裁判所家事第6部　御中

　　　　債務者代理人弁護士　　　　霞　　　　華　　　　子　㊞

　　当事者の表示　別紙当事者目録記載のとおり

申立ての趣旨

1　債権者と債務者間の東京家庭裁判所平成○年（家リ）第○○号債権仮差押命令申立事件について，同裁判所が平成○年○月○日にした仮差押決定を取り消す。
2　債権者の上記債権仮差押命令の申立てを却下する。
3　申立費用は債権者の負担とする。
との裁判を求める。

申立ての理由

第1　被保全権利の不存在
　1　債権者は，債務者に対し，離婚に伴う財産分与請求権として，500万円の債権があると主張している。
　2　債務者としても，離婚自体を争うものではない。しかし，債権者は，上記500万円の根拠として，別居時点の債権者名義の預貯金はほとんどなく，債務者名義の預貯金等は合計1000万円あった旨主張しているが，債権者の方も，別居時点において，1000万円の定期預金を有しており（疎乙1），これを，本件訴訟前に，解約の上，債権者と債務者の間の長男に渡したとのことである（疎乙2）。なお，現在債権者は，長男と同居している。
　3　本件では，上記の双方の預貯金等のほかに財産分与の対象となる財産はないから，結局，上記の預貯金等の額によれば，財産分与が行われるべきではない。したがって，債権者の主張する被保全権利は存在しない。

第2　保全の必要性の不存在

400

債権者は，債務者が浪費を繰り返しているかのように主張するが，そのような事実はない。むしろ，債務者は，現在も，500万円以上の預貯金を有しているほか（疎乙3，4），1000万円を超える年収があり（疎乙5），仮に債務者から債権者に対し一定額の財産分与を行うべきであるとしても，十分に支払を行う資力がある（疎乙6）。

第3　まとめ
　以上によれば，上記仮差押決定は，被保全権利の存在も保全の必要性も認められないので，直ちに取り消されるべきであり，債権者の債権仮差押命令の申立ても，直ちに却下されるべきである。

疎　明　方　法

疎乙第1号証	定期預金証書写し
疎乙第2号証	陳述書（長男）
疎乙第3，4号証	預金通帳
疎乙第5号証	源泉徴収票
疎乙第6号証	陳述書

添　付　書　類

委任状　　1通

附　属　書　類

申立書（副本）　　　　　　　1通
疎乙第1ないし6号証（写し）　各1通

当事者目録

　　本籍　○○県○○市○○町○丁目○番地
　　　　　債　権　者　　甲　野　花　子

〒000-0000　東京都○○区○○町○丁目○番○号○○ビル3階（送達場所）
　　　　　　電　話　00-0000-0000
　　　　　　ＦＡＸ　00-0000-0000

債権者代理人弁護士　　　東　　京　　太　　郎

〒000-0000　東京都〇〇区〇〇町〇丁目〇番〇号
　　　　　　　債　　務　　者　　甲　　野　　一　　郎

〒000-0000　東京都〇〇区〇〇町〇丁目〇番〇号〇〇ビル３階（送達場所）
　　　　　　　電　話　00-0000-0000
　　　　　　　ＦＡＸ　00-0000-0000
　　　　　　債権者代理人弁護士　　　霞　　　　華　　　　子

第2節 履行確保

【書式7-11】 間接強制申立書

間接強制申立書

平成○年○月○日

東京家庭裁判所　御中

　　　申立人代理人弁護士　　　東　京　太　郎　㊞

当事者の表示　別紙当事者目録記載のとおり

申立ての趣旨

1　東京家庭裁判所平成○年（家ホ）第○○号離婚等請求事件の執行力ある判決正本に基づき，債務者は，債権者に対し，債権者と債務者の間の長女春子（平成○年○月○日）を，平成○年○月15日までに引き渡せ。
2　債務者が前項の期間内に前項の引渡しをしないときは，債務者は，債権者に対し，平成○年○月16日から上記引渡しの履行まで1日当たり○○円を支払え。
との裁判を求める。

申立ての実情

1　債権者は，御庁に，債務者を被告とする離婚等請求事件（平成○年（家ホ）第○○号）の訴えを提起し，平成○年○月○日，東京家庭裁判所家事第6部は，上記事件につき，「被告（債務者）は，原告（債権者）に対し，長女春子を引き渡せ。」との主文を含む判決を言い渡し，同判決は，同年○月○日に確定した。
2　しかしながら，債務者は，上記判決に従って長女春子を引き渡さない。
3　よって，債権者は，申立ての趣旨記載のとおりの間接強制の申立てに及ぶ。

添　付　資　料

第7章　保全処分等

委任状　　1通

当事者目録

〒000-0000　東京都○○区○○町○丁目○番○号
　　　　　　　申立人（債権者）　　　甲　野　花　子

〒000-0000　東京都○○区○○町○丁目○番○号○○ビル○○号 (送達場所)
　　　　　　　電　話　00-0000-0000
　　　　　　　FAX　00-0000-0000
　　　　　　　申立人（債権者）代理人弁護士　　東　京　太　郎

〒000-0000　東京都○○区○○町○丁目○番○号
　　　　　　　相手方（債務者）　　　甲　野　一　郎

第2節　履行確保

【書式7-12】　履行勧告申出書

履行勧告申出書

平成○年○月○日

東京家庭裁判所　御中

　　　　　申出人代理人弁護士　　　東　　京　　太　　郎　㊞

　　　　当事者の表示　別紙当事者目録記載のとおり

履行義務を定めた事件　　東京家庭裁判所平成○年（家ホ）第○○号
判　決　確　定　日　　平成○年○月○日

　義務者が権利者に対して負担している義務の履行状況を調査し，その義務を履行するように勧告してください。

1　申出までの履行状況
　　義務者は，・・・・・・・
2　申出人の希望事項
　　申出人は，・・・

添　付　資　料

委任状　　1通

当事者目録

〒000-0000　東京都○○区○○町○丁目○番○号
　　　　　　　　　電　話　00-0000-0000
　　　　　　　　　携　帯　00-0000-0000
　　　　　申出人（権利者）　　甲　野　花　子

〒000-0000　東京都○○区○○町○丁目○番○号○○ビル○○号（送達場所）
　　　　　　　　　電　話　00-0000-0000
　　　　　　　　　FAX　00-0000-0000

405

第7章 保全処分等

```
           申出人(権利者)代理人弁護士     東   京   太   郎

〒000-0000  東京都〇〇区〇〇町〇丁目〇番〇号
                   電  話 00-0000-0000
                   携  帯 00-0000-0000
           義   務   者     甲   野   一   郎
```

【書式7-13】 履行命令申立書

履行命令申立書

平成○年○月○日

東京家庭裁判所　御中

　　　　申立人代理人弁護士　　　東　京　太　郎　㊞

　　　当事者の表示　別紙当事者目録記載のとおり

申立ての趣旨

　相手方に対し，相手方が申立人に対して負担している東京家庭裁判所平成○年（家ホ）第○○号離婚等請求事件において平成○年○月○日に言い渡された判決に基づく財産分与としての○○万円の支払義務を履行する命令を求める。

申立ての実情

1　上記判決（平成○年○月○日確定）において，相手方は，申立人に対し，財産分与として，○○万円を支払うこととされた。
2　相手方は，現在まで，特段の事情もないのに，上記の支払を一切行わない。
3　よって，申立ての趣旨記載のとおりの履行命令をするよう求める。

添　付　資　料

委任状　　1通

当事者目録

〒000-0000　東京都○○区○○町○丁目○番○号
　　　　　債　権　者　　甲　野　花　子

〒000-0000　東京都○○区○○町○丁目○番○号○○ビル○○号(送達場所)
　　　　　　　　　電　話　00-0000-0000
　　　　　　　　　FAX　00-0000-0000

407

第7章　保全処分等

　　　　　　　申立人代理人弁護士　　東　京　太　郎
〒000-0000　東京都○○区○○町○丁目○番○号
　　　　　　　相　　手　　方　　甲　野　一　郎

第 3 部

参考資料

I　陳述書記載例

〔陳述書作成のポイント〕

　その後に予定される尋問での立証事項や、争点となっている事項に関する事情に絞って、簡潔に記載する。周辺事情で関連性の薄いものは記載しない。離婚訴訟において、民法770条1項5号を離婚原因とする場合には、婚姻史を延々と記載するのではなく、婚姻関係の破綻に近接する事情、特に、別居の経緯・理由や別居後の状況、現在の当事者の心情等について、具体的な事実を、年月日をできるだけ特定して記載する。親権者の指定について争われている場合には、自己を親権者と指定すべき根拠となる事情を、具体的かつ簡潔に記載する。

〔資料1-1〕 陳述書記載例(1)——通常の陳述書・原告（【書式1-13】の事案）

甲第〇号証

陳　述　書

平成〇年〇月〇日

原告　甲野花子　㊞

1　私は，平成〇年〇月〇日，同じ会社に勤務していて知り合った被告と結婚しました。被告との間には，長女の春子が平成〇年〇月〇日に，二女の夏子が平成〇年〇月〇日に生まれました。
2　被告の暴力について
　　結婚前にはわからなかったのですが，被告は，ちょっと気に入らないことがあるとすぐに激怒し，暴力をふるう人で，私も結婚当初から，度々暴力をふるわれていました。結婚生活を続けるかどうか悩んだこともありますが，結婚してすぐに離婚するというのもどうかと思いましたし，そのうち子供も産まれたので，とにかく我慢していればそのうち状況も好転するかもしれないと自分を納得させ，被告との結婚生活を続けていました。
　　しかし，被告の暴力はひどくなる一方で，別居前の1年間にも，次のような暴力をふるわれました。
(1)　平成〇年〇月〇日，長女がピアノに興味を持っていたので，ピアノを習わせたいのだけどと被告に言ってみたところ，被告は，月謝も高いしピアノの教師になるわけでもないのに，なんでそんなことが必要なのかなどと言って，認めてくれませんでした。これに私が反論して口論になると，被告は，いきなり私の顔をげんこつで2度殴ってきました。私は防御できず，強い衝撃を顔に受け，前歯が1本折れてしまいました。翌日，病院に行ったところ，顔面打撲で加療2週間ということでした（甲3の診断書のとおりです。）。
(2)　平成〇年〇月〇日，夕食のとき，被告は，ビールがないじゃないか，今すぐ買ってこいと怒鳴ってきました。もう夜も遅かったですし，外は大雨でしたので，ごめんなさい，状況も状況だから，今日は許してくださいと被告に言ったところ，被告は，味噌汁の入ったお椀を私に投げつけ，更に私の頬を2回平手で叩いた上，言うことをきけないのか，誰のおかげで飯が食えてると思ってるんだ，さっさと行ってこいと怒鳴りつ

411

けました。私は、やむなく大雨の中、ビールを買いに出掛けました。帰ってきても、被告からは、ありがとうの一言もありませんでした。

(3) 平成○年○月○日、被告は、酔って深夜に帰宅しました。私は子供たちと先に寝ていたのですが、被告に起こされ、会社の愚痴をさんざん聞かされました。私は、しばらくは相づちを打ちながら聞いていましたが、だいぶ時間も遅くなってきたので、明日も仕事があるんだからそろそろ寝たら、と被告に言ったところ、被告は突然激怒し、何だその態度は、ふざけるな、などと言いながら、テーブルの上にあったガラスのコップを私に投げつけ、更には私の髪の毛をつかんでリビングの中を引きずり回し、土下座して謝れと喚き散らしました。この被告の怒鳴り声を聞いて、長女が起きてしまい、リビングに入ってきたのですが、被告は全く気にせず、被告の剣幕のすごさに呆然としてしまっていた私のお腹を何度も足蹴りした上、私の頭を何度もげんこつで殴りました。私は、あまりの暴力の凄さに、殺されるのではないかととても怖くなり、また、これまでさんざん我慢してきたがもう限界だと思い、実家に避難しようと決心しました。被告の暴力がやみ、寝入ったのを確認した後すぐ、私は、長女と二女を連れて、タクシーで実家に帰りました。このときの被告の暴力で、加療2週間の頭部及び腹部打撲傷を負いました（甲4の診断書のとおりです。）。

3 離婚について

このようにして、私と子供たちが実家に避難してから、既に3年以上が経過しています。今は、私も子供たちも、被告の暴力におびえることなく、安心して生活を送ることができています。実際、これだけ別居が続いていると、もう元に戻るのは無理だと思いますし、私自身、もう被告とともに生活するつもりも、婚姻関係を続けるつもりも全くありません。被告からは、別居中に何度かメールが来ましたが、衣類や物品の所在を尋ねるもので、復縁を求めるものではありませんでしたから、被告のほうも、本心では、婚姻関係を続けるつもりはないと思います。

以上のとおりですので、この訴訟で、離婚を認めていただきたいと思います。そして、離婚に至ったのは、既に述べたような被告の暴力が原因ですし、私も精神的に大変苦しめられましたから、被告には、しかるべき慰謝料を支払ってもらいたいと思います。

4 親権について

子供たちは、被告との同居中も私が主にその世話をしていましたし、別

居後は私が専ら養育しており，私や私の両親とも非常に仲が良く，安定した生活を送ることができ，すくすくと成長しています。被告は，同居中もあまり育児にかかわらず，私にほぼ任せっきりでしたし，何より，暴力的な夫が子供たちを育てるということは考えられません。よって，私が親権者に指定されるべきです。

5　まとめ

　既に述べましたが，被告と共同生活を送るということは，私にはもう考えられません。子供たちにとっては被告がたった一人の父親ですので，被告と子供たちが交流することについては，意義のあることだと私も思っており，いわゆる面会交流を行うことについて反対するつもりはありませんが，私が被告との婚姻関係を続けることには，もはや何の意味もないと思います。双方の今後の人生のためにも，早期に離婚を成立させ，精神面だけでなく，経済状況も安定させるのがベストだと思っています。

〔資料1-2〕　陳述書記載例(2)——通常の陳述書・被告（【書式1-13】の事案）

乙第○号証

陳　述　書

平成○年○月○日

被告　甲野一郎　㊞

1　私と原告である妻は，会社の同僚として知り合いましたが，気が合ったことから，自然と交際するようになり，私からプロポーズして，平成○年○月○日に結婚しました。その後，春子と夏子という二人の子にも恵まれ，幸せに生活していました。

　妻は，私がすぐに激怒し暴力をふるうとか，暴力はひどくなる一方であったなどと主張しているようですが，そのようなことはありません。確かに，私は，酒に酔うと気が大きくなり，また，興奮してしまうことはよくあるように思いますし，お恥ずかしいですが，酒を飲んでいるときの記憶があまりないということも何度か経験していますので，妻に迷惑をかけたことはあるかもしれません。この点は深く反省しており，今後は二度とそのようなことがないようにしたいと思いますが，離婚をしなければならないほどのことではないと思っています。

2　私たちは，家族4人で幸せに生活していたのですが，平成○年○月○日の深夜，妻は，私が眠っている間に，子供たちを連れて突然実家に帰ってしまいました。この日に私が暴力をふるったと妻は主張していますが，私には，その記憶がありません。確かに，この日は酒に酔って遅く帰ったような覚えがありますが，このころは，仕事について悩んでいる時期だったので，妻に愚痴を言ったかもしれませんし，酔った勢いで，妻に何かを無理強いしてしまったかもしれません。酒に酔ってこのようなことをしてしまったとすれば，大変申し訳なく思いますが，この日に妻に暴力をふるったという記憶は，本当にないのです。

3　そのほか，妻は，平成○年○月○日，長女のピアノの件で口論になった際に，私が暴力をふるったと主張していますが，そのような事実はありません。その日は，妻から，長女にピアノを習わせたいと言われたため，今の給料で月謝を払うと生活が苦しいから，申し訳ないが見合わせてくれないかと私がお願いしたところ，妻は，春子のことは何も考えていないのか

などと言いながら，興奮して絡んできたので，多少口論にはなったものの，基本的には私が妻をなだめている状況でした。診断書が提出されていますが，何か別の原因でけがをしたのではないかと思います。

　また，平成〇年〇月〇日に，味噌汁の入ったお椀を投げつけたとか，頬を2回平手で叩いたとか，怒鳴りつけて大雨の中ビールを買いに行かせたなどとも妻は主張していますが，そのようなことをした記憶もありません。ビールがなかった不満を述べたことはあるかもしれませんが，暴力をふるったり，強制的にビールを買いに行かせたりしたことは，私の記憶では，この日も含めて，過去に一度もありません。

4　妻との別居は続いていますが，その間も，私はメールで妻に連絡をしていました。しかし，妻からは，事務的な返事が返ってくるだけでした。

　私は，まだ妻とはやり直せると思っていますし，私に足りない点があれば，今後は妻の指摘をよく聞いて，直していきたいと思います。再び子供たちとの笑いの絶えない生活を取り戻したいです。よろしくお願いいたします。

〔資料1-3〕　子の陳述書記載例（人事訴訟法32条4項の陳述の聴取）

　　　　　　　　　　　　　　　　　　　　　　　　　　甲第○号証

　　　　　　　　　陳　　述　　書

　　　　　　　　　　　　　　　　　　　　　平成○年○月○日

　　　　　　　　　　　　　　　　　　甲　野　春　子　㊞

　私は，両親が離婚した場合，

　　□　母である甲野花子が親権者となることを希望します。
　　□　父である甲野一郎が親権者となることを希望します。
　　□　母と父のどちらが親権者となってもいいです。
　　□　親権者についての意見は言いたくありません。

　　　　　　　　　　　　　　　　　　　　　　　　　以　上

㊟：□欄には該当するものにレ点を付す。

〔資料1-4〕 子の監護に関する陳述書記載項目等

平成○年（家ホ）第○○号（原告）

子の監護に関する陳述書記載項目等

※書証として提出してください。　　　　　　　提出期限：
　（秘匿の必要等については，適宜判断してください。）　　平成○年○月○日

	陳述書記載項目	提出資料
あなたの生活状況	■ 生活歴 （学歴，職歴，婚姻及び離婚その他生活歴上の主要な出来事等）	□
	■ 現在の職業の状況 （勤務先，業務内容，職務内容，勤務時間，休日，残業の頻度）	□
	■ 経済状況（主な収入と支出等）	■ 源泉徴収票，確定申告書，給与明細等 □
	■ 健康状態（現在の心身の状況，既往症）	■ 診断書 □
	■ 同居者とその状況（氏名，年齢，続柄，職業，健康状態）	□
	■ 住居の状況（間取り，利用状況，近隣の環境）	■ 間取り図 □ 最寄り駅から住宅までの地図
お子さんの状況	■ 生活歴（同居家族，居住地，保育園・幼稚園・学校名） ■ これまでの監護状況（日常の衣食住やしつけについて誰がどのように世話をしてきたか） 　ア　出生〜別居，イ　別居〜現在	□
	■ 一日の生活スケジュール（平日及び休日）	□
	■ 心身の発育状況，健康状態及び性格 （出生から現在までの状況，既往症がある場合は治療状況）	■ 母子手帳（保管している方から提出してください） □ 診断書
	■ 現在の通園・通学先における状況 （園・学校名，所在地，出席状況等）	■ 園の連絡帳，学校の通知票（過去のもの含む。手もとにあるだけ全部）
	■ 父母の紛争に対する認識，あなたからお子さんへの説明	
	■ 別居後の，同居していない親とお子さんの交流の状況 （面会・手紙等の交流の状況）	□
監護補助者	■ 監護補助者について （現在監護を補助している，又は今後監護を補助する予定の方がいれば，氏名，年齢，住所，続柄，職業，健康状態）	□ □
	■ 具体的な監護補助の状況	□
監護計画	□ 親権者となった場合の具体的な監護計画 □ 親権者でない親とお子さんとの交流についての考え	□ □
その他	□	□

(注)　資料は写しで可，例示の他に必要に応じて添付してください。
　　監護補助者については，日常的にお子さんの監護を補助している方，又は今後監護を補助する予定の方がいる場合に記載してください。

〔資料1-5〕 親権者指定のための陳述書記載例（子の監護に関する陳述書）

甲第○号証

子の監護に関する陳述書

平成○年○月○日

原告　甲野花子　㊞

1　原告の生活状況
　(1)　生活歴，職歴等
　　　　平成○年３月　　　○○高校卒業
　　　　平成○年４月　　　○○有限会社に入社
　　　　平成○年○月　　　○○有限会社を退社
　　　　同年○月○日　　　被告と婚姻。○○県○○市の被告の実家で，被告及び被告の父母と生活
　　　　平成○年○月　　　○○商事に入社
　　　　平成○年○月　　　○○商事を退社
　　　　同年○月○日　　　子○○出生
　　　　平成○年○月○日　被告及び子と共に，東京都○○区のマンションに転居
　　　　平成○年○月○日　被告と別居。子と共に，○○区の賃貸アパートに転居
　　　　同年○月　　　　　株式会社○○　○○支社に入社
　(2)　現在の職業の状況
　　　　職　　業　　会社員
　　　　勤　務　先　　株式会社○○　○○支社（東京都○○区所在）
　　　　業務内容　　○○の製造及び販売業
　　　　職務内容　　営業職。得意先回りが多い。
　　　　勤務状況　　毎週月曜日から金曜日まで出勤する。勤務時間は，午前９時から午後５時までである。休日出勤はほとんどないが，月末は多忙であり，年に２，３回休日出勤する。残業は，週に２回程度あり，１回の残業は１時間ほどである。
　　　　通勤時間　　片道約45分。

(3) 経済状況

収　入	給　与　収　入	月収〇〇〇,〇〇〇〇円
	被告からの婚姻費用	月額〇〇〇,〇〇〇〇円
	賞　　　　　与	年間〇〇〇,〇〇〇〇円
	合　　　　　計	〇〇〇,〇〇〇〇円
支出（月額）	家　　　　　賃	〇〇〇,〇〇〇〇円
	水　道　光　熱　費	〇〇,〇〇〇〇円
	食　　　　　費	〇〇,〇〇〇〇円
	保　育　園　費　用	〇〇,〇〇〇〇円
	ピ　ア　ノ　月　謝	〇〇,〇〇〇〇円
	・・・・・・・・・	〇〇,〇〇〇〇円
	合　　　　　計	〇〇〇,〇〇〇〇円

(4) 健康状態

　高血圧により，毎月１回〇〇医院（内科）に通院し，１日２回降圧剤を服用している。不眠により，平成〇年〇月から毎月１回〇〇病院（心療内科）に通院し，同年〇月まで，睡眠薬及び安定剤を服用していた。症状が軽快したため，平成〇年〇月から通院していない。それ以降，特に自覚症状はない。

(5) 同居者とその状況

　子　甲野一郎（５）　平成〇年〇月〇日生　保育園児

(6) 住居の状況

　間取りは，甲第〇号証（間取り図）（編注：別紙参照）のとおり。間取り図の洋室を原告と子の部屋として使っている。子の保育園は自転車で５分の距離にある。

2　子の状況

(1) 生活歴

　平成〇年〇月〇日　　子一郎出生。〇〇県〇〇市の被告の実家で，原告，被告及び被告の父母と生活。

　平成〇年〇月〇日　　東京都〇〇区の原告及び被告の共有名義のマンションに転居。原告及び被告と生活。

　平成〇年〇月〇日　　私立〇〇幼稚園に入園

　平成〇年〇月〇日　　原告と共に，〇〇区の賃貸アパートに転居。〇

○区立○○保育園に入園した。原告と生活。
(2) これまでの監護状況
　ア　出生～別居
　　原告が，授乳，オムツ替え，寝かしつけ，検診や病院の受診などを主に行っていた。被告は，仕事から帰宅後，子を風呂に入れたり，週に２，３回オムツを替えたりしていた。幼稚園への送迎や行事参加も原告が行った。運動会と父親参観には被告も参加した。
　イ　別居～現在
　　近所に住む原告の母及び原告の妹の補助を受けて，原告が子の世話をしている。原告は，保育園の送迎を行い，保育園行事にも参加している。
(3) １日の生活スケジュール（平日及び休日）
　【平　日】
　　6:45　　子が起床する。
　　7:00　　原告と一緒に朝食をとる（メニューはトーストと玉子，牛乳など）。
　　8:10　　原告と保育園に向かう。
　　17:50　 原告が保育園に迎えに来る。
　　18:00　 原告と帰宅。テレビを見たり，遊んだりする。
　　19:00　 原告と一緒に夕食をとる。夕食後，原告と遊ぶ。
　　20:00　 原告と一緒に入浴する。
　　21:00　 就寝する。
　【休　日】
　　8:00　　子が起床する。
　　8:15　　原告と一緒に朝食をとる。
　　9:00　　原告が洗濯や掃除などをする間，お絵描きをしたり，絵本を読むなどして遊んでいる。
　　12:00　 原告と一緒に昼食をとる（外食することもある。）。
　　13:30　 原告と一緒に近くの公園に遊びに行ったり，買物に行ったりする。
　　16:00　 帰宅する。
　　18:30　 原告と一緒に夕食をとる。
　　19:30　 原告と一緒に入浴する。
　　21:00　 就寝する。

(4) 心身の発育状況，健康状態及び性格
　ア　病　歴
　　　出生後数日して黄だんが出たが，治療を要せずすぐ治まった。
　　　3歳ころから，アトピーの症状が出て，皮膚科を受診したところアトピー性皮膚炎の診断を受けた。以後，定期的に通院しており，現在は月2回通院し，内服薬と塗り薬を処方されている。腕や脚の関節部分に症状が見られるが，それ以外は目立つ症状はない。アレルギー検査の結果は甲第○号証を参照。
　　　アトピー性皮膚炎のほかは，たまに風邪をひくくらいで目立った病歴はない。
　　　予防接種は，これまでのところすべて接種済みである。（甲第○号証参照）
　イ　発育，発達，性格
　　　生後3～4か月で首がすわり，1歳で歩行ができた。おむつは，3歳のころにほぼ外れ，4歳では完全に外れた。トイレに自分で行って用を足すことができ，おねしょもたまにする程度でほとんどない。言葉は1歳半ころから「パパ」，「ママ」などの発語が見られ，3歳ころから急激に語彙が増え，現在はかなりやりとりができる。服の着脱も自分で行える。これまで発育は順調で，これといった問題はない。
　　　明るく，人見知りもしない。
(5) 現在の通園，通学先における状況
　　保育園名　　○○区立○○保育園
　　所　在　地　　○○区○○1-1-1
　　電　　話　　03-0000-0000
　　出席状況　　月曜日から金曜日まで通園している。今年度は，発熱等により，3日欠席した。発熱により，早退したことが1回ある。
(6) 父母の紛争に対する認識，原告から子への説明
　　　別居の時に「パパとママはけんかして，一緒に住めないので別々に暮らす。」と説明した。その後，子から被告のことを聞かれたことはないが，原告と被告がうまくいっていないことは何となく分かっているようだ。調停や裁判のことについては，まだ説明していない。「パパと話合いをしている。」とは話したが，どんな話合いをしているかは理解できていないようである。

(7) 別居後の被告と子との交流の状況

子は，平成○年○月から毎月1回，日曜日に被告と面会している。これまでに20回くらい面会した。面会時には，原告は立ち会わない。面会の前後で子に変わった様子はない。

3 監護補助者
(1) 監護補助者について
母 ○○正子（60） 昭和○○年○月○日生 パート
住所 ○○区○○1－1－1
心臓病により，平成○年○月から1か月間入院した。現在も月1回通院，服薬している。
妹 ○○美幸（25） 平成○年○月○日生 アルバイト
住所 ○○区○○2－2－2
健康状態に問題はない。
(2) 具体的な監護補助の状況
母は，原告宅から徒歩5分の場所に住んでおり，原告が仕事の都合で保育園の迎えに行けないときは，原告の代わりに迎えに行き，夕食の用意をする。母が保育園の迎えに行くことは，月に3，4回ある。
妹は，原告宅から自転車で10分の場所に住んでおり，週末に，原告と一緒に子を連れて遊びに出掛けたり，子の遊び相手をする。

4 監護計画
(1) 親権者となった場合の具体的な監護計画
引き続き現在の住居に住み，原告の母及び原告の妹の補助を受けながら，監護を続ける予定である。現在の監護態勢から変わる予定はない。
(2) 親権者となった場合の被告と子との交流についての考え
これまでどおり，毎月1回，被告と子が交流することは構わない。

5 その他
子は，現在安定した生活を送っており，日頃の様子からすると，原告が不在の状況で生活することは考えられない。原告が親権者となり監護養育を続けていくのが，子にとって最良であると考える。

Ⅰ　陳述書記載例

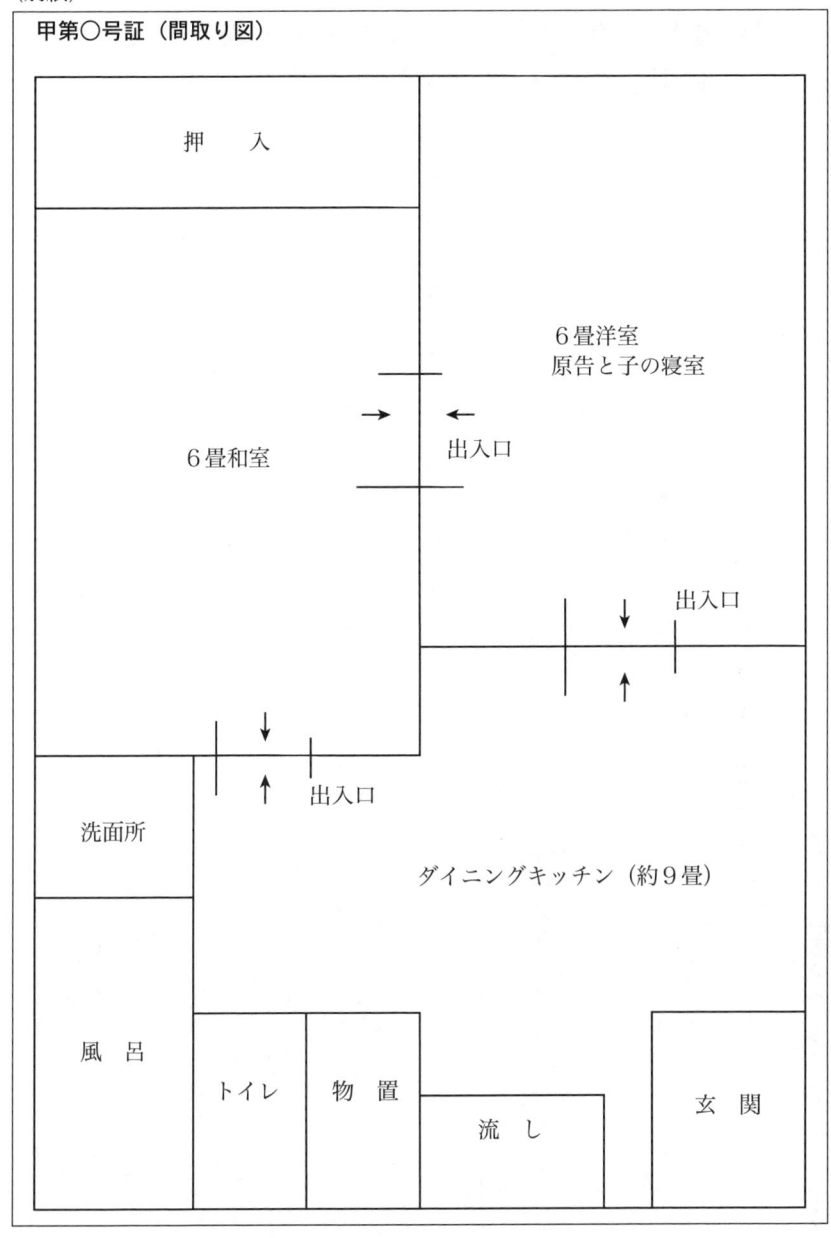

(別紙)

甲第〇号証（間取り図）

押入

6畳洋室
原告と子の寝室

6畳和室

出入口

出入口

出入口

洗面所

ダイニングキッチン（約9畳）

風呂

トイレ

物置

流し

玄関

423

II 家庭裁判所調査官による事実の調査等で利用しているパンフレット等

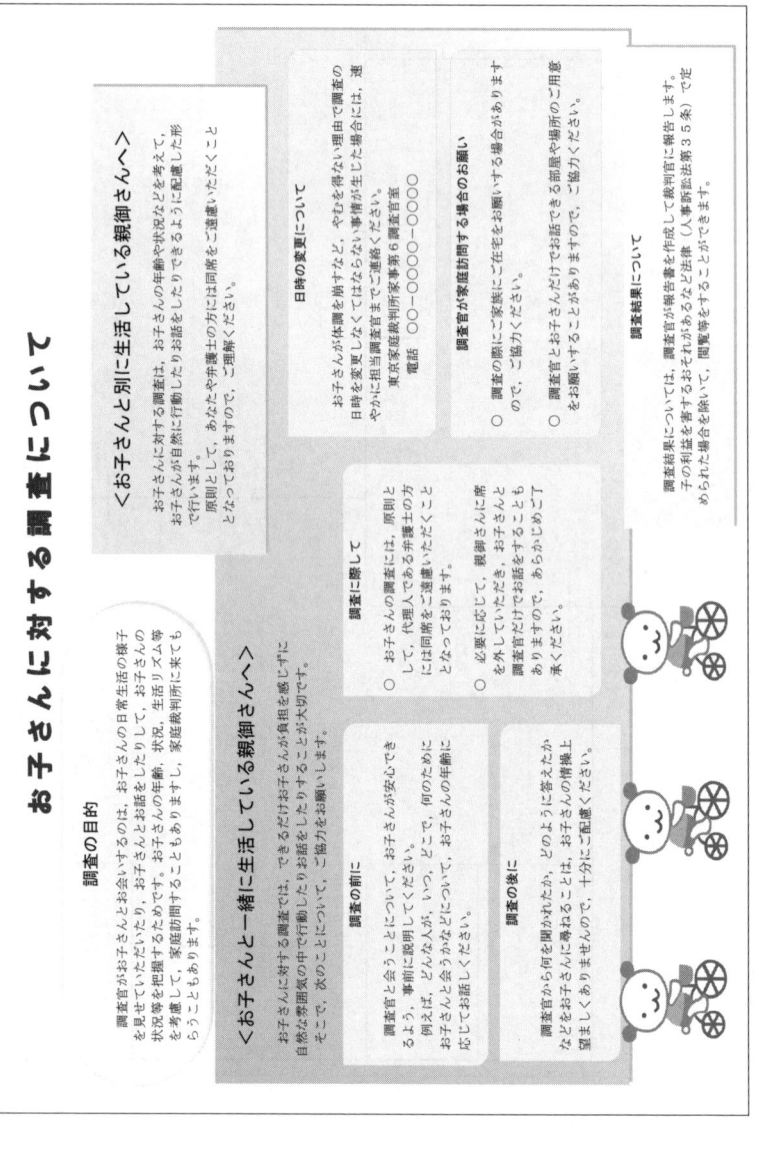

[資料2-1] お子さんに対する調査について

お子さんに対する調査について

調査の目的

調査官がお子さんとお会いするのは、お子さんの日常生活の様子を見せていただいたり、お子さんとお話をしたりして、お子さんの状況等を把握するためです。お子さんの年齢、状況、生活リズム等を考慮して、家庭訪問するこうともありますし、家庭裁判所に来てもらうこともあります。

＜お子さんと一緒に生活している親御さんへ＞

お子さんに対する調査では、できるだけお子さんが負担を感じにずに自然な雰囲気の中で行動したりお話をしたりすることが大切です。そこで、次のことについて、ご協力をお願いします。

調査の前に

調査官と会うことについて、お子さんが安心できるよう、事前に説明してください。例えば、どんな人が、いつ、どこで、何のためにお子さんと会うかなどについて、お子さんの年齢に応じてお話しください。

調査の後に

調査官から何を聞かれたか、どのように答えたかなどをお子さんに尋ねることは、お子さんの情緒上望ましくありませんので、十分にご配慮ください。

＜お子さんと別に生活している親御さんへ＞

お子さんに対する調査は、お子さんの年齢や状況などを踏まえて、お子さんが自然に行動したりお話をしたりするように配慮した形で行います。

原則として、あなたや弁護士の方には同席をご遠慮いただくこととなっておりますので、ご理解ください。

調査に際して

○ お子さんの調査には、原則として、代理人である弁護士の方には同席をご遠慮いただくこととなっております。

○ 必要に応じて、親御さんにに席をしていただき、お子さんと調査官だけでお話をすることがありますので、あらかじめご了承ください。

日時の変更について

お子さんが体調を崩すなど、やむを得ない理由で調査の日時を変更しなくてはならない事情が生じた場合には、速やかに担当調査官までご連絡ください。
東京家庭裁判所事第6調査室
電話 〇〇-〇〇〇〇-〇〇〇〇

調査官が家庭訪問する場合のお願い

○ 調査の際にご家族にご在宅をお願いする場合があります。お子さんとお話できる部屋や場所のご用意のご用意、ご協力をお願いいたします。

調査結果について

調査結果については、調査官が報告書を作成して裁判官に報告します。子の利益を害するおそれがあるなど法律（人事訴訟法第35条）で定められた場合を除いて、閲覧等をすることができます。

Ⅱ　家庭裁判所調査官による事実の調査等で利用しているパンフレット等

〔資料2-2〕　親権者とは？

親権者とは？

親権者とは？

　親権者というのは，簡単に言えば，子どもが20歳になるまで，子育ての責任を第一に負う人ということです。子どもと一緒に暮らして，子どもを教育し，子どもの財産を守り，子どもの法律行為を代わりに行います。
　法律行為というと難しく聞こえるかもしれませんが，たとえば，子どもが高校や大学等に入学するときの保護者として学校と契約を結んだり，子どもに代わってパスポートの申請をしたりするときは，親権者が手続をする必要があります。

親権者はどうやって決まるの？

　夫婦が結婚している間はお父さんもお母さんも親権者ですが，夫婦が離婚する場合，20歳未満の子どもの親権者をお父さんかお母さんのどちらかに決めなければなりません。
　夫婦が調停や裁判で離婚する場合，15歳以上の子どもがいるときは，法律によって，その子から親権者についての意見を聴かなければならないと決められています。家庭裁判所は，その子の意見を参考にし，いろいろなことを考え合わせた上で親権者を決めることになります。

保育園での調査

　保育園での調査は，あらかじめ親から保育園の連絡帳の写しを提出してもらうなどして，保育園でのおおよその状況を把握した上で，家庭裁判所調査官が保育園を訪問して行います。調査では，保育園での子どもの様子について観察したり，担任の先生等から子どもの登園状況（出欠，登退園時間），子どもの服装，子どもの発達状況，子どもの友人関係，登退園時の親子の状況など，保育園が把握している具体的な事実についてうかがっています。

　家庭裁判所が子どもの福祉にかなった判断をするためには，客観的な立場で子どもの状況を把握している保育園のご協力が不可欠です。
　ご協力のほどよろしくお願いいたします。

第3部　参考資料

〔資料2-3〕　保育園・幼稚園での調査へのご協力のお願い

♪　保育園・幼稚園での調査へのご協力のお願い　♪

東京家庭裁判所家事第6調査官室

離婚訴訟（裁判）における親権者の指定

未成年の子どもがいる夫婦が離婚する場合，子どもの親権者を父母のどちらかに決めなければなりません。協議で決められず，調停でも合意できないと，離婚訴訟（裁判）で親権者を決めることになります。

家庭裁判所調査官による調査

家庭裁判所では，親権者を決めるにあたって，父母双方から主張を裏付ける資料を提出してもらいますが，子どもの問題は，金銭をめぐる争いなどとは異なり，当事者から提出される資料だけでは判断が難しいのが実情です。そこで，裁判官から「調査」を命じられた家庭裁判所調査官が子どもの日常生活や親の養育の在り様などを調べることになります。

具体的には，親から事情を聞いたり，家庭訪問をして子どもの実際の生活の様子や近隣の環境や住居を見たり，子どもに会ってその様子を観察したりしています。

また，子どもが保育園や幼稚園に通っている場合は，保育園や幼稚園での子どもの状況について「調査」をさせていただいています。保育園や幼稚園は，子どもが家庭以外で長い時間を過ごす場であり，いわば，子どもにとって家庭に次ぐ生活の場と考えられます。

保育園・幼稚園での調査

保育園や幼稚園での調査は，あらかじめ親から連絡帳の写しを提出してもらうなどして，保育園や幼稚園でのおおよその状況を把握した上で，家庭裁判所調査官が保育園や幼稚園を訪問して行います。調査では，担任の先生等から子どもの登園状況（出欠，登退園時間），子どもの服装，子どもの発達状況，子どもの活動の様子，登退園時の親子の状況など，保育園や幼稚園が把握している具体的な事実についてうかがっています。

家庭裁判所が子どもの福祉にかなった判断をするためには，客観的な立場で子どもの状況を把握している保育園・幼稚園のご協力が不可欠です。
ご協力のほどよろしくお願いいたします。

Ⅲ 養育費・婚姻費用算定表

養育費・婚姻費用算定表

○ この算定表は，東京・大阪の裁判官の共同研究の結果，作成されたものです。
○ 現在，東京・大阪家庭裁判所では，この算定表が，参考資料として，広く活用されています。
○ 使い方は，次のとおりです。

【算定表の使い方】
 1 算定表の種類
 〈養育費〉
   子の人数（1～3人）と年齢（0～14歳と15～19歳の2区分）に応じて表1～9に分かれています。
 〈婚姻費用〉
   夫婦のみの場合並びに子の人数（1～3人）及び年齢（0～14歳と15～19歳の2区分）に応じて表10～19に分かれています。
 2 算定表の使用手順
  ア どの表も，縦軸は養育費又は婚姻費用を支払う側（義務者）の年収，横軸は支払を受ける側（権利者：未成年の子がいる場合には，子を引き取って育てている親）の年収を示しています。縦軸の左欄と横軸の下欄の年収は，給与所得者の年収を，縦軸の右欄と横軸の上欄の年収は，自営業者の年収を示しています。
  イ 年収の求め方
    義務者と権利者の年収を求めます。
    ① 給与所得者の場合
      源泉徴収票の「支払金額」（控除されていない金額）が年収に当たります。なお，給与明細書による場合には，それが月額にすぎず，歩合給が多い場合などにはその変動が大きく，賞与・一時金が含まれていないことに留意する必要があります。
      他に確定申告していない収入がある場合には，その収入額を支払金額に加算して給与所得として計算してください。

東京家庭裁判所ホームページから転載

②　自営業者の場合

確定申告書の「課税される所得金額」が年収に当たります。なお「課税される所得金額」は，税法上，種々の観点から控除がされた結果であり，実際に支出されていない費用（例えば，基礎控除，青色申告控除，支払がされていない専従者給与など）を「課税される所得金額」に加算して年収を定めることになります。

③　児童扶養手当等について

児童扶養手当や児童手当は子のための社会保障給付ですから，権利者の年収に含める必要はありません。

ウ　子の人数と年齢に従って使用する表を選択し，その表の権利者及び義務者の収入欄を給与所得者か自営業者かの区別に従って選び出します。縦軸で義務者の年収額を探し，そこから右方向に線をのばし，横軸で権利者の年収額を探して上に線をのばします。この二つの線が交差する欄の金額が，義務者が負担すべき養育費の標準的な月額を示しています。

養育費の表は，養育費の額を養育費を支払う親の年収額が少ない場合は1万円，それ以外の場合は2万円の幅をもたせてあります。婚姻費用の表は，分担額を1万円から2万円の幅をもたせてあります。

3　子1人当たりの額の求め方

子が複数の場合，それぞれの子ごとに養育費額を求めることができます。それは，算定表上の養育費額を，子の指数（親を100とした場合の子に充てられるべき生活費の割合で，統計数値等から標準化したものです。子の指数は0～14歳の場合には55，15～19歳の場合には90となっております。）で按分することで求められます。例えば，子が2人おり，1人の子が10歳，もう1人の子が15歳の場合において，養育費の全額が5万円の場合には，10歳の子について2万円（5万円×55÷（55+90）），15歳の子について3万円（5万円×90÷（55+90））となります。

4　注意事項

ア　この算定表は，あくまで標準的な養育費及び婚姻費用を簡易迅速に算定することを目的としています。最終的な金額については，いろいろな事情を考慮して当事者の合意で自由に定めることができます。しかし，いろいろな事情といっても，通常の範囲のものは標準化するに当たって算定表の金額の幅の中で既に考慮されていますので，この幅

を超えるような金額の算定を要するのは，算定表によることが著しく不公平となるような，特別な事情がある場合に限られます。

イ　また，この算定表の金額は，裁判所が標準的なケースについて養育費及び婚姻費用を試算する場合の金額とも一致すると考えられますが，特別な事情の有無等により，裁判所の判断が算定表に示された金額と常に一致するわけではありません。

5　使用例

〈養育費〉

権利者が7歳と10歳の子を養育しており，単身の義務者に対して子の養育費を求める場合の例について説明します。

・　権利者は給与所得者であり，前年度の源泉徴収票上の支払金額は，202万8000円でした。

・　義務者は給与所得者であり，前年度の源泉徴収票上の支払金額は，715万2000円でした。

ア　権利者の子は，2人で7歳と10歳ですから，養育費の9枚の表の中から，表3「子2人表（第1子及び第2子0～14歳）」を選択します。

イ　権利者の年収。表の横軸上の「給与」の欄には「200」と「225」がありますが，権利者の年収が「200」に近いことから，「200」を基準にします。

ウ　義務者の年収。表の縦軸上の「給与」の欄には「700」と「725」がありますが，義務者の年収が「725」に近いことから，「725」を基準にします。

エ　横軸の「200」の欄を上にのばした線と，縦軸の「725」の欄を右にのばした線の交差する欄は「8～10万円」の枠内となっています。

オ　標準的な養育費はこの額の枠内にあり，当事者の協議では，その間の額で定めることになります。

カ　仮に8万円とした場合には，子1人当たりの額は，子2人の年齢がいずれも0から14歳であるので，指数は55であり同じですから，2分の1の各4万円となります。

〈婚姻費用〉

権利者が，別居した義務者に対して婚姻費用を求める場合の例について説明します。

・　権利者は給与所得者であり，前年度の源泉徴収票上の支払金額は，

243万3452円でした。
- 義務者は給与所得者であり，前年度の源泉徴収票上の支払金額は，739万4958円でした。

ア 権利者には子がいないので，婚姻費用の表の中から，表10「婚姻費用・夫婦のみの表」を選択します。

イ 権利者の年収。表の横軸上の「給与」の欄には「225」と「250」がありますが，「250」に近いことから，「250」を基準にします。

ウ 義務者の年収。表の縦軸上の「給与」の欄には「725」と「750」がありますが，「750」に近いことから，「750」を基準にします。

エ 横軸の「250」の欄を上にのばした線と，縦軸の「750」の欄を右横にのばした線の交点は，「6～8万円」の枠内となっています。

オ 標準的な婚姻費用はこの額の枠内であり，当事者の協議では，その間の額で定めることになります。

III 養育費・婚姻費用算定表

表1　養育費・子1人表（子0〜14歳）

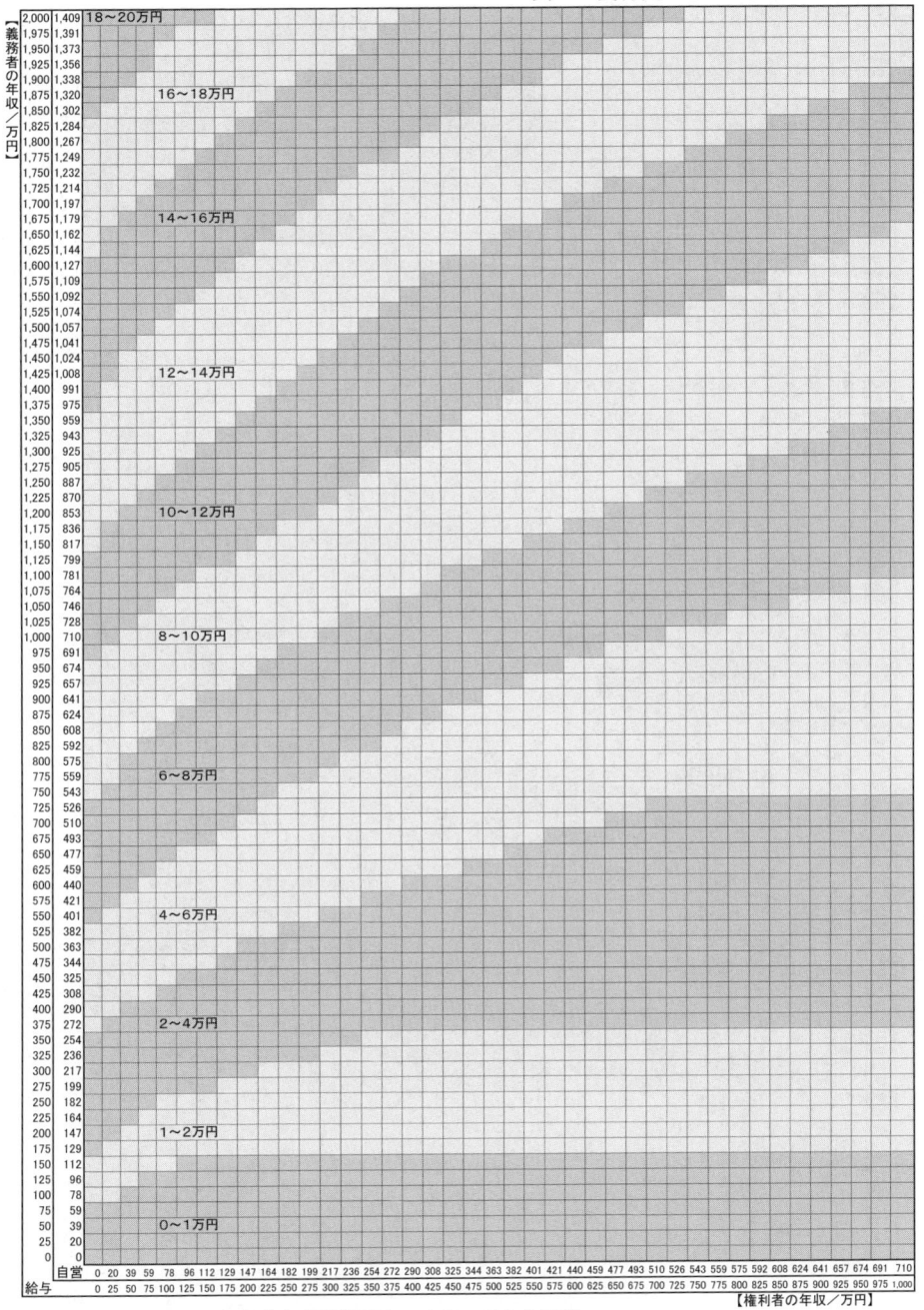

第3部 参考資料

表2 養育費・子1人表（子15～19歳）

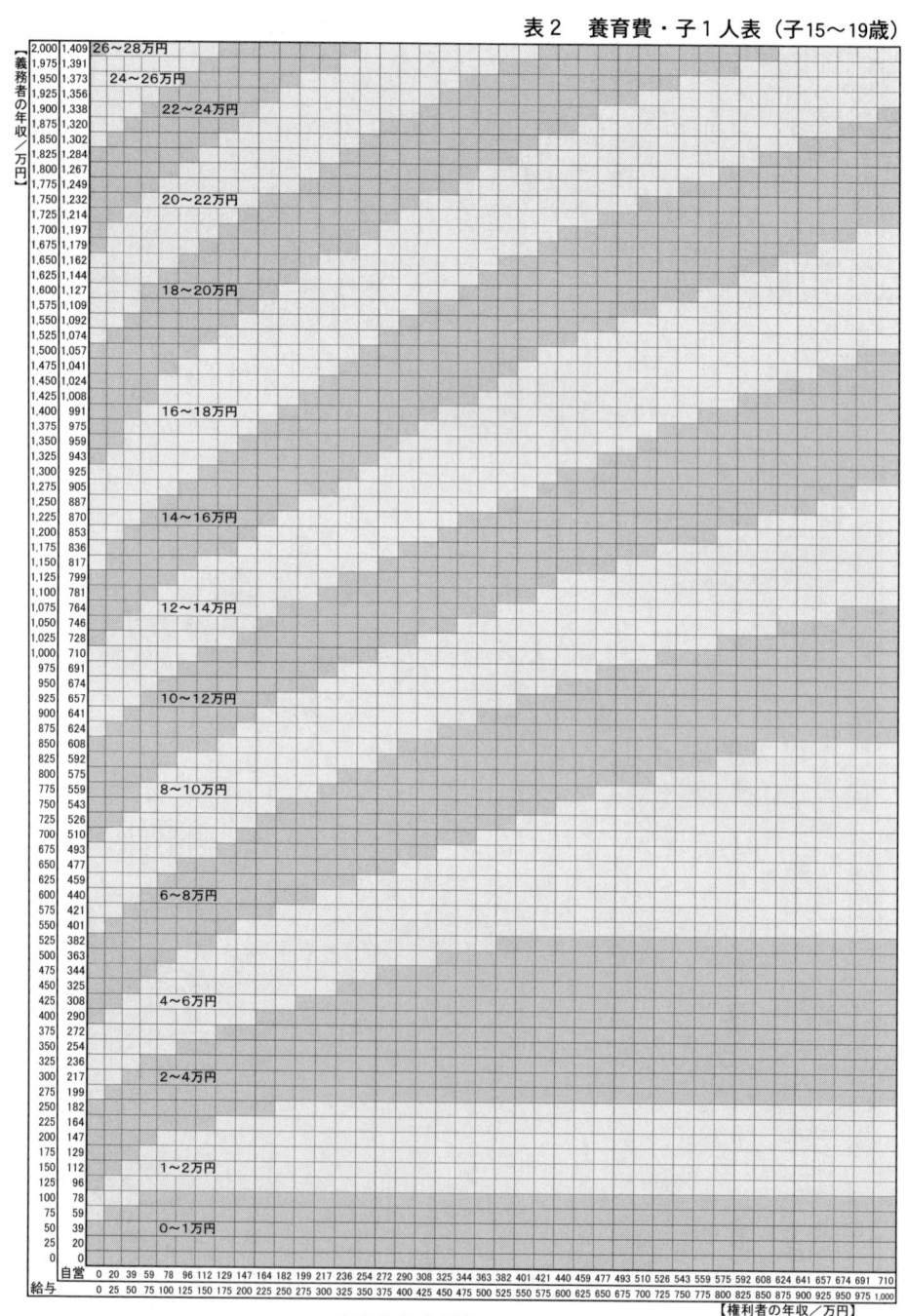

Ⅲ 養育費・婚姻費用算定表

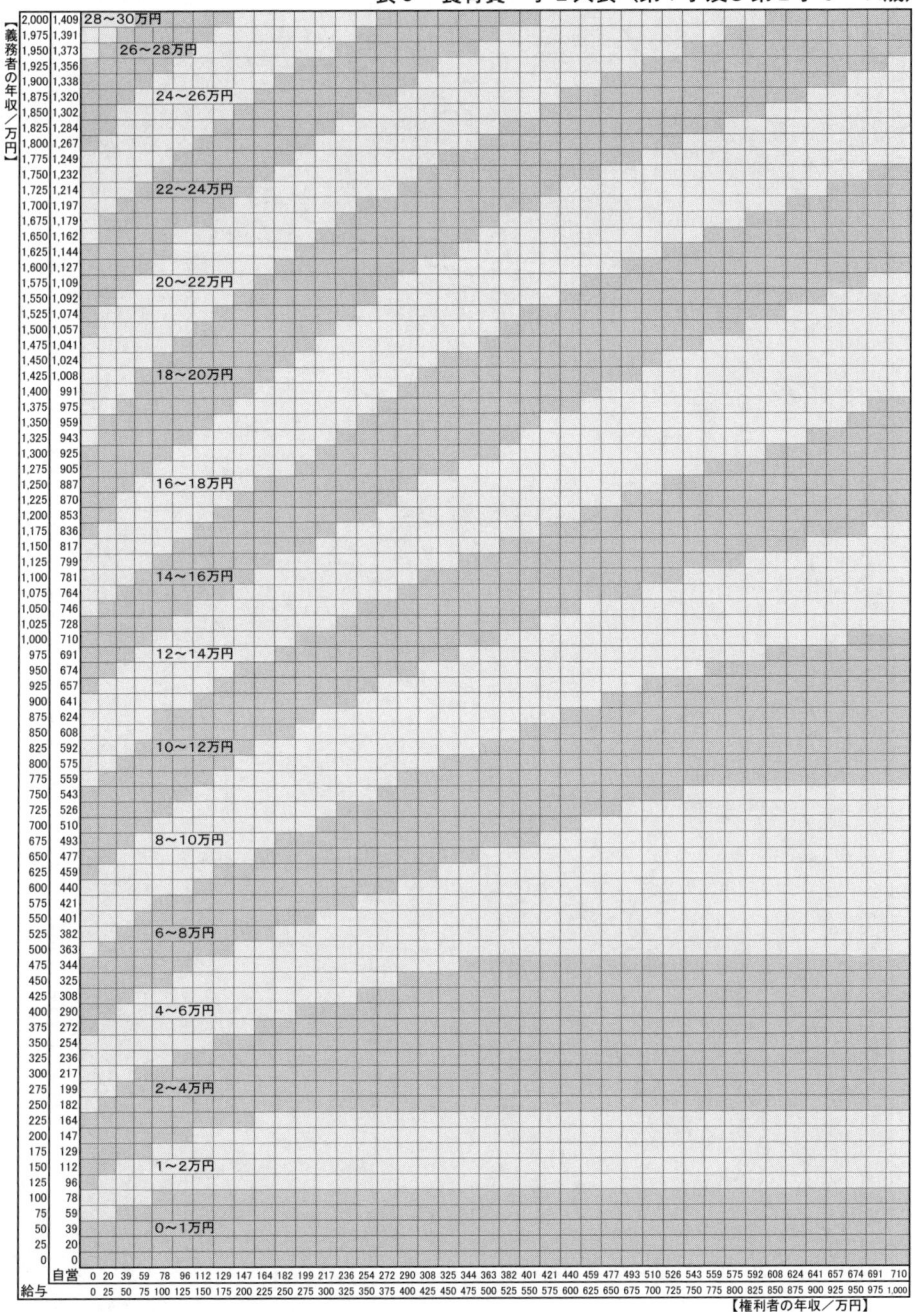

表3 養育費・子2人表（第1子及び第2子0〜14歳）

東京家庭裁判所ホームページから転載

第３部　参考資料

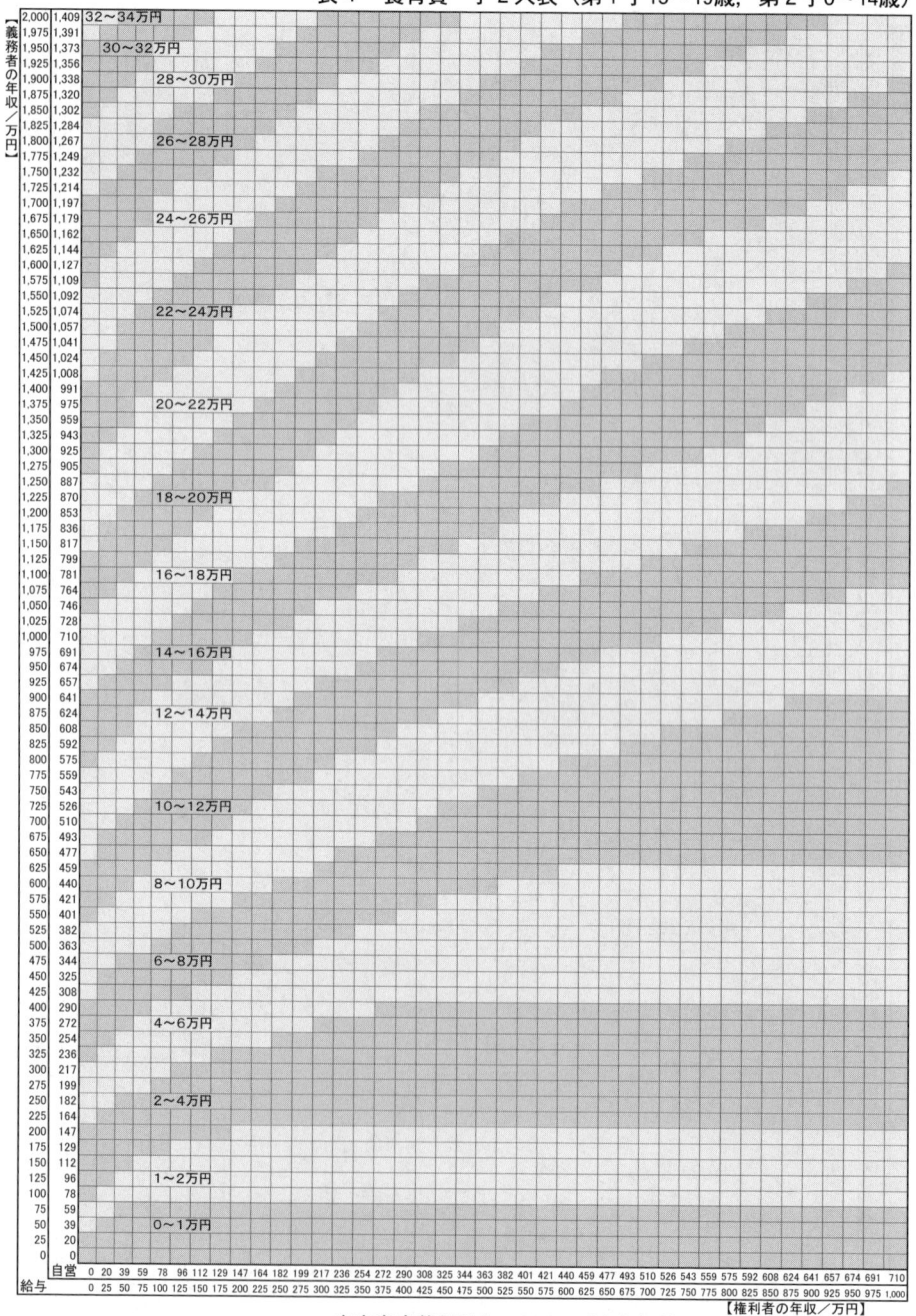

表4　養育費・子2人表（第1子15〜19歳，第2子0〜14歳）

東京家庭裁判所ホームページから転載

III 養育費・婚姻費用算定表

表5 養育費・子2人表（第1子及び第2子15～19歳）

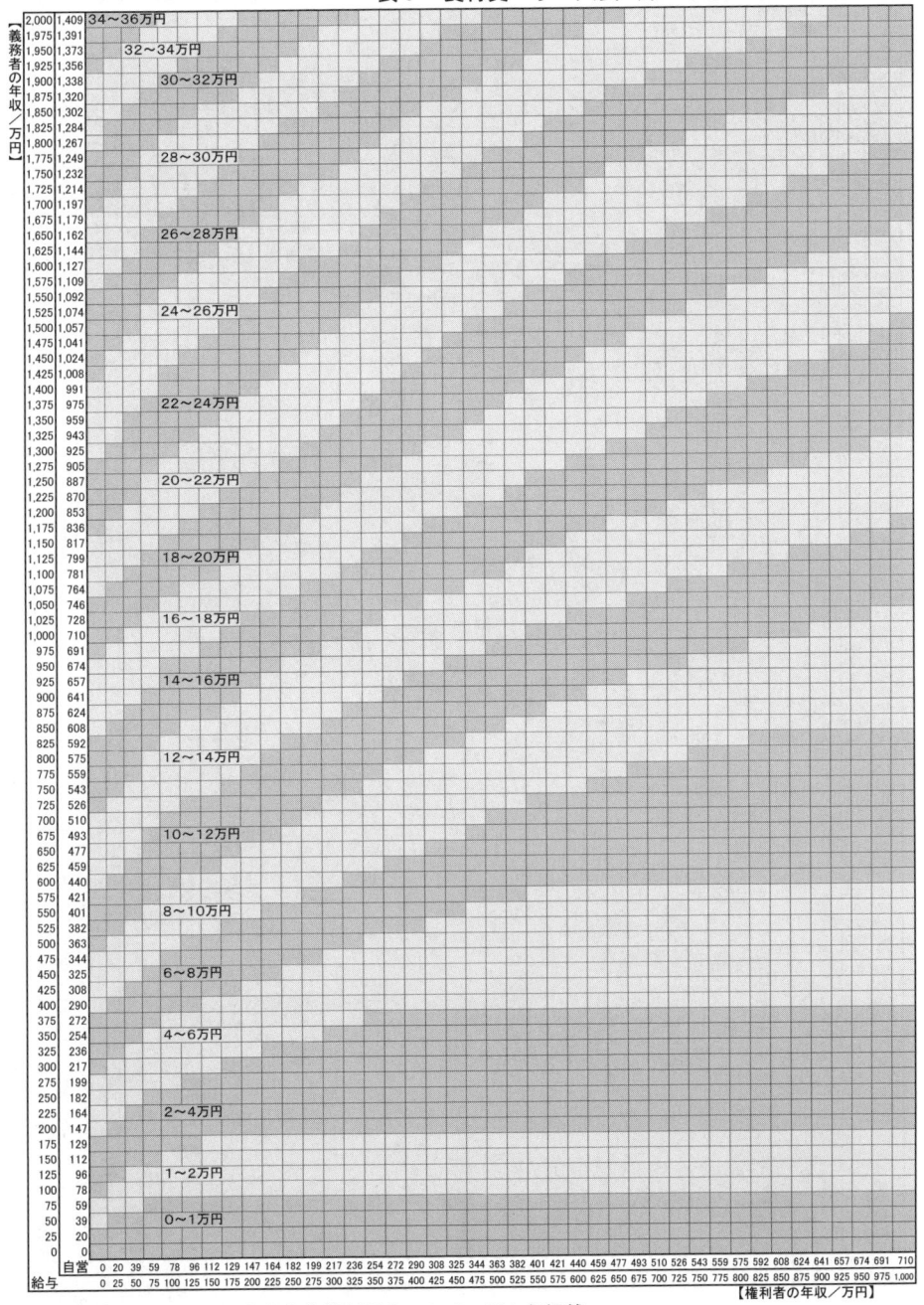

第3部 参考資料

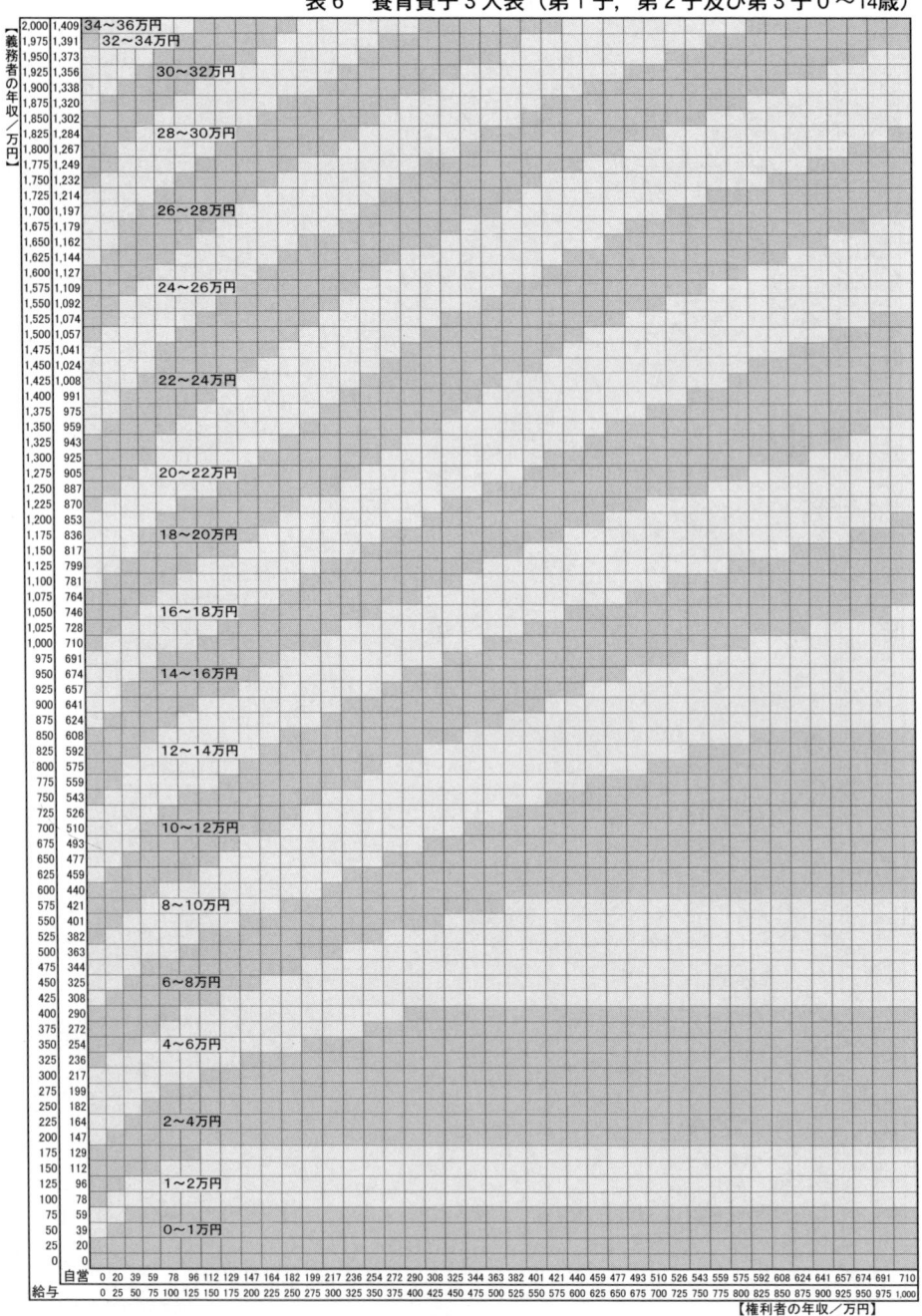

表6 養育費子3人表（第1子，第2子及び第3子0～14歳）

義務者の年収／万円	給与	自営
2,000	1,409	34～36万円
1,975	1,391	32～34万円
1,950	1,373	
1,925	1,356	30～32万円
1,900	1,338	
1,875	1,320	
1,850	1,302	
1,825	1,284	28～30万円
1,800	1,267	
1,775	1,249	
1,750	1,232	
1,725	1,214	
1,700	1,197	26～28万円
1,675	1,179	
1,650	1,162	
1,625	1,144	
1,600	1,127	
1,575	1,109	24～26万円
1,550	1,092	
1,525	1,074	
1,500	1,057	
1,475	1,041	
1,450	1,024	
1,425	1,008	22～24万円
1,400	991	
1,375	975	
1,350	959	
1,325	943	
1,300	925	
1,275	905	20～22万円
1,250	887	
1,225	870	
1,200	853	
1,175	836	18～20万円
1,150	817	
1,125	799	
1,100	781	
1,075	764	
1,050	746	16～18万円
1,025	728	
1,000	710	
975	691	
950	674	14～16万円
925	657	
900	641	
875	624	
850	608	
825	592	12～14万円
800	575	
775	559	
750	543	
725	526	
700	510	10～12万円
675	493	
650	477	
625	459	
600	440	
575	421	8～10万円
550	401	
525	382	
500	363	
475	344	
450	325	6～8万円
425	308	
400	290	
375	272	
350	254	4～6万円
325	236	
300	217	
275	199	
250	182	
225	164	2～4万円
200	147	
175	129	
150	112	
125	96	1～2万円
100	78	
75	59	
50	39	0～1万円
25	19	
0	0	

権利者の年収／万円
自営: 0 20 39 59 78 96 112 129 147 164 182 199 217 236 254 272 290 308 325 344 363 382 401 421 440 459 477 493 510 526 543 559 575 592 608 624 641 657 674 691 710
給与: 0 25 50 75 100 125 150 175 200 225 250 275 300 325 350 375 400 425 450 475 500 525 550 575 600 625 650 675 700 725 750 775 800 825 850 875 900 925 950 975 1,000

東京家庭裁判所ホームページから転載

III　養育費・婚姻費用算定表

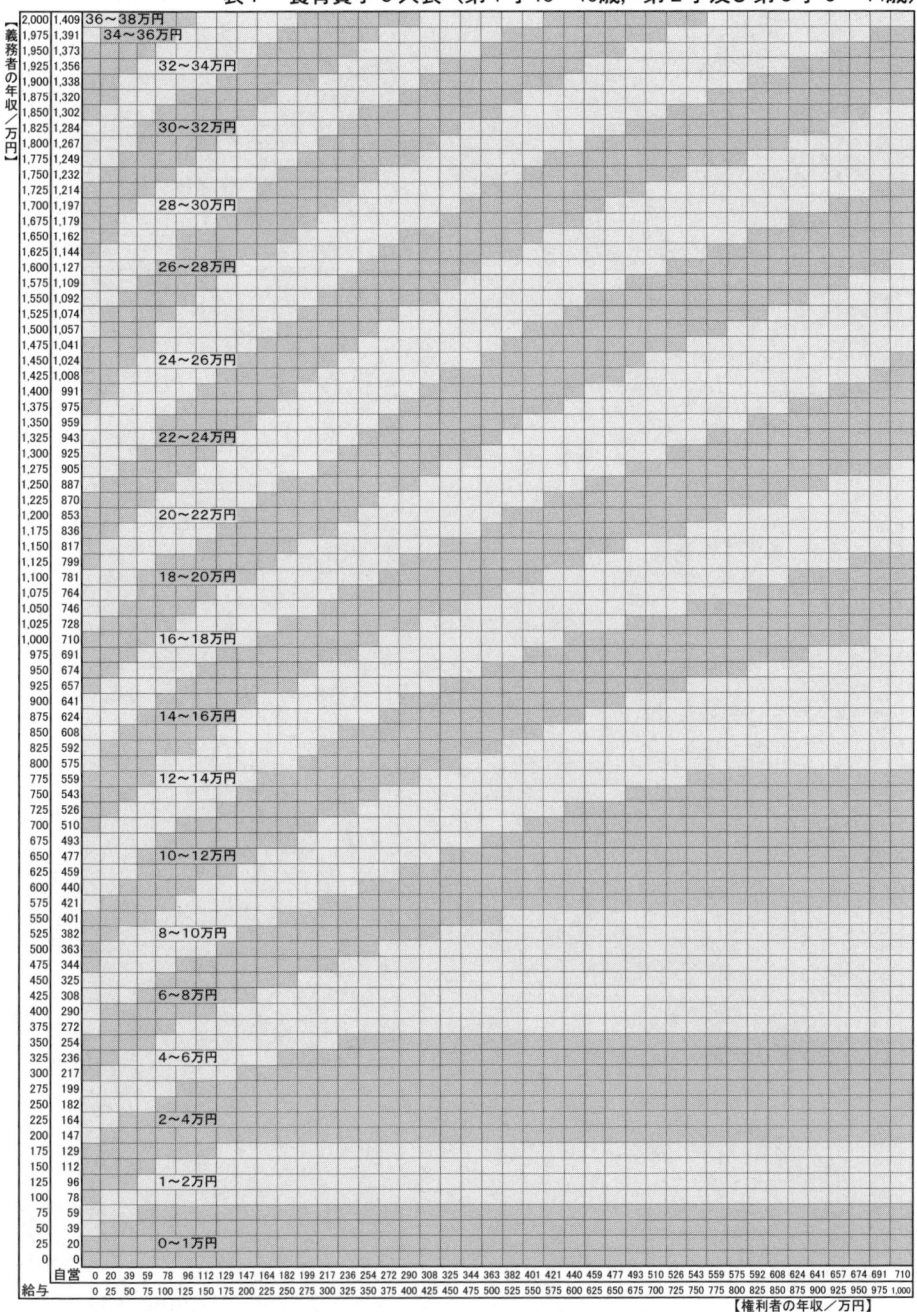

表7　養育費子3人表（第1子15～19歳，第2子及び第3子0～14歳）

東京家庭裁判所ホームページから転載

第3部 参考資料

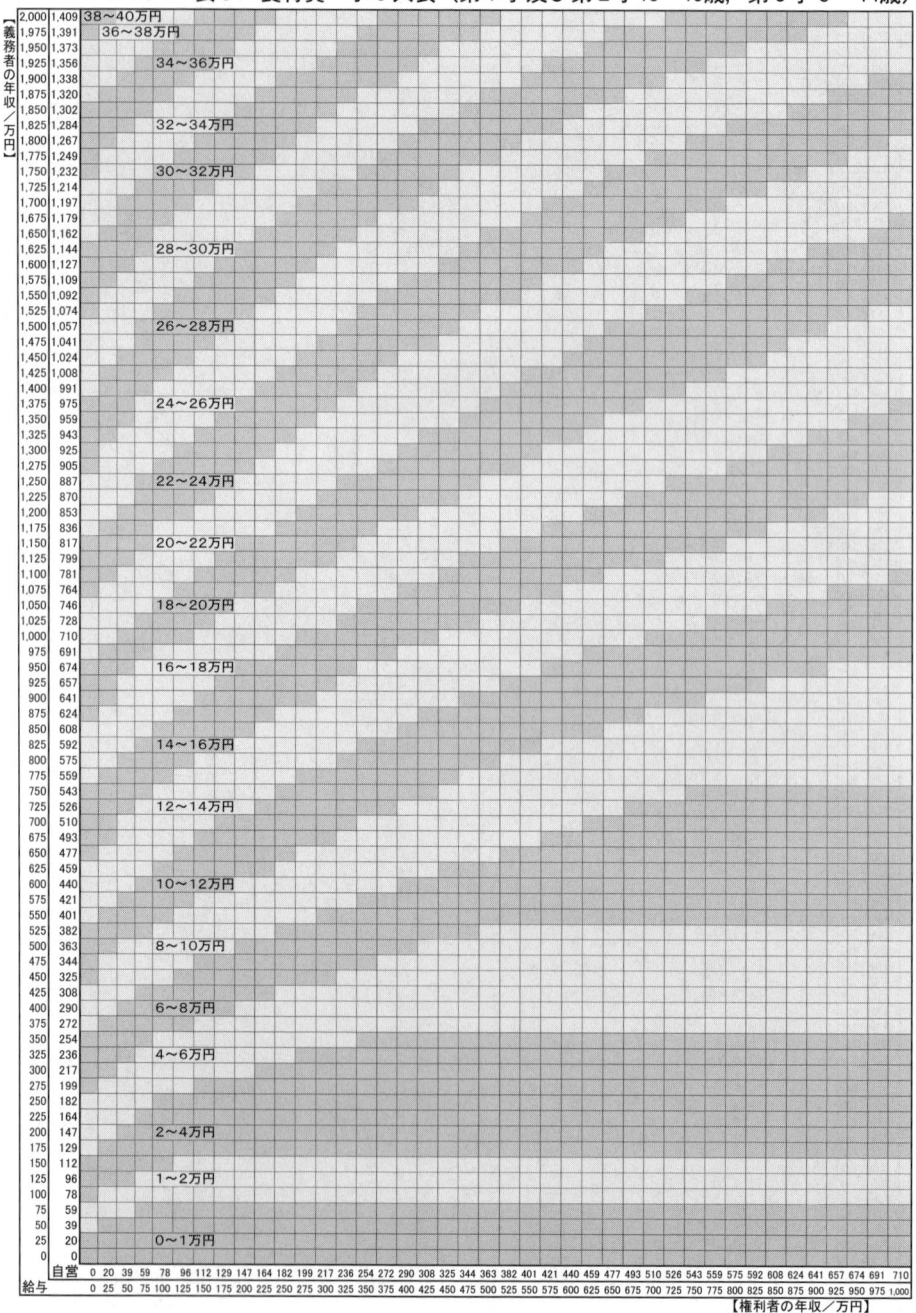

表8 養育費・子3人表（第1子及び第2子15～19歳, 第3子0～14歳）

東京家庭裁判所ホームページから転載

III 養育費・婚姻費用算定表

表9 養育費・子3人表（第1子，第2子及び第3子15〜19歳）

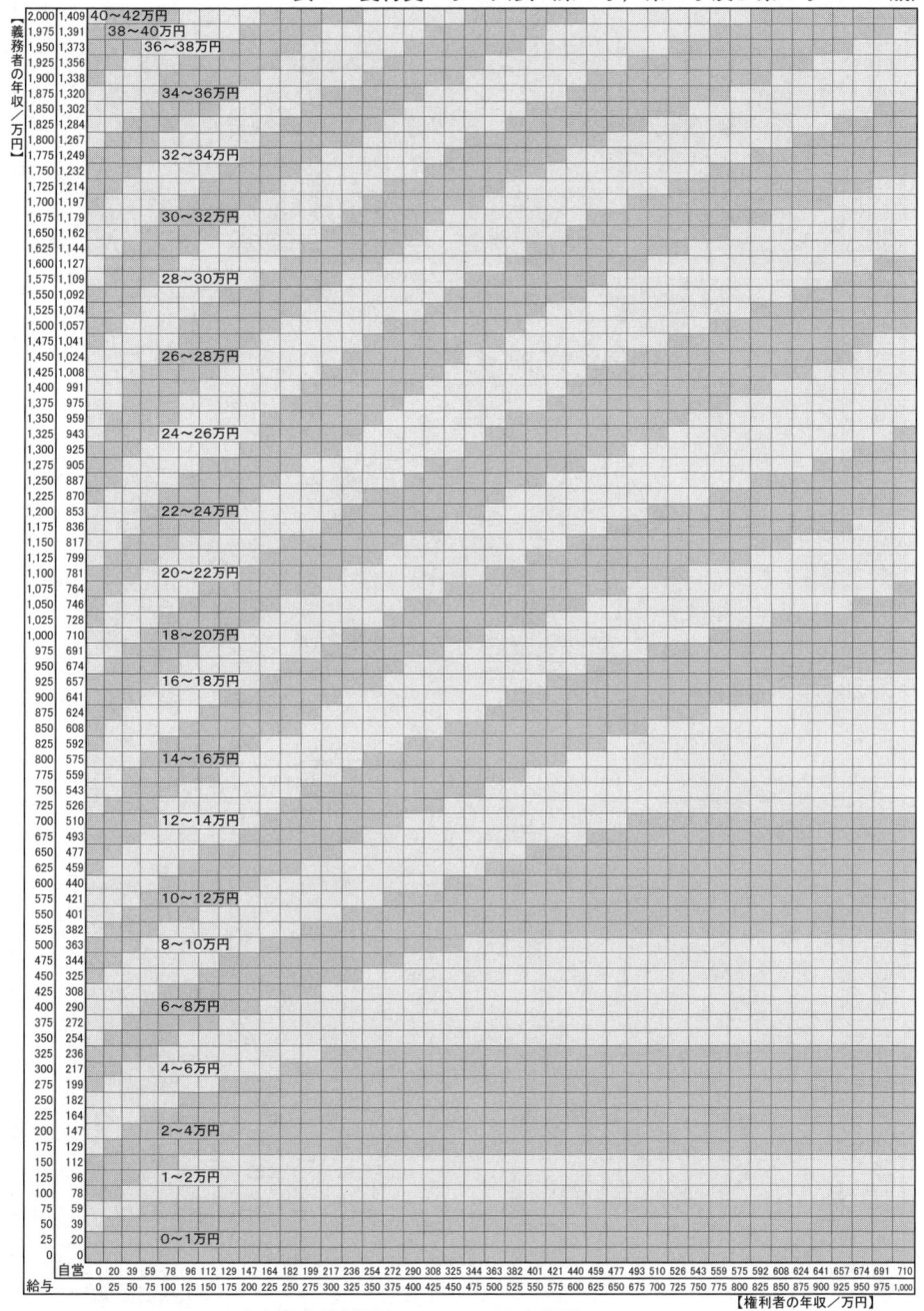

東京家庭裁判所ホームページから転載

第3部 参考資料

表10 婚姻費用・夫婦のみの表

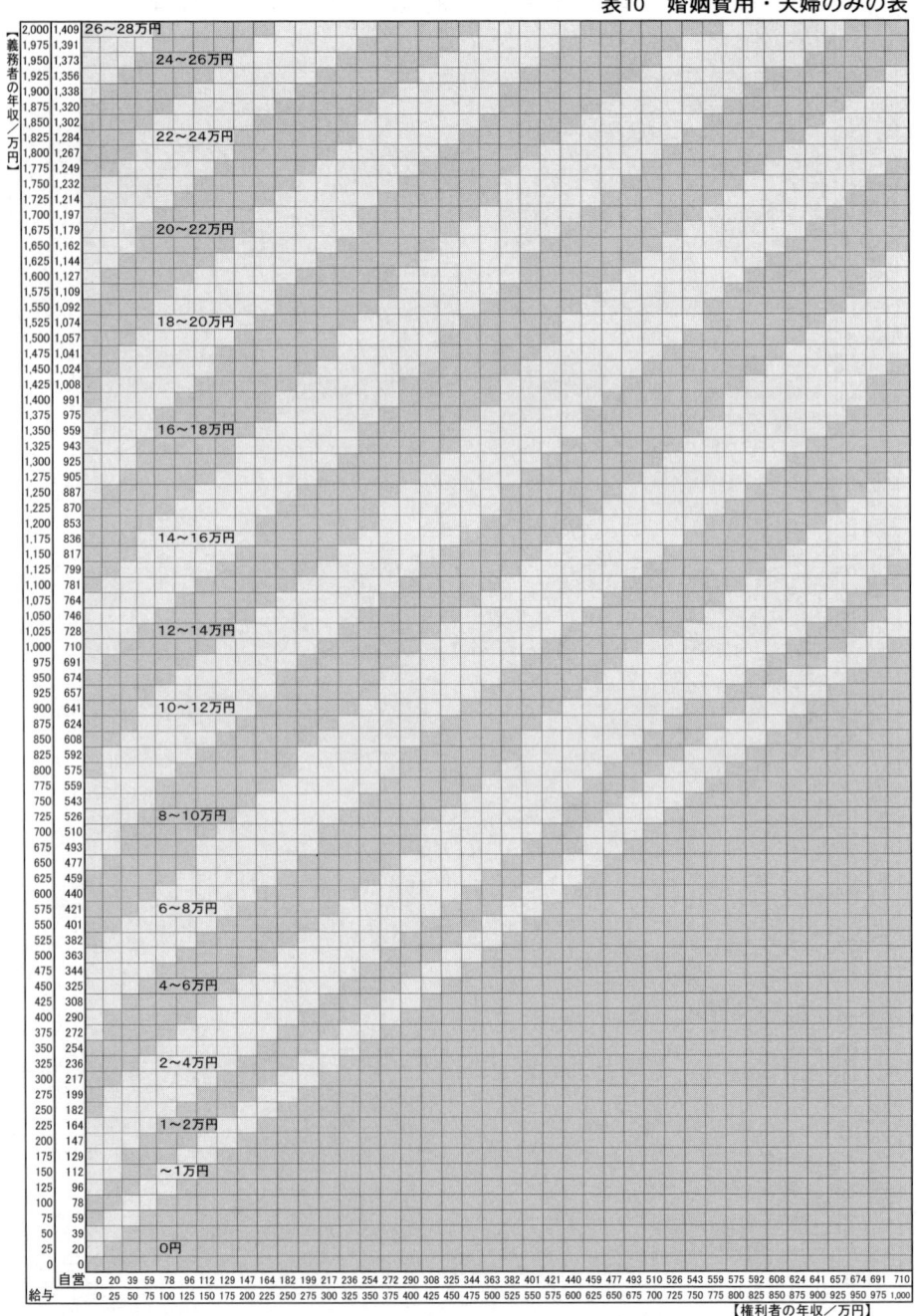

III 養育費・婚姻費用算定表

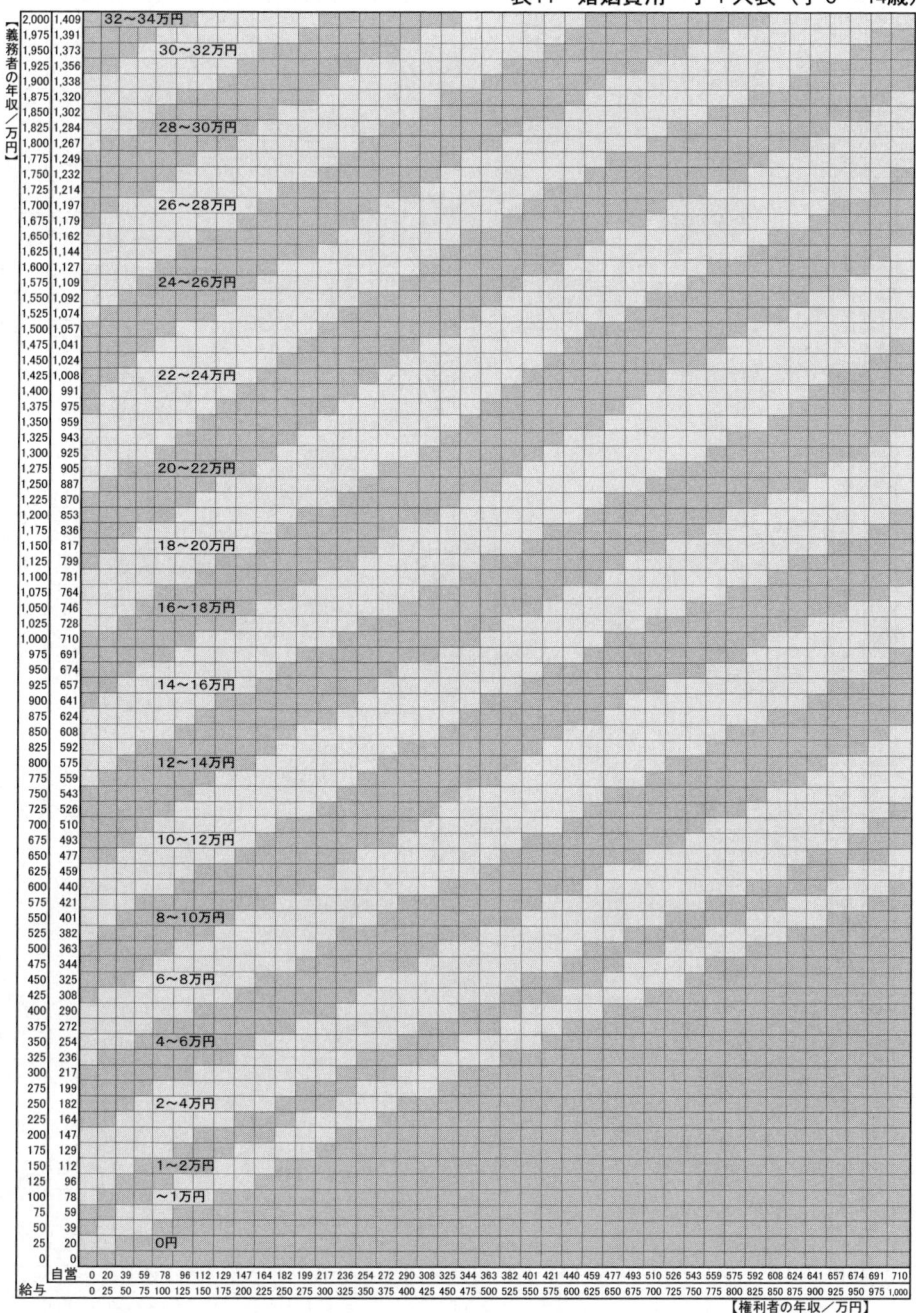

表11 婚姻費用・子1人表（子0〜14歳）

441

第3部　参考資料

表12　婚姻費用・子1人表（子15〜19歳）

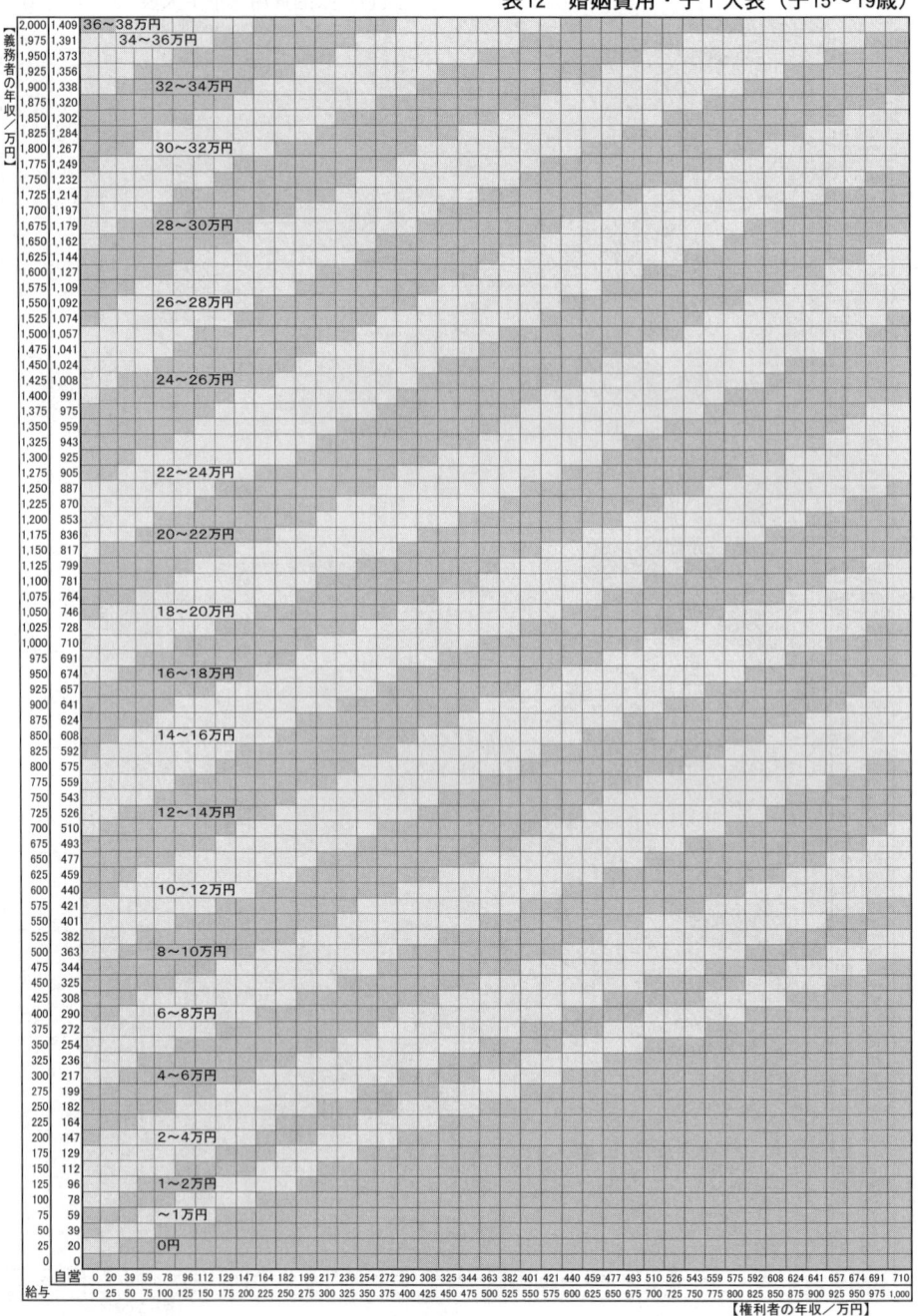

東京家庭裁判所ホームページから転載

III 養育費・婚姻費用算定表

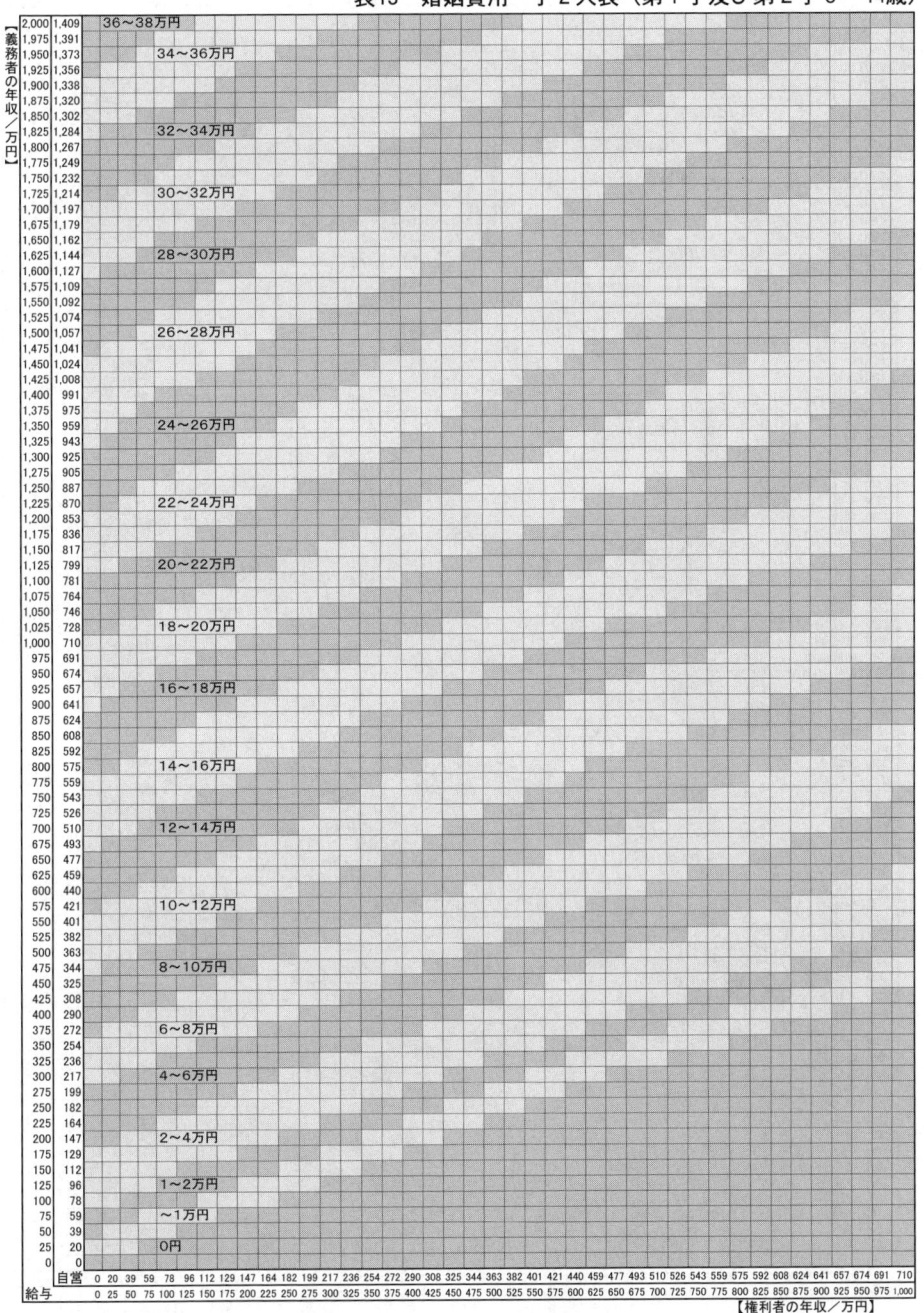

表13 婚姻費用・子2人表（第1子及び第2子0〜14歳）

東京家庭裁判所ホームページから転載

第3部　参考資料

表14　婚姻費用・子2人表（第1子15〜19歳，第2子0〜14歳）

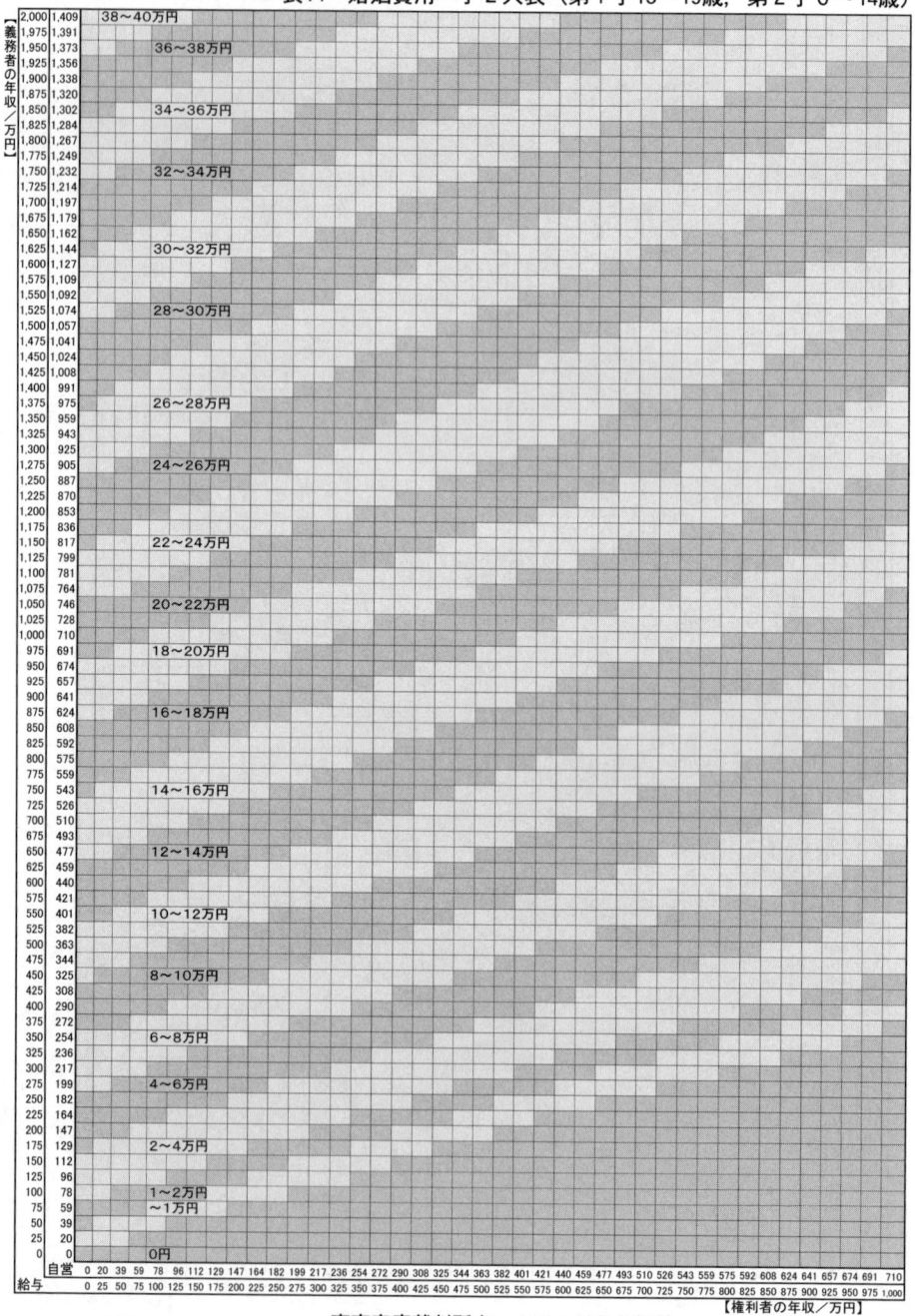

東京家庭裁判所ホームページから転載

III 養育費・婚姻費用算定表

表19 婚姻費用・子3人表（第1子，第2子及び第3子15～19歳）

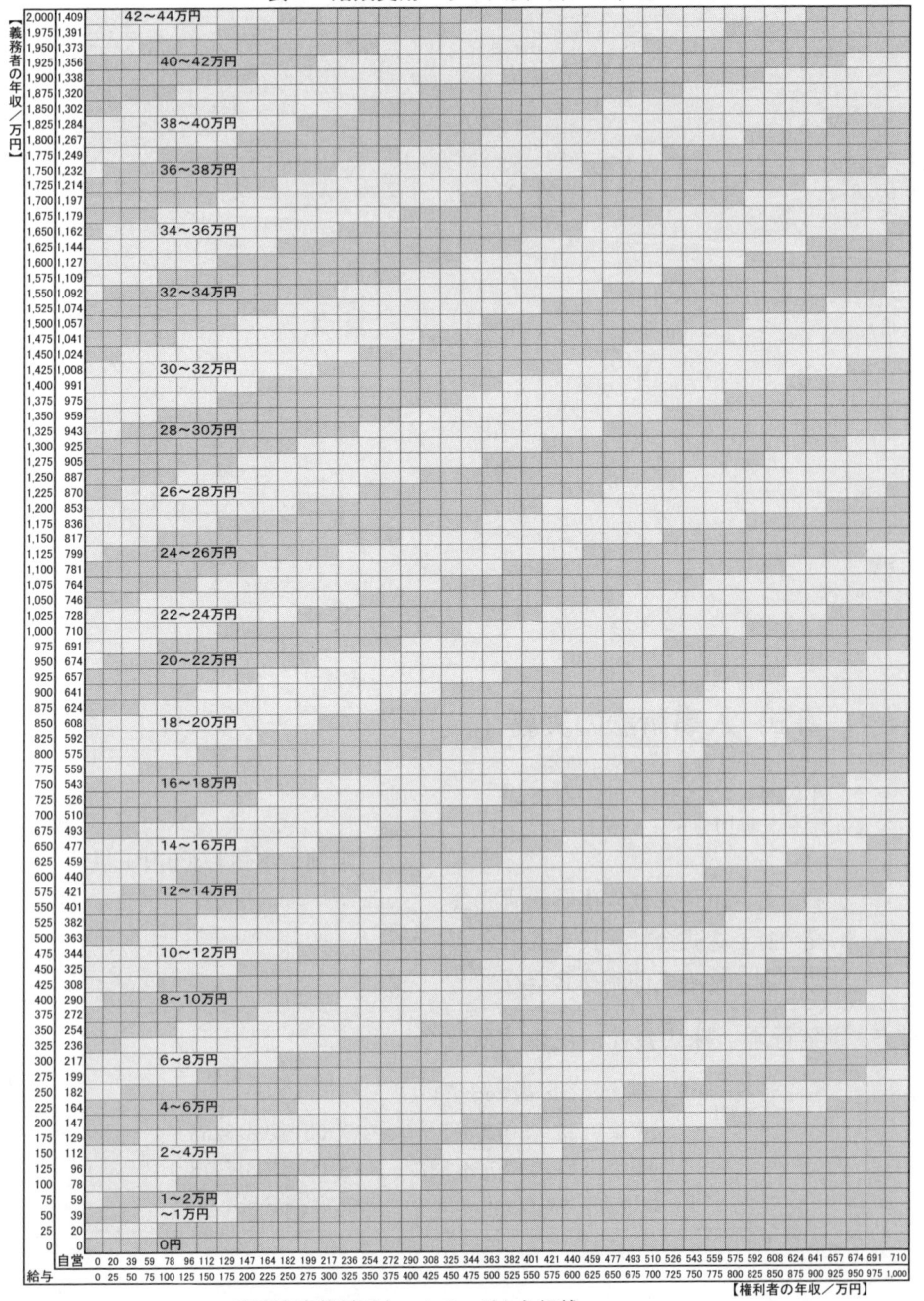

書式　人事訴訟の実務

平成25年2月26日　第1刷発行
平成29年2月25日　第2刷発行
令和5年10月6日　第3刷発行

　　　　　　　　　　　　　　　定価　本体4,300円＋税

編　者　東京家裁人事訴訟研究会
発　行　株式会社　民事法研究会
印　刷　文唱堂印刷株式会社

発行所　株式会社　民事法研究会

　〒150-0013　東京都渋谷区恵比寿3-7-16
　　　　　〔営業〕TEL 03(5798)7257　FAX 03(5798)7258
　　　　　〔編集〕TEL 03(5798)7277　FAX 03(5798)7278
　　　　　http://www.minjiho.com/　info@minjiho.com

落丁・乱丁はおとりかえします。　ISBN978-4-89628-842-1　C3332　¥4300E